김경수, 댓글 조작, 뒤집힌 진실

김경수, 댓글 조작, 뒤집힌 진실

불합리한 사법제도는
어떻게 김경수에게 유죄판결을 내렸나

양지열

메디치

'드루킹 댓글 조작 공모 혐의' 김경수 전 경남도지사 수사부터 최종 선고까지

2009년		'드루킹' 김 씨, 경제적공진화모임(경공모) 개설
2014년	11월	드루킹, 오프라인 사무실 만들어 경공모 핵심 회원들과 함께 뉴스 기사에 댓글 달거나 공감 및 비공감 클릭하는 등 정치적 의견 표명 활동
2016년	6월	김경수, 드루킹 소개받아 알게 됨
	11월 9일	김경수, 경공모 아지트인 경기 파주 소재 느릅나무 출판사 방문 (추후 특검은 이날 김경수가 댓글 순위 조작 프로그램인 '킹크랩'에 대한 구체적 설명 듣고 시연 참관한 것으로 보고 기소)
2017년	3월 23일	중앙선거관리위원회, 파주에서 불법 선거사무소 개설 의혹 관련 제보 접수
	5월 5일	선관위,검찰에 수사 의뢰 대선 전후 드루킹, 김경수에게 인사 추천, 김경수는 청와대 인사수석실에 내용 전달한 의혹
	2017년 말	청와대, 드루킹 측 추천 인사 거절
2018년	1월 19일	네이버, 경찰에 수사 의뢰
	1월 31일	민주당, 네이버 기사 댓글 조작 의혹 경찰에 고발
	3월 21일	경찰, 느릅나무 출판사 압수수색 뒤 피의자 3명 긴급체포
	4월 17일	검찰, 드루킹 등 3명 컴퓨터등장애업무방해 혐의로 기소
	6월 7일	문재인 대통령, 허익범 변호사 특별검사 임명
	7월 16일	특검, 파주 경공모 창고 압수수색 및 도모 변호사 긴급체포
	7월 23일	노회찬 의원 사망
	7월 30일	특검, 김경수 집무실 등 압수수색 영장 청구…… 법원 기각
	8월 2일	특검, 영장 재청구 후 김경수 집무실·관사 등 압수수색
	8월 6일	특검, 김경수 소환 조사…… 피의자 신분 출석
	8월 9일	특검, 김경수 재소환…… 드루킹과 대질신문
	8월 12일	특검, 송인배 청와대 정무비서관 참고인 신분 소환
	8월 15일	특검, 백원우 청와대 민정비서관 참고인 신분 소환 조사 및 김경수 구속영장 청구
	8월 18일	법원, 김경수 구속영장 기각
	8월 24일	특검, 김경수 불구속 기소(컴퓨터등장애업무방해 및 공직선거법 위반 혐의) 등 공범들 일제 기소
	8월 25일	특검 수사 기간 종료
	8월 27일	특검 수사 결과 발표
	9월 6일	드루킹 일당 첫 재판
	9월 21일	서울중앙지법 김경수 첫 공판 준비 기일

	10월 29일	김경수, 첫 공판에 출석
	12월 7일	김경수·드루킹, 특검 기소 이후 처음으로 법정서 대면
	12월 26일	특검, '댓글 조작 혐의' 드루킹에 통합 징역 7년 구형
	12월 28일	특검, '댓글 조작 공모 혐의' 김경수에 징역 5년 구형
2019년	1월 30일	법원, 드루킹에 컴퓨터등장애업무방해·뇌물 공여 등 혐의 징역 3년 6개월 실형 정치자금법 위반 혐의 징역 6개월 집행유예 1년 선고 법원, 김경수에 컴퓨터등장애업무방해 혐의 징역 2년 선고 및 법정 구속 공직선거법 위반 혐의 징역 10개월 집행유예 2년 선고
	1월 31일	김경수·드루킹, 1심 판결에 불복 항소
	2월 6일	특검, 김경수·드루킹 1심 판결에 각각 불복 항소
	3월 8일	김경수, 재판부에 보석 신청
	3월 19일	김경수 2심 첫 공판
	3월 27일	드루킹 2심 첫 공판
	4월 17일	김경수, 2심서 보석 허가…… 법정 구속 77일 만에 석방
	7월 10일	특검, 드루킹 2심서 징역 8년 구형
	8월 14일	법원, 드루킹 2심서 징역 3년 선고
	9월 19일	김경수·드루킹, 김경수 2심서 286일 만에 법정 대면
	11월 14일	특검, 김경수 2심서 징역 6년 구형
2020년	1월 21일	김경수 재판부, 2심 선고 두 번째 연기 ※ 재판장, 김경수가 킹크랩 시연회 봤다는 점만 잠정 결론 내려. 공모 여부에 대해선 결론 못 내렸다며 판단 유보
	2월 10일	김경수 재판부 차문호 재판장 교체…… 후임에 함상훈 부장판사
	2월 13일	대법, 드루킹에 징역 3년 실형 확정
	9월 3일	특검, 김경수 2심서 징역 6년 재차 구형
	11월 6일	법원, 김경수 2심서 업무방해 혐의에 징역 2년 선고…… 공직선거법 위반 혐의는 무죄 판단
	11월 12일	특검·김경수 모두 상고
	12월 23일	대법원 3부 주심 이동원 대법관 배당
2021년	5월 7일	대법원, 재판부 구성 대폭 변경 ※ 기존 3부 소속 이동원 대법관 2부로 변경, 김경수 사건도 2부로 변경 심리할 소부 구성원은 '김재형·민유석·이동원·노태악'에서, '조재연·민유숙·이동원·천대엽'으로 바뀜
	7월 21일	대법원 2부, '댓글 조작' 혐의(컴퓨터등장애업무방해) 등 상고심에서 징역 2년을 선고한 원심 판결 확정

무죄추정의 원칙, 의심스러울 때는 피고인의 이익으로, 백 명의 범죄자를 풀어주는 일이 있더라도 억울한 한 사람이 벌받는 일이 있어서는 안 된다⋯⋯ 수사와 재판을 통해 죄를 밝히고 합당한 벌을 내리는 형사소송을 관철하는 원칙들입니다. 실체적 진실을 밝히는 일 못지않게 적법한 절차가 중요한 이유라고, 그렇게 배웠습니다. 김경수 전 경남도지사에 관한 재판을 되짚으며 머릿속을 맴돌았던 의문입니다. 대한민국의 형사재판은 그런 원칙들에 충실하게 이뤄지고 있는 것일까?

19대 대통령 선거 과정에서 벌어진 사건, '드루킹'이라는 독특한 닉네임, 백만 개가 넘는다는 인터넷 기사 댓글 조작, 그리고 거기에 동원된 '킹크랩'이라는 매크로 프로그램까지. 세상의 눈과 귀를 끌어모으기에 넘칠 만큼 자극적인 소재들이었습니다. 게다가 그 배후로 대통령의 최측근으로 여겨지는 정치인이 지목됐습니다. 언론은 날마다 기사들을 쏟아냈고, 정치권은 들끓었지요. 정치적 입장에 따라 "그럴 리 없다"거나, "민주주의 근간을 흔들었다"며 제각각 목소리를 높였습니다. 야당 원내대표의 단식 농성까지 벌어지며 국회는 '드루킹 특검법'을 통과시켰지요.

특검의 수사와 재판이 이어지면서 보다 많은 일이 알려졌습니다. 그중에는 애초에 가졌던 의혹의 크기에 비춰 어색해 보이는 것들도 있었습니다. 사건을 주도한 드루킹은 유명 블로거였을 뿐 딱히 정치권과의 인연이 없었습니다. 편의상 댓글 조작이라고 불렸지만, 그 실체는 이미 적혀 있는 댓글을 추천해 순위를 조작했던 정도였습니다. 킹크랩이란 찬성 혹은 반대를 자동으로 눌러 주는 단순한 프로그램이었습니다. 두 명의 개발자가 한 달 남짓한 기간에 만들었고, 극소수 인원이 운영에 가담했지요. 딱히 김 전 지사가 그 과정을 지원했던 흔적도 없었고요.

1심 재판부는 김 전 지사에게 징역 2년의 실형을 선고했습니다. 현직 도지사라는 신분에도 법정 구속까지 했지요. 2심 재판부는 방어권 보장을 위해 보석을 허용했지만 그 결과는 마찬가지였습니다. 최종적으로 대법원이 징역 2년을 확정했고, 김 전 지사는 남은 형기를 마치기 위해 수감됐습니다. 드루킹을 비롯한 공범들이 입을 맞춰 허위 사실을 진술했고 수사 기록의 기재와 다른 사실 등이 드러나기도 했지만, 판결에 영향을 미치지 못했던 것입니다.

김 전 지사 사건의 1, 2, 3심 판결문들을 읽기 시작했습니다. 법조계에서는 "판사는 판결문으로 말한다"는 말을 합니다. 검사가 작성한 공소장부터 이를 뒷받침하는 각종 증거 서류들, 이에 맞서는 변호인의 변론, 법정 공방까지 모든 것을 종합하는 과정과 그에 따른 결론이 판결문에 담기기 때문입니다. 특정한 사건에 관해 어떻게 판단했는지 국민에게 밝히는 보고서인 셈입니다. 논란이 뜨거웠던 만큼 판결문은 선명하기를 기대했습니다. 형사처벌이라는 무거운 불이익을 내리려면 적어도 절대다수가 공감할 수 있어야 할 텐데 그렇지 않아 보였습니다. 물론 누군가에게는 그럴 수도 있을 겁니다. 하지만 또 누군가에게는 충분히 고개를 갸웃거리게 만들 수도 있다고 여겨졌습니다. "김경수는 무죄다"라는 확신을 말하는 것이 아닙니다. 의심할 여지없이 유죄로 보기는 어렵지 않겠느냐는 합리적인 의심입니다.

사건을 담당했던 변호인들에게 도움을 청했습니다. 지금의 대한민국 재판은 사실상 '유죄추정의 원칙'이라고 할 수 있다는 설명들이 돌아왔습니다. 김 전 지사 사건에 국한하지 않고 말입니다. 이유는 다양했습니다. 한 가지 예를 들면 수개월에 걸친 수사 끝에 정교하게 다듬어진 결론과 증거로 재판은 시작됩니다. 수사 과정은 비밀리에 이뤄지기에 피고인은 재판에 넘겨진 다음에야 비로소 그런 기록들을 접하게 되지요. 수천, 때로는 수만 페이지에 이르는 방대한 내용인데도 말입니다. 도와주는 변호인조차 한 번 버겁게 읽는 정도에서 재판을 시작합니다. 검사의 주장 쪽으로 기울어지기 쉽지요. 게다가 그런 사건들이 끝없이 밀려드니 판사는 미리 일정을 정해 놓고 재판을 합니다. 매 사건 억울한 일은 없는지 꼼꼼하게 살펴주기를 기대하기도 어려운 상황이지요. 이런 함정들이 곳곳에 있습니다.

이미 유죄로 결론 내려진 재판에 관한 내용인 만큼 조심스럽습니다. 다만 김 전 지사 사건 그 자체를 떠나 현재 법원의 판단 구조에 관한 문제를 제기하는 것입니다. 구조적인 이유로 김 전 지사가 억울함을 겪는 것이라면, 누구라도 마찬가지일 것이기 때문입니다. 그런 만큼 법률 전문가 아닌 누구라도 이해할 수 있도록 쉽게 쓰려고 노력했습니다. 재판의 주인은 법률 전문가가 아니고, 국민 모두이기 때문입니다. 만약 많은 국민이 공감한다면 문제가 있는 부분들은 고쳐나갈 수 있겠지요. 한 사람이라도 억울하게 벌을 받는 일은 없도록 말입니다. 그런 무거운 마음에 떠밀려 무모하게 책을 쓰기에 이르렀습니다. 이름을 밝히고 인터뷰를 허락해 주신 김종복, 이옥형, 윤영태 변호사(가나다순) 그리고 그 밖에 도움을 주신 여러분께 감사드립니다.

2022년 5월
양지열

차례

한 사람에 대한 유죄판결로
끝일 수 없는 이유

사건의 발단과 전개

평창 동계올림픽이 한창이던 2018년 1월이었습니다. 청와대 국민청원 게시판에 포털 사이트에 대한 수사를 촉구하는 글이 올라왔습니다. 청원에는 동영상이 첨부돼 있었는데요. 여자 아이스하키 남북 단일팀 구성을 비판한 댓글들의 공감 수가 급격히 올라가는 모습이 담긴 영상이었습니다. 그 결과 삽시간에 공감 수가 높은 '베스트 댓글' 자리를 차지했습니다. 비판적인 의견을 의도적으로 눈에 띄게 만들어 정부에 반대하는 여론을 형성하려는 시도로 보였습니다. 해당 포털 사이트에서는 경찰에 수사를 의뢰했습니다. 당시 여당이었던 더불어민주당(이하 민주당)은 댓글 조작 법률대책단을 만들어 진상 조사에 나섰고요. 댓글 조작단이 있다는 분석을 내놓았습니다. 가짜 뉴스, 악성 댓글로 보이는 것들을 골라 역시 경찰에 수사를 의뢰했습니다. 빠른 시간 내에 공감 수가 올라간 것으로 보아 사람이 직접 한 것이 아니라 매크로 프로그램을 동원한 것으로 보인다고 주장했습니다.

수사에 착수한 경찰이 댓글 순위를 조작한 3명을 붙잡았습니다. 사건을 주도한 것은 '드루킹'이라 불리며 시사 관련 블로그를 운영했던 김 씨였습니다. 김 씨는 '경제적공진화모임(이하 '경공모')'을 이끌면서 '킹크랩'이라는 매크로 프로그램을 동원해 온라인에서 댓글 순위 조작 작업을 했던 겁니다. 그런데 뜻밖의 사실이 드러났습니다. 그중 2명이 민주당 당원이었던 겁니다. 나아가 김 씨가 김경수 전 경남도지사와 연락을 주고받은 정황이 나왔습니다. 예상치 못한 반전이었습니다. 김 씨는 19대 대선에서 여권에 유리한 온라인 여론을 조성한다는 명분으로 댓글 순위 조작을 했고, 김 전 지사도 이를 알고 있었다고 주장했습니다. 김 씨가 대선 이후 김 전 지사에게 오사카 총영사 자리를 요구했다는 사실도 밝혀졌습니다.

이런 의혹에 대해 김 전 지사는 김 씨의 불법행위에 관해 전혀 알지 못했다는 입장이었습니다. 2016년 총선 이후 국회 의원회관 사무실로 김 씨가 수차례 찾아와 정치적 지지 의사를 밝혔다고 했습니다. 거듭 요청을 해왔기에 거절하기 어려워 경공모 사무실을 방문했을 뿐 킹크랩에 관해서는 들었던 사실조차 없다고 했습니다. 그저 온라인 공간에서 좋은 댓글로 경쟁하자는 '선플 운동'을 열심히 하는 모임으로만 인식했다는 것이었습니다. 판결문에 따르면 경공모 회원들 역시 대다수가 킹크랩에 관해 알지 못했다고 합니다.

실제로 상당수가 수작업으로 자발적인 선플 운동을 이어 갔습니다.

그런데 대선이 끝나고 갑작스레 김 씨가 김 전 지사에게 오사카 총영사 추천을 요구했다는 겁니다. 공식적인 청와대 인사 추천 시스템에 따라 김 씨가 원하는 인물의 인적 사항을 청와대에 전달했지만 힘들다는 답을 받았다고 했습니다. 그런데 추천이 무산됐다는 답변을 전해 들은 김 씨가 돌변해 "가만있지 않겠다"는 식으로 나섰다고, 김 전 지사는 해명했습니다. 반감을 품은 김 씨가 킹크랩 프로그램을 이용해 정부와 여당을 비판하는 댓글 순위 작업을 했다는 것이지요.

김 전 지사의 해명에도 불구하고 정치권은 들끓었습니다. 야권은 정상적인 인사 추천이 아니라 불법 선거운동의 대가라는 공세를 펼쳤습니다. 특검을 도입해야 한다고 목소리를 높였습니다. 우여곡절 끝에 국회에서 특별검사 임명을 위한 '드루킹 특별법'을 만들었고, 2018년 6월 특검팀이 꾸려져 수사를 시작했습니다. 특검은 두 달 뒤인 2018년 8월 김 전 지사 역시 댓글 작업에 관여했고, 그 대가로 김 씨에게 오사카 총영사 대신 센다이 총영사직을 제안했다는 혐의로 김 전 지사를 불구속 기소했습니다.

1심 재판부는 2019년 1월 특검의 주장을 사실상 모두 인정해 징역 2년의 실형을 선고했지요. 김 전 지사는 당시 현직 도지사였지만 예상 밖으로 법정 구속까지 되었습니다. 2심 재판에서 김 전 지사는 보석으로 풀려나 보다 치열한 법정 다툼을 벌였습니다. 1심의 결론과 맞지 않는 새로운 증거들도 나왔습니다. 구글 타임라인, 닭갈비 저녁 식사처럼 특검이 재구성했던 사건의 경과와 다른 사실을 보여 주는 증거가 법정에 제시됐습니다. 특검이 보여 주지 않아 1심에서는 존재 여부도 몰랐던 디지털 자료들도 나왔습니다. 공방이 길어졌고 중간에 법관 인사로 재판장이 바뀌는 일도 있었습니다. 그러나 2020년 11월 2심 재판부는 공직선거법 위반은 무죄로 바꾸면서도 댓글 작업에 대해서는 유죄를 인정했고, 그 판결은 2021년 7월 21일 대법원에 의해 확정됐습니다. 평창 올림픽을 치르면서 의혹이 제기된 지 3년 6개월여 만의 법적인 결론이었습니다.

특별한 상황이 일어나지 않는 한 김 전 지사에게 더 이상 법적으로 다툴 방법은 없습니다. 김 전 지사는 "대법원이 내린 판결에 따라 제가 감내해야 할 몫은 온전히 감당하겠다"면서 법원의 결론을 받아들였습니다. 그러면서도 "진실은 아무리 멀리 던져도 제자리로 돌아온다는 믿음을 끝까지 놓지 않겠다"고 했습니다. 법원의 결론과 진실은 다르다는 입장을 포기하지 않은 것이지요. 국회의원, 경남도지사로 뽑혔던 유력 정치인인 만큼 그를 둘러싼 논란은 언제든 다시 제기될 수 있을 겁니다. 정치적 입장을 떠나 김 전 지사는 정말로 억울한 것일까요? 진실을 밝히기란 어렵겠지만 그가 받아 든 판결을 되짚어 보는 일은 할 수 있을 것입니다. 혹시라도 고개를 갸웃거리게 만드는 부분이 있다면 김 전 지사 한 사람의 문제에 그치지 않을 것이기 때문입니다. 유력 정치인이 억울하다고 말할 수 있을 정도라면, 대한민국 국민 누구나 그런 일을 겪을 수 있을 테니까요. 진실이 무엇인지까지는 알 수 없더라도 말입니다.

어긋난 만남

　　대법원까지 세 번의 재판을 받을 수 있는 대한민국 형사재판에서 사실관계에 대한 판단은 원칙적으로 2심까지입니다. 피고인으로 법정에 선 사람이 구체적으로 어떤 일을 했는지 밝히는 과정이고요. 인정된 사실관계에 비춰 볼 때 법적으로 어떤 범죄에 해당하는지 따져서 법을 적용하는 일입니다. 대법원은 2심 판단에 법률적인 문제가 없는지만 살피는 것이 원칙입니다. 김 전 지사 사건에서도 어떤 일이 있었던 것인지 사실 그 자체부터 다투어졌기에 사실관계 최종심인 2심 재판을 큰 줄기로 살펴보려고 합니다.

　　2심 재판부는 김 전 지사와 드루킹이라 불렸던 김 씨의 관계를 정리하는 일부터 시작합니다. 앞으로 자세히 다루겠지만 킹크랩을 이용한 직접적인 댓글 작업은 전적으로 김 씨와 경공모 회원들에 의해 이뤄졌습니다. 김 전 지사의 경우 그런 불법행위를 알면서 적극적으로 가담했느냐가 관건이었던 것이지요. 2심 판결문은 김 전 지사의 지위를 20대 총선에서 국회의원으로 당선되어 2016년 5월 30일부터 국회의원으로 재직했고, 2018년 6월 13일부터는 제7회 지방선거에서 경상남도 도지사로 당선돼 재직 중이었다고 정리했습니다. 유력 정치인이라는 의미입니다.

　　사건 전체를 통틀어 가장 중요한 날짜로 2016년 11월 9일을 꼽을 수 있는데요. 유력 정치인인 김 전 지사가 경공모 사무실을 방문해 댓글 작업을 승인했다고 법원이 판단한 날입니다. 판결문에서는 다루고 있지 않지만, 그 무렵은 박근혜 정권의 국정농단 사건이 드러나면서 민주당을 중심으로 국회에서 대통령 하야를 요구하던 시기이기도 합니다. 당시 국회의원이었던 김 전 지사 역시 정치적 폭풍의 한복판에 서 있었던 겁니다. 그렇게 민감한 시점에 불법을 도모했을까 의문을 가질 수도 있습니다. 물론 그때 이미 탄핵에 이은 대통령 선거를 예상하고 행동에 나섰다고 할 수도 있을 겁니다.

2심 재판부는 김 씨와 그가 이끌었던 경공모에 관해서 김 전 지사에 비해 더욱 자세히 언급하고 있습니다. 판결문에 따르면 김 씨는 2005년경부터 드루킹이라는 별칭으로 블로그를 운영하며 국내 정치, 경제, 국제 정세 등에 관련된 글을 게시했는데요. 2009년, 2010년에는 파워 블로그를 달성하면서 온라인 공간에서 인지도를 높였습니다. 김 씨는 2009년경부터 포털 사이트에 경공모 카페를 개설해 운영했는데요. 회원을 7등급(노비, 달, 열린 지구, 숨은 지구, 태양, 우주, 은하)으로 나누어 등급제로 관리했습니다. 회원 등급은 강의 수강을 비롯한 활동 내역, 모임 참석 등을 통해 엄격한 심사를 거쳐 결정했고, 최상위 등급까지 오르는 데는 2년 정도가 필요했다고 하네요. 활동이 뜸하면 강제로 탈퇴시킬 정도로 강한 결속력을 유지하려 했던 모임이었습니다.

한편 판결문은 경공모 규약을 인용하면서 노무현 전 대통령의 사상에 친화적인 성향이 있는 회원들로 구성돼 있다는 점도 밝히고 있는데요. 김 전 지사가 '노무현의 마지막 비서관'으로 불렸다는 점에서 연결점을 짐작할 수도 있습니다. 반면 노무현의 사상을 공유하면서 범죄를 공모했다니 모순으로 생각할 수도 있겠지요.

먼저 중요하게 살펴봐야 할 사실은 김 전 지사와 김 씨와의 관계입니다. 판결문은 김 전 지사와 김 씨의 만남을 시간 순서대로 자세하게 밝히고 있는데요. 김 씨는 김 전 지사 지인의 주선으로 2016년 6월 30일 국회 의원회관에서 처음 김 전 지사를 만나 경공모를 소개했습니다. 김 씨의 요청으로 김 전 지사는 2016년 9월 28일 첫 번째로 경공모 사무실을 방문했고, 일부 경공모 회원들이 참석한 가운데 김 씨에게서 당시 정세와 관련한 브리핑을 받았습니다. 두 번째 방문이 2016년 11월 9일입니다. 김 씨에게 킹크랩 프로토타입 시연을 받고 불법적인 댓글 작업을 공모했다는 그 날인데요. 불과 세 번째 만남이었습니다.

그 후로도 김 전 지사는 2017년 1월 6일 국회 근처 식당에서 김 씨를 만나 '경공모를 통한 재벌 개혁 계획 보고' 문서를 전달받았고, 1월 10일에는 세 번째로 경공모 사무실을 방문하기도 합니다. 2월 7일에는 김 씨가 국회 의원회관으로 다시 찾아와 앞서 1월 6일에 전달했던 문서의 수정본을 전달했고, 김 전 지사는 자신의 보좌관을 김 씨에게 소개해 주기도 합니다. 이후 두 차례 보좌관과 김 씨가 따로 만나기도 했고요. 김 씨는 3월 14일 다시 국회 의원회관을 찾아와 김 전 지사를 만나는데요. 당시 문재인 대선 후보의 선거대책위원회에 경공모 회원들을 합류할 수 있도록 해 달라고 요청했습니다. 3월 10일에 헌법재판소가 박근혜 전 대통령에 대한 탄핵 결정을 내리면서 새롭게 대통령 선거를 치르게 됐거든요.

이처럼 이어졌던 김 전 지사와 김 씨의 만남을 재판부는 두 사람이 특별한 관계였다는 판단 근거 중 하나로 삼는데요. 반면 김 전 지사는 지지자임을 강조하며 거듭 만나 달라 요청하면 현실적으로 거부할 수 없었노라 항변했지요. 대통령 선거를 앞두고 있던 시점이었으니까요. 정치인으로서 바쁜 일정을 고려해 어지간한 일로는 직접적인 연락을 자제하는 사람이 있는가 하면, 김 씨처럼 적극적으로 만남을 요구하는 사람도 있다는 겁니다. 게다가 경공모에는 변호사, 회계사를 비롯한 전문가들을 포함해 경제민주화를 추구하는 수천 명의 회원이 있다고 김 씨가 강조했던 겁니다. 나중의 일이지만 실제로 경공모 회원들은 지방에서 열렸던 민주당 경선장까지 찾아와 지지 활동을 펼치기도 했고요. 무시할 수도 없고, 그럴 이유도 없어 보였던 겁니다. 한편 김 전 지사는 만약 불법을 저지르기 위해서였다면 국회 의원회관처럼 방문 기록이 남는 공적인 장소에서 만나지 않았을 것이라는 점도 강조했지요.

숨겨진 목적

김 씨가 그런 모임을 운영했고 김 전 지사의 선거운동을 적극적으로 지지했던 목적은 무엇일까요? 표면적으로 드러난 목적부터 보겠습니다. 판결문에는 소액주주권 행사 등의 방법으로 적대적 기업 인수를 시도해 재벌을 해체하고, 재벌을 대체한 주요 기업들에 대한 경공모의 지배 및 소유를 통해 경제적 민주화를 달성하고자 했다고 나오는데요. 이를 위해 김 씨는 경공모 회원들을 상대로 자미두수紫微斗數(사람의 운명을 추단하는 일종의 점술) 강연과 예언 등을 해 회원들의 관심을 끌었습니다. 향후 적대적 기업 인수에 성공하면 이를 바탕으로 회원들만이 입주할 수 있는, 이른바 '두루미 마을'을 조성해 무료로 주거를 제공하겠다고 약속해 회원들에게 더 적극적으로 경공모 활동에 참여하는 동기를 부여했다고 합니다.

판결문은 그런 드러난 목적과 김 전 지사와의 관계에 대해서는 밝히고 있지 않지만, 김 씨에게는 보다 직접적인 목적이 있었던 것으로 보입니다. 사건 초기인 2018년 4월경 여러 언론은 김 씨가 김 전 지사에게 오사카 총영사 자리를 요구한 이유를 추적했는데요. 경공모 회원의 인터뷰, 김 씨가 블로그에 올린 글들을 종합해 그가 평소에 주장했던 일본 대지진과 관련한 것이라고 분석했습니다. 김 씨가 일본 열도가 침몰할 정도로 대규모 지진이 발생할 것이라고 예언했다는 겁니다. 이 경우 일본의 경제력과 기술을 흡수할 수 있을 거라고 기대했다는 것이지요. 자본과 인력을 옮겨 올 곳이 필요해질 테니까 그에 맞춰 준비해야 한다고 말입니다. 미리 일본 내에 연줄을 만들어 놓을 필요가 있어 오사카 총영사 자리가 필요했다는 겁니다. 그리고 그게 좌절되는 바람에 김 씨가 정부를 비판하는 댓글 작업을 했다는 겁니다.

사실 오사카 총영사라는 직책은 외교적인 관점에서는 크게 중요한 자리가 아니라고 보는 것이 일반적입니다. 외국이라고 하지만 한국과 대단히 가깝고요. 서열이 꽤 높은 공관장인 것은 분명하지만 국가를 대표해 다른 나라를 상대하는 대사가 아니라 우리 국민과 관련된 업무를 주로 합니다. 대사는 각종 외교교섭을 주된 임무로 하지요. 이에 비해 영사는 파견 나가 있는 것은 마찬가지지만 무역과 통상 이익을 추구하고, 그 나라에 머무는 자국민을 보호하는 일을 주된 임무로 합니다. 따라서 영사를 임명하는 일에는 상대국의 동의를 받는 아그레망^{agrément}처럼 까다로운 절차가 필요 없습니다. 당연히 누구를 임명할지도 자유로운 편이고요. 그런 이유로 오사카 총영사 지명이 있으면 종종 '보은 인사'가 아니냐는 논란이 일기도 합니다. 대신 한인 사회가 크고 경제적으로 성공한 교포들이 많은 곳인 만큼 김 씨가 바라는 네트워크를 구축하는 데는 적합했지요. 김 씨가 김 전 지사는 물론 그 이전에 유시민, 고 노회찬 등 유력 정치인에게 접근했던 이유를 짐작하게 해줍니다.

선거에의 기여와 배신?

김 씨는 2017년 6월 7일 다시 국회 의원회관으로 김 전 지사를 찾아오는데요. 문재인 대통령 당선 한 달이 조금 못 돼서였습니다. 그 자리에서 김 씨는 경공모 회원이었던 변호사를 일본 대사로 추천해 달라는 부탁을 했지만 거절당했습니다. 대안으로 김 씨는 오사카 총영사 자리를 원했고요. 이에 김 전 지사는 여름 무렵 청와대 인사수석실에 해당 변호사의 이력서를 전달하고 그를 오사카 총영사로 추천합니다. 그 과정에서 김 전 지사는 먼저 그 변호사의 이력과 경력을 검토했는데요. 일본의 명문 대학을 비롯한 이력이 있고, 대형 로펌에 소속돼 있어 추천할 수 있는 정도라고 판단했습니다. 추천 이후에 어떤 영향력도 행사한 바가 없었고요. 오로지 청와대 인사 추천 시스템에 맡겼던 겁니다.

김 전 지사는 2017년 말 청와대 검증 결과 오사카 총영사는 어렵고, 대신 센다이 총영사에 대해서는 검토가 가능하다는 답변을 들었고요. 그 소식 그대로 김 씨에게 전달했지만 센다이 총영사 추천은 김 씨가 거절했습니다. 앞서 살펴본 바와 같이 그 무렵 김 씨는 킹크랩 프로그램을 동원해 정부, 여당에 비판적인 댓글 작업을 벌였고요. 김 씨는 2018년 2월 20일 다시 국회 의원회관을 찾았지만 김 전 지사에게서 아무것도 얻지 못했습니다. 그걸로 두 사람의 관계는 단절됐다고 판결문은 정리했습니다.

특검은 김 전 지사를 공직선거법 위반이라는 죄목으로 재판에 넘겼는데요. 김 전 지사가 오사카 대신 센다이 총영사 자리를 제안한 것이 문제라는 겁니다. 1심 재판부는 2018년 제7회 지방선거 선거운동과 관련해 이익을 제공한 불법이었다고 판단해 유죄를 선고합니다. 세 가지 이유를 들었습니다. 첫째, 댓글 작업은 2017년경부터 이미 2018년 지방선거를 겨냥해 그때까지 온라인 여론이 민주당에 우호적으로 지속할 수 있게 하려고 이뤄진 것으로 봤고요. 둘째, 그렇게 온라인 여론이 우호적인 방향으로 지속할 경우 정당정치의 현실에 비춰 지방선거에서 민주당 소속 후보자들에게 상당한 이익으로 작용할 것으로 봤습니다. 셋째, 센다이 총영사 자리를 제안할 당시는 지방선거 출마 후보자가 정해지지 않았더라도, 결정된 이후에는 해당 후보자들의 당선을 도모한다는 목적이 더욱 객관적으로 드러나게 될 것이 쉽게 예상된다고 했습니다. 김 씨의 행위가 대통령 선거부터 지방선거까지 지속적으로 우호적인 온라인 여론 형성에 도움이 될 것이라는 판단이 들어가 있는 것이지요.

2심 재판부는 공직선거법 위반은 아니라면서 판단을 다르게 했는데요. 한마디로 공직선거법에 따르면 '선거운동'은 누군가를 당선되게 하거나 하지 못하게 하기 위한 행위이기에 후보자가 정해지지도 않은 상태에서는 선거운동과 관련한 이익 제공이란 있을 수 없다는 것입니다. 다가올 지방선거에 대비해 센다이 총영사 자리를 주려 한 것이 아니기에 공직선거법 위반은 아니라고 본 것입니다. 그렇다고 김 전 지사에게 아무런 잘못이 없다는 취지는 아니었습니다. 김 씨와 경공모 회원들이 2017년 대선 과정에서 했던 활동에 대한 보답이나 대가로 센다이 총영사 자리를 제안했다고 판단했습니다. 대선을 끝낸 김 씨가 일본 대사나 오사카 총영사 자리를 원했는데 여의찮게 되자 대체하는 의미였다는 것이지요.

시점상 김 씨가 처음 김 전 지사에게 일본 대사 자리를 요구했던 것은 대선 직후였고요. 김 씨가 2017년 말 작성한 문서에 "지난 6월 제가 의원님을 만났을 때 이렇게 말씀드렸었습니다…… 그간의 신뢰 관계를 생각해서 그 정도는 들어주실 거라고 믿고 부탁을 한 것입니다"라고 적혀 있었던 점에 비춰, 김 씨가 대선에서 선거운동 지원을 통해 김 전 지사와 쌓은 신뢰 관계를 고려하면 자신의 부탁을 들어줄 것으로 생각했을 것이라고 판단했습니다. 또한 지방선거와 관련해 별도의 요구를 하려 했던 김 씨의 계획이 있었던 사실 등도 근거로 하고 있습니다. 공직선거법의 유, 무죄를 떠나 1, 2심 재판부 모두 김 씨에게서 김 전 지사가 도움을 받았다고 판단한 것인데요. 지방선거까지 우호적으로 온라인 여론을 '지속'시키기 위한 것이었다는 1심은 대선에서 효과를 얻었다는 판단이 들어 있겠지요. 대가를 지급하려 했다는 2심은 그런 취지가 더욱 분명하다고 할 것이고요.

미래를 위한 이익이든지 대가이든지, 그런 상황에서 김 전 지사는 왜 김 씨의 요청을 들어주지 않았던 것일까요? 김 전 지사가 김 씨의 요청을 받고 한 일은 공식적인 청와대 인사 추천 시스템을 이용했던 것뿐입니다. 특별한 영향력 같은 것을 발휘하려는 노력조차 하지 않았습니다. 앞서 살펴본 바와 같이 어느 정도의 자격만 갖췄다면 상대적으로 임명하는 데 커다란 부담이 없다는 오사카 총영사 자리였는데도 말입니다. 2심 판결문은 2017년 12월에 김 씨가 작성했지만 김 전 지사에게 보내지는 않은 문서를 인용하고 있는데요. "김 의원님 (오사카 총영사로 앉혀 달라고 요구한) 변호사 문제가 잘 안 풀려서 미안해서 전화를 안 받으시는 거라면 제가 이해할 수 있습니다. 힘써주시고 힘이 미치지 못해서 안 되는 거야 제가 뭐라고 할 수 있겠습니까? 하지만 계속 제 연락을 안 받으시면······"이라고 적혀 있습니다. 김 전 지사가 김 씨의 전화를 받지 않았던 것이지요. 법원 판결에 따르면 그냥 도움도 아니고 불법적인 댓글 순위 작업을 함께 저질렀는데도 김 씨와의 관계를 그저 그렇게 끊었던 겁니다.

김 전 지사는 그로 인해 무슨 일이 벌어질지 아무런 염려를 하지 않았다는 것일까요? 나아가 김 씨가 킹크랩을 이용해 정부, 여당을 공격하는 바람에 결국 민주당이 나서서 고발하는 일이 벌어질 때도 김 전 지사는 아무런 조처를 하지 않았습니다. 그러고 보면 김 씨의 행동 역시 이해하기 어려운 점이 있습니다. 김 씨는 2020년 2월 13일 컴퓨터등장애업무방해에 관해 대법원에서 징역 3년의 유죄를 확정받았는데요. 김 씨 입장에서 보자면 목적을 달성하지 못한 채 처벌만 받은 셈이었지요. 형사사건으로 불거지기 전까지 김 씨는 평창 올림픽 기사에 관한 댓글 작업을 비롯한 여러 가지 수단으로 자신의 요구를 관철하려 했는데요. 김 전 지사에게 취했던 연락들 속에서 킹크랩을 이용한 불법행위에 관해서는 전혀 언급하지 않았습니다. 정말로 김 전 지사와 함께 범죄를 저지른 것이라면 김 전 지사에게 가장 큰 약점일 텐데 말입니다. 김 전 지사와 김 씨는 정말 공범이었을까요? 지금부터 함께 생각해 보셨으면 합니다.

I

'악수'로
범죄를
공모했다?

조선 전기 문신 황희(1363~1452) 정승은 너그럽고 어진 성품으로 시대를 넘어 위인으로 기억되고 있습니다. 고려 말 벼슬에 오른 황희는 조선에서도 중용됐는데요. 태종에게서 "하루라도 만나지 못하면 반드시 불러서 보았으며, 하루라도 곁을 떠나지 못하게 했다"는 말을 들을 만큼 두터운 신임을 받았지요. 세종 때는 왕과 중신들 사이의 불화를 중재하기도 했고, 공식 직위에서 물러난 뒤에도 나라의 중대사를 자문할 만큼 영향력이 큰 인물이었습니다.

정승과 관련한 여러 일화가 있는데요. 거느리던 식솔 간의 다툼에 관한 이야기가 가장 널리 알려지지 않았나 싶습니다. 어느 날 식솔 한 사람이 정승에게 다른 식솔과의 갈등에 관한 하소연을 했다고 하지요. 가만히 듣던 정승은 "네 말이 옳다"고 맞장구를 쳐 주었답니다. 그 사실을 안 다른 식솔도 찾아와 사실은 자신이 옳다며 구구절절 억울하다 했고요. 정승은 다시 "네 말도 옳다"고 고개를 끄덕였다는 거지요. 그 모습을 지켜보던 부인이 "한 사람이 옳으면 한 사람은 틀린 것이지 둘 다 옳다고 하면 어떻게 합니까?"라며 지적을 했다는데요. 정승은 다시 "당신 말도 옳습니다"라고 받아 주었다는 것이지요. 모순처럼 들리는 얘기도 각자의 입장에서 크게 보면, 그렇지 않을 수 있다는 뜻으로 해석할 수 있을 겁니다. 정승은 "옳고 그름을 가리는 것은 논리적이요, 누구 말이든 다 옳은 것은 합리적이다"라고 정리했습니다.

모순이란 창과 방패라는 뜻이지요. 날카롭기 그지없어 세상의 어떤 방패라도 뚫을 수 있다는 창, 아주 단단해서 어떤 창이라도 막아낼 수 있다는 방패, 각각은 그럴듯하게 들립니다. 그런데 그 창으로 그 방패를 찌르면 어떻게 될 것이냐고 물으면 말문이 막히지요. 형사 법정에서 범죄를 저질렀다고 주장하는 검사는 창으로, 그걸 막아야 하는 피고인은 방패로 비교될 수 있습니다. 공격과 방어 어느 쪽이 성공인지 애매하면? 무죄로 보는 것이 합리적이라고 법은 정해 놓고 있습니다.

김경수가 받았던
혐의

김경수 전 지사가 받았던 재판에서 창은 '드루킹의 인터넷상 불법 댓글 조작 사건과 관련된 진상 규명을 위한 특별검사의 임명 등에 관한 법률(드루킹 특검법)'에 의해 임명된 특별검사였습니다. 국가의 지원을 받는 특별검사 1명과 특별검사보 3명, 35명 이내의 특별수사관으로 이뤄진 날카로운 창이었지요. 이에 비해 김 전 지사는 사건에 관해서는 한 사람의 개인이었습니다. 경남도지사라는 신분이 있지만 그래서 오히려 재판에만 전념할 수 없는 위치였지요. 법률 전문가도 아니었던 만큼 개인적으로 변호인단을 꾸려 맞서야 했습니다. 변호인단에 따르면 김 전 지사가 1심 재판을 치르는 동안은 대응 회의를 하는 일조차 쉽지 않았다고 합니다. 도지사 업무를 소홀히 할 수 없다는 김 전 지사의 태도 때문이었다는데요. 김 전 지사는 설령 밤늦게까지 재판을 하는 한이 있더라도 일주일에 하루 이상은 재판 일정을 잡지 말아 달라고 요구했습니다.

사실 일반적인 형사재판의 구조가 그렇습니다. 검사와 피고인은 법적으로 대등하다고 하지만 현실적으로는 엄청난 힘의 차이가 있지요. 단순하게 말해 검사는 법정 다툼이 일상이지만, 피고인은 어떻게든 일상을 유지하면서 싸워야 합니다. 그걸 극복하기 위한 여러 가지 장치를 두고 있는데요. 대표적으로 유죄판결의 확신을 얻지 못한다면 '의심스러운 때에는 피고인의 이익으로'라는 법리에 따라 무죄판결을 하라는 것입니다. 공격하는 쪽에 약간의 핸디캡을 주는 셈입니다. 적어도 교과서에는 그렇게 적혀 있습니다.

특검이라는 창이 먼저 공격 수단으로 꺼냈던 것은 드루킹이라고 불렸던 김 씨와 그가 이끌었던 경공모 회원들의 말이었습니다. 기사에 대한 댓글 순위 조작, 거기 쓰였던 매크로 프로그램인 킹크랩,

김 씨가 작성했던 온라인 정보 보고 같은 것들이 존재한다는 사실 그 자체에 대해서는 다툴 여지가 없습니다. 그런데 그것들이 뜻하는 바에 대한 해석은 다르지요. 특검은 김 씨의 말을 기초로 김 전 지사를 수사했고, 법원 역시 김 씨의 손을 들어주었지요. 특검과 법원이 어떤 이유와 논리로 김 씨의 말을 믿었는지 따라가 보면, 과연 그 판단이 옳았는지에 대한 물음표를 만날 수 있습니다.

특검이 김 전 지사를 재판에 넘겼던 주된 혐의는 컴퓨터등장애업무방해입니다. 김 씨 등과 공모해 허위 정보 또는 부정한 명령을 입력하거나 기타 방법으로 네이버, 카카오, 네이트의 각 정보처리 장치의 통계 집계 시스템에 장애를 발생시켜 피해 회사들의 댓글 순위 산정 업무를 각각 방해했다는 것입니다. 포털 사이트 기사에 달린 댓글 중 마음에 드는 댓글에 집중적으로 '추천' 혹은 '반대'를 클릭했다는 것이지요. 그런 사실을 알 수 없었던 포털 사이트 통계 집계 시스템은 해당 기사의 댓글 순위를 높게 잡아 줬고, 결과적으로 김 전 지사가 원하는 기사와 댓글을 사용자들이 많이 읽게 했다는 겁니다. 포털 사이트 운영 회사들의 순위 산정 업무를 방해했다는 것이지요.

이 사건을 부를 때 일반적으로 '댓글 조작'으로 일컫는데요. 사실은 여기서부터 이미 말이 가지고 있는 일종의 선입견이 작용할 수 있습니다. 댓글을 조작했다고 하니까 국가정보원 여론 조작 사건을 떠올리기 쉽습니다. 실제로 종종 두 사건이 비교되기도 했는데요. 국가정보원 사건의 경우 국가정보원장의 지시에 따라 심리정보국 소속 요원들이 인터넷의 특정 사이트에 직접 게시글을 남겼지요. 대한민국 최고 정보기관이 '심리전'이라는 명목으로 정치 현안에 관해 특정한 입장을 대변하는 글을 매일처럼 사이버 공간에 퍼뜨렸던 것입니다. 2017년 국가정보원 자체 조사에 따르면 최대 30개의 팀을 운영했다고 하지요. 이에 비해 김 씨가 했던 일은 너댓명의 경공모 회원을 동원해 다른 사람이 작성한 댓글 중에 원하는 것을 골라 그 순위를 조작했다는 것입니다. 여론에 대한 관여 정도와 적극성 등의 차이가 있었지요.

김 전 지사가 이런 작업을 직접 함께하지는 않았습니다. 김 씨와 경공모 회원들이 킹크랩을 이용하는 방법 등으로 2016년 10월경부터 2018년 3월경까지 총 8만여 건의 기사에 댓글 작업을 했습니다. 김 씨는 작업한 기사 목록을 김 전 지사에게 텔레그램 메시지로 보냈는데요. 자신들의 활동과 온라인 동향 등을 모은 온라인 정보 보고 문서 역시 2016년 10월경부터 2018년 1월경까지 50회 가까이 보내기도 했습니다. 기사 목록, 정보 보고의 존재 그 자체는 확실한 증거입니다. 다만 김 전 지사가 위와 같은 기사 목록, 정보 보고의 내용과 의미까지 알고 있었는지는 앞으로 따져보도록 하겠습니다. 몰랐다면 그걸로 이미 김 전 지사에게 범죄의 책임을 물을 수는 없습니다. 김 씨가 자신의 목적을 달성하기 위한 지렛대로 쓰기 위해 벌인 일일뿐이었지요. 그러나 질문을 이어가기 위한 방편으로 김 전 지사가 어느 정도 알았다고 가정해 보겠습니다.

공범이 되기 위한
요건

설령 알았다고 할지라도 그걸로 충분하지 않습니다. 댓글 작업을 시작할 때부터 김 씨 등과 범죄를 함께 저지르기로 '공모'했다는 사실이 인정돼야 합니다. 김 씨 등의 일방적인 행위가 아니라 김 전 지사가 함께 모의를 해 범죄를 시작했어야 합니다. 공모란 법적으로 무엇인지, 공모를 한 이후에 실제로 공범으로 범죄를 저질렀다고 인정하려면 어느 정도의 행위가 있어야 했는지에 관해 대법원은 아래와 같이 설명하고 있습니다.

공모는 법률상 어떤 정형을 요구하는 것이 아니고, 2인 이상이 공모하여 어느 범죄에 공동 가공하여 그 범죄를 실현하려는 의사의 결합만 있으면 되는 것으로서, 비록 전체의 모의 과정이 없었다고 하더라도 수인 사이에 순차적으로 또는 암묵적으로 상통하여 그 의사의 결합이 이루어지면 공모 관계가 성립할 수 있으나(대법원 2002. 7. 26. 선고 2001도4947 판결 등 참조), 그 모의의 내용만은 두 사람 이상이 공동의 의사로 특정한 범죄행위를 하기 위하여 일체가 되어 서로가 다른 사람의 행위를 이용하여 각자 자기의 의사를 실행에 옮기는 것을 내용으로 하는 것이어야 하고 공모는 엄격한 증명에 의하지 않으면 안 된다 할 것이다(대법원 1988. 9. 13. 선고 88도1114 판결 참조).

또한 형법 제30조의 공동정범*은 공동 가공의 의사와 그 공동 의사에 의한 기능적 행위 지배를 통한 범죄 실행이라는 주관적, 객관적 요건을 충족함으로써 성립하므로, 공모자 중 구성요건 행위를 직접 분담하여 실행하지 않은 사람도 위 요건의 충족 여부에 따라 이른바 공모공동정범**으로서의 죄책을 질 수 있다. 구성요건 행위를 직접 분담하여 실행하지 않은 공모자가 공모공동정범으로 인정되기 위해서는 전체 범죄에서 그가 차지하는 지위, 역할, 범죄 경과에 대한 지배나 장악력 등을 종합하여 그가 단순한 공모자에 그치는 것이 아니라 범죄에 대한 본질과 기여를 통한 기능적 행위 지배가 존재한다고 인정되어야 한다(대법원 2018.4.19. 선고 2017도14322 판결 등 참조).

대법원 판결은 모든 판사를 위한 일종의 모범 답안이자 가이드라인입니다. 비슷한 사건을 다룰 때마다 그렇게 만들어진 기준에 따라 판단하라는 겁니다. 전국 어느 법원에 가더라도 같은 종류의 사건에 대해서는 같은 내용으로 판결해야 국민이 혼란스럽지 않을 테니까요. 세상이 변해 그 기준을 바꿀 필요가 생길지라도, 그럴 수 있는 권한 역시 대법원에 있습니다. 그래서 판사들은 판결문을 쓸 때 비슷한 사건을 대법원이 어떻게 판단했는지 인용부터 하는 경우가 많습니다. 이제부터 사건에 관한 판결을 내릴 텐데, 내 마음대

* 범죄 구성요건에 해당하는 행위를 공동으로 실행한 사람.
** 두 사람 이상이 공동으로 범죄를 계획하고 그 가운데 한 사람에게 범죄를 저지르게 했을 경우의 공범.

로가 아니라 대법원이 정한 기준에 의한 것이라는 설명부터 하는 것이지요. 김 전 지사에 대한 판결문 역시 마찬가지입니다.

김경수는
어떤 행위를 했던 것일까?

법조인이 아니면 판결문에 쓰인 용어들은 아무래도 쉽게 읽히지 않을 텐데요. 대법원은 공모와 그에 따른 공범 관계에 대해 뭐라고 설명하는 걸까요? 범죄를 소재로 한 영화에서 익숙하게 봤을 겁니다. 야심만만한 우두머리 격이 은행을 털기로 합니다. 은행에 드나들 수 있는 통로와 CCTV 위치, 경비원은 몇 명이고 어떤 무기를 가지고 있는지, 어느 정도로 튼튼한 금고인지, 비상벨이 울리면 경찰이 출동하는 데 시간은 얼마나 걸리는지, 심지어 교통 흐름을 고려해 도주하는 데 필요한 차량까지 죄다 꿰고 있지요. 그런 다음 필요한 인원을 스카우트하지요. CCTV를 해킹해 엉뚱한 화면을 보여 주게 만드는 컴퓨터 전문가, 경비를 제압할 근육질, 다시는 범죄를 저지르지 않겠노라 맹세했다가 이번 한 번만이라며 입장을 번복하는 금고 털이, 승차 인원까지 고려한 출력 좋은 차량에 시동을 걸어 놓고 기다리는 전직 경주 선수…… 이렇게 설계를 마친 우두머리와 충원된 인력들이 뜻을 함께하기로 한 단계까지가 공모입니다.

이제 계획대로 실행에 옮겨야 하는데요. 우두머리는 본부를 차려 놓고 실시간으로 원활한 업무를 지시합니다. 범인들이 마치 한 몸처럼 착착 맡은 바 일을 해내면 범죄는 성공하지요. 그렇습니다. 모두 한꺼번에 나서 우루루 같은 일을 해야 공범인 것은 아닙니다. 머리와 손발이 각기 다른 쓸모가 있는 한 몸인 것처럼 여러 사람이 각자 일을 맡아 하나의 범죄를 해냈을 때 그 모두를 같은 범죄로 처벌하겠다는 것이 바로 공동정범이라는 겁니다. 범인들 각자가 저지른 행위를 따로따로 생각해 보세요. 금고 털이는 금고를 부순 재물손괴죄에 해당합니다. 경비원을 제압하고 겁을 준 근육질은 폭행, 협박죄가 되겠지요. 신호를 위반하며 과속으로 질주했을 전직 경주 선수라면 고작해야 도로교통법위반죄 정도일 테고요. 공동정범은 그럴 게 아니라 모두를 은행 강도로 취급해 죄를 묻겠다는 겁니다. 은행 근처에도 가지 않은 우두머리도 마찬가지입니다. 두뇌 없이 팔다리만 휘적거리는 좀비가 치밀한 범죄를 저지를 수는 없으니까요.

컴퓨터등장애업무방해, 댓글 작업이라는 범죄는 어땠을까요? 김 씨가 우두머리 격이었습니다. 프로그래머 A는 '킹크랩'이라는 범죄 도구를 만들었고, 경공모의 다른 핵심 회원들과 함께 댓글 작업을 했습니다. 그렇다면 김 전 지사는 무슨 일을 했길래 공모를 했고, 공동정범이라며 징역 2년의 실형을 선고받은 것일까요? 김 씨가 기사 목록과 온라인 정보 보고를 보낸 사실은 있습니다. 설령 그것들의 내용까지 알고 있었다 하더라도 김 전 지사는 댓글 작업과 관련한 어떤 일도 직접 하지는 않았지요. 위에서 인용한 대법원 판결

마지막 부분을 다시 보겠습니다. 구성요건 행위를 직접 분담해 실행하지 않은 공모자라도 공모공동정범으로 인정할 수 있다고 하네요. 다만 단순한 공모자가 아니라 범죄에 대한 본질적 기여를 통한 기능적 행위 지배가 존재해야 한다고 덧붙입니다. 어떤 일을 직접 하지는 않았을지라도 함께 모의했고 범죄 실행에 기여를 했다면 역시 공동정범이 될 수 있다는 것이지요. 범죄에서 빼놓을 수 없는 본질적인 부분에 영향을 끼쳤다 볼 수는 있어야 한다는 정도로 단서를 달았습니다. 그렇다면 법원은 왜 김 전 지사가 그렇게 볼 만한 일을 했다고 본 것일까요? 이 장에서는 공모에 주로 초점을 맞춰 살펴보도록 하겠습니다.

김 씨의 댓글 작업과
김경수의 역할

1심 재판부가 판결문에서 드러낸 의식의 흐름을 쫓아보겠습니다. 김 씨는 2016년 9월경부터 대선 지원 조직을 만들어 댓글 작업을 시작합니다. 당시 온라인 공간에서 정치적 입장이 다른 사람들끼리 서로를 비방하는 댓글들이 넘쳐났습니다. 이에 문재인 민주당 대표는 상호 비방을 좋은 댓글로 바꾸자는 '선플 운동'을 제안했지요. 당연히 그걸 따른 운동 그 자체는 불법이라고 볼 수 없지요. 김 전 지사는 끝까지 김 씨의 댓글 작업이 그러한 선플 운동인 줄 알았다고 주장했습니다. 다만 법원은 수단을 떠나 댓글 작업 그 자체에 대해 부정적인 시각을 드러내기는 했습니다. 2심 재판장은 판결을 선고하는 자리에서 "킹크랩 사용 여부를 떠나 지지자들의 댓글 활동을 적극적으로 막지 않은 것은 정치인으로 해야 할 도리를 다하지 못한 것"이라는 취지로 말했거든요. 설령 회원들이 직접 손으로 하는 선플 운동이어서 불법이 아니라고 할지라도 여전히 옳은 일이 아니었다는 것이 판사의 속내였다고 봐야겠지요. 이 사건에서 유무죄 판단의 대상은 포털사이트의 순위 산정 업무를 방해했느냐는 것이었습니다. 그 법적 판단에 정치적인 옳고 그름이 들어갈 자리는 없었습니다. 그런 주관이 판결에까지 영향을 끼치지 않았기를 믿어야겠지요?

한편 김 씨는 회원들의 수작업으로 댓글 작업을 하는 데 한계가 있다고 느끼고 2016년 10월경 경공모 회원인 프로그램 개발자 A에게 킹크랩 프로그램을 개발하도록 지시합니다. 기계장치를 이용해 마치 여러 사람이 댓글을 '추천' 혹은 '반대'한 것처럼 만들겠다고 마음먹은 것이지요. 기계장치를 동원한다면 그때부터 불법이고 문제입니다. 실제 추천이나 반대를 한 숫자와 달리 과장된 정보를 입력하는 일이니까요. 김 씨는 2016년 11월 26일경부터 킹크랩 운용에 필요한 유심칩이나 휴대전화를 모으는 일에 본격적으로 나서는데요. 김 씨의 댓글 작업은 2017년 대선을 앞두고 민주당의 승리를 위해 온라인 여론을 민주당에 유리한 방향으로 이끌기 위한 것이었다고, 법원은 그렇게 보고 있습니다. 그걸 전제로 한 다음 댓글 작업으로 이익을 얻는 사람은 김 전 지사를 비롯한 민주당 소속 정치인들로 '보인다'고 법원은 판단합니다. 김 씨로서는 킹크랩 개발 및 운영을 위해 휴대전화, 유심칩 비용, 통신비, 댓글 작업에 참여하는 사람들의 인건비 등 '거액의 비용'을 쓸 수밖에 없었을 것인데, 이익을 얻는 당사자인 김 전 지사의 허락이나 동의 없이 그런 일을 하지 않았을 것으로 '보인다'고 법원은 판단한 겁니다. 그러므로 김 전 지사의 승인이나 동의가 김 씨의 댓글 작업 출발에 결정적인 역할을 했다고 여긴 겁니다.

물론 그럴 수도 있습니다. 하지만 그렇지 않을 수도 있습니다. 앞서 살펴봤듯이 김 씨에게는 본인이 추진하던 경공모를 통해 이루고자 했던 목적이 따로 있었습니다. 2심 판결문에 따르면 소액주주권 행사 등의 방법으로 재벌을 해체하고, 재벌을 대체한 주요 기업들에 대한 경공모의 지배 및 소유를 통해 경제적 민주화를 달성하고자 한 것이었지요. 김 씨는 자미두수라는 일종의 점술로 예언을 해 회원들의 관심을 끌었고, 회원들만이 입주할 수 있는 마을을 조성해 무료로 나눠주겠다고도 했습니다. 김 씨는 한편 일본이 대지진으로 어려움을 겪게 되면, 재일 동포 등 일본 자본을 한국으로 끌어올 수 있을 것으로도 기대했다고 하는데요. 이런 목적을 달성하는 데 필요했기 때문에 일본 대사 자리나 그게 안 되면 오사카 영사 자리라도 얻어 내려 했던 것으로 보입니다. 김 전 지사의 허락이나 동의 이전에 김 씨 본인의 목적을 위해 시작했던 일입니다. 김 전 지사는 그런 속내를 모른 채 이력과 경력만을 살펴본 후 청와대 인사 추천 시스템에 따라 인사 추천을 했다고 주장했고, 무죄로 결론지어졌지만 이와 관련해 공직선거법 위반 혐의까지 받기도 했습니다.

법원의
일방적인 가정

사실 김 전 지사가 댓글 작업으로 이익을 얻는 당사자라는 것도 엄격하게 따져진 사실은 아닙니다. 어떻게 얼마나 대선에 유리하게 작용할 수 있으리라 예측했다는 것인지, 실제로 그런 효과를 거둔 것인지에 관한 최소한의 검증도 빠져 있습니다. 오히려 재판부 시각과는 정반대였을 가능성이 크다고 볼 수 있습니다. 2017년과 똑같이 문재인 전 대통령이 후보로 나섰던 2012년 대선 과정에서 국가정보원의 여론 조작 사건이 있었고, 그 사실이 드러나면서 나라가 발칵 뒤집혔지요. 원세훈 전 국가정보원장은 이로 인해 징역 4년을 선고 받았습니다. 김 전 지사는 누구보다 그런 사실을 잘 알고 있었습니다. 재판부는 김 전 지사의 허락이나 동의 없이 김 씨가 불법적인 일을 순수하게 자발적으로 저질렀다는 점은 쉽사리 이해하기 어렵다고 합니다. 그보다는 김 전 지사가 잘 알지도 못하는 사람들과 불법을 공모했다는 판단이 오히려 쉽사리 이해하기 어렵지 않을까요? 선플 운동을 벌이는 것으로 알았다는 김 전 지사의 주장은 아무런 설득력을 갖지 못하는 것일까요?

'거액의 비용'이라는 추정도 모호하기만 합니다. 김 씨와 뜻을 같이하는 회원 A가 킹크랩 개발을 주도했지요. 경공모 회원들을 대상으로 사용하지 않는 중고 휴대전화를 모았습니다. 회원 중 적극적으로 가담한 핵심 인사들이 댓글 작업을 실행에 옮겼습니다. 그렇다면 비용이라야 1개당 1만 원 남짓하는 통신사 유심칩 정도가 들었던 겁니다. 자발적으로 참여했던 회원들의 인건비까지 고려해야 할까요? 무엇을 근거로 '거액'이라는 판단을 했는지 알 수 없습니다. 선거 과정에서 불법이 저질러졌던 다른 사건들과 비교하거나 상식에 비춰 봐도 맞지 않습니다. 불법적인 행위를 시키려면 정치인이 그 비용을 제공했어야 했을 텐데, 김 전 지사는 단 한 푼도 경공모에 지원하지 않았습니다. 그나마 김 씨가 격려 차원으로 김 전 지사에게서 100만 원을 받았다고 주장했지만, 이는 허위로 밝혀졌습니다.

1심 재판부는 이처럼 딱히 근거를 대지 않은 채 그렇게 "보인다", "보이지 않는다"는 추측으로 의심해 볼 만한 장애물들을 뛰어넘은 다음 드루킹과 김 전 지사의 공모를 인정합니다. 물론 공모 자체에 대해서는 증거들을 들어 판단하고 있지요. 그중 가장 직접적으로 제시하고 있는 것은 관련자들의 '말'입니다.

드루킹과 주변 인물들의
말, 말, 말

1심 판결문에 따르면 김 씨는 2016년 11월 9일 김 전 지사에게 킹크랩 시연을 한 이후 "이것을 하지 않으면 다음 대선에서 또 질 것입니다. 모든 책임은 제가 지고 문제가 생기면 감옥에 가겠습니다. 다만 의원님의 허락이나 동의가 없다면 이것을 할 수가 없습니다. 고개를 끄덕여서라도 허락해 주십시오"라고 말했다고 합니다. 김 전 지사는 고개를 끄덕였고 김 씨는 "그럼 진행하겠습니다"라고 덧붙였다는 겁니다. 얘기를 나누고 강의장을 나오면서 이번엔 김 전 지사가 먼저 "무슨 감옥에 가고 그래, 도의적 책임만 지면 되지, 뭘 이런 걸 보여 주고 그러냐, 그냥 알아서 하지"라는 말을 꺼냈고, 이에 김 씨는 "그러면 안 보신 거로 하겠습니다"라고 답했다는 것입니다. 이에 대해 김 전 지사는 킹크랩 시연을 본 적도, 고개를 끄덕이면서 허락한 사실도 없다고 합니다.

그런데 김 씨의 진술에 더해 시연을 맡았다고 주장했던 개발자 A도 김 전 지사가 고개를 끄덕이는 것을 보았다고 말했습니다. 그뿐만 아니라 킹크랩을 운용했던 B는 다음 날 회의에서 김 전 지사가 고개를 끄덕여 허락했다는 말을 김 씨에게서 들었다고 말했습니다. 전략회의팀 C도 다음 날쯤 김 씨에게서 킹크랩 시연을 김 전 지사에게 했다는 말을 들었다고 말했습니다. 유심칩과 휴대전화를 수집했던 D는 사무실에 있는 다른 사람에게서 김 씨가 김 전 지사에게 킹크랩을 보여 주었다고 들었다고 말했고, E는 김 씨에게서 김 전 지사가 킹크랩 개발을 승인했다고 들었다고 말했습니다.

언뜻 보기에는 김 씨를 비롯해 6명이나 되는 증인들이 김 전 지사가 댓글 작업을 허락했다고 증언한 것입니다. 공모가 있었다는 것이지요. 부인하는 김 전 지사 한 사람과 있었다고 하는 여섯 명이 맞붙은 모양새이지요. 과연 그럴까요?

증거능력과
증명력

　세간의 관심을 끄는 사건과 관련해 어떤 물건이 과연 증거가 될 수 있느냐는 질문을 종종 받습니다. 사건 관계자들끼리 나눈 대화를 녹음한 다음 글로 풀어 정리한 녹취록 따위가 등장했을 때인데요. 사실 그런 질문은 둘로 단계를 나눠야 합니다. 우선 증거로 쓸 수 있느냐를 판단해야 하고(증거능력), 쓸 수 있다면 그걸로 어떤 사실을 증명할 수 있느냐(증명력)를 따지는 겁니다. 녹취록이라면 우선 녹음이 불법적으로 이뤄진 것은 아닌지 봐야 하지요. 대화하는 사람 중 누군가 녹음했다면 상관없지만, 영장도 없이 제3자가 도청 장치를 설치해 얻은 것이라면 법정에서 증거로 쓸 수 없습니다. 아무리 충격적인 내용이 들어 있다고 할지라도 법적으로 그 녹음은 존재하지 않는 것입니다. 형사 법정은 누군가의 죄를 묻기 위한 곳인데, 범죄를 저질러 더러워진 손으로 다른 사람의 잘못을 가리키도록 할 수는 없으니까요.

　같은 맥락에서 수사기관의 회유, 압박으로 얻은 진술 역시 쓸 수 없습니다. 영화, 드라마에서 간혹 나오지요. 뻔뻔스러운 거짓말을 이어가는 범죄자를 보다 못한 정의감 넘치는 형사가 제대로 몇 대 쥐어박아 술술 털어놓게 만드는 장면 말입니다. 속이 시원해 보이지만 사실 대중에게 잘못된 의식을 심어줄 수 있습니다. 영화, 드라마야 시청자가 무슨 일이 있었는지, 범인이 누군지 처음부터 보고 알고 있기 때문에 그렇게 폭행을 당해도 싸다고 생각하는 것이지요. 현실에서는 그럴 수가 없습니다. 지레짐작으로 엉뚱한 사람을 범인으로 지목하면 무슨 일이 생기겠어요. 고문을 정당화할 수 있는 겁니다. 그래서 아예 그런 불법적인 수단을 써서 얻은 증거는 법정에 내밀 수조차 없게 만든 겁니다. 같은 이유에서 스스로 죄를 지었다고 인정하는 자백 말고 다른 증거가 없을 때는 그 자백마저 증거로 쓸 수 없도록 했습니다. 증거가 없을 때 고문하거나 꼬드겨 거짓 자백을 하도록 만드는 일을 원천적으로 막은 겁니다.

불법으로 얻은 것이 아니더라도 녹취록이 증거로 쓰일 수 있으려면 거쳐야 하는 과정이 더 있는데요. 대화를 나눈 사람들로 적혀 있는 사람들이 정말로 그런 말을 한 것이 맞는지 법정에서 직접 확인해야 합니다. 사람의 말을 문자로 받아쓰기 한 것이니만큼 아무래도 오류가 있기 마련이잖아요. 같은 "네"일지라도 "네!"와 "네?"는 하늘과 땅 차이입니다. 게다가 녹취록을 상대로는 반대신문을 할 수도 없습니다. 누군가를 때리는 걸 목격했다는 내용이 적힌 녹취록이 있다고 생각해 보세요. 왜 그런 말을 했는지, 혹시 비슷하게 생긴 다른 사람을 착각한 것은 아닌지 확인해 봐야 할 수 있잖아요. 그래서 녹취록에 적혀 있는 사람들이 직접 법정에 나와 그 내용에 동의해야 증거로 쓸 수 있는 것이 원칙입니다.

김 씨 단 한 사람에게서
시작됐던 말들

여기서 다시 김 전 지사의 공모에 관한 진술들로 돌아가 봅시다. 김 씨를 비롯한 6명 중 4명은 직접 김 전 지사가 고개를 끄덕이는 것을 본 적이 없습니다. 김 씨에게서 들었거나 심지어 김 씨에게서 들었다는 다른 직원에게서 들었다고 한 겁니다. 설령 법정에 나와 직접 말을 했더라도 증거로서의 성격은 다른 사람의 말을 적어 놓은 녹취록이나 마찬가지입니다. 그렇다면 김 씨가 정말로 김 전 지사에게 킹크랩을 보여 준 다음 사용을 허락해 달라고 요청했는지, 그래서 김 전 지사가 고개를 끄덕였는지에 관해서 4명의 진술은 증거로 쓰일 수가 없다고 봐야 합니다. 반대신문도 의미가 없는 것이 김 씨와 김 전 지사 두 사람이 서로 다른 말을 하고 있는 이상, 김 씨의 주장을 반복하는 이외에 다른 의미가 없으니까요.

문득 학창 시절 학교 화장실 낙서가 생각납니다. 누구랑 누가 사귄다는 따위 루머가 화장실에 적히던 시절 말입니다. 요즘 같으면 SNS나 단체 대화방을 통해 퍼뜨리겠지요. 그런 낙서들 중엔 한 사람의 '희망 사항'이 들어 있기도 했습니다. 소문을 내서 현실인 것처럼 만들어 보려는 시커먼 의도였던 거죠. "선화공주님은 밤마다 몰래 서동을 만난다"는 노래를 퍼뜨려 정말로 공주와 결혼했고, 백제의 왕이 됐다는 '서동요'에 관한 설화 아시죠? 삼국시대부터 있었던 고전적인 선전 선동 수법이었던 것이지요. 김 씨 역시 그런 목적으로 주변 사람들에게 김 전 지사의 허락이 있었던 것처럼 과장했을 가능성도 있지 않을까요? 그랬다는 것이 아니라 그럴 수도 있지 않겠느냐는 겁니다. 김 전 지사가 고개를 끄덕였다는 사실을 다른 증거로 뒷받침하지 않는 한 확실하지 않은, 김 씨만의 주장일 수 있었습니다. 김 씨에게서 들었다는 말들은 결국 그의 주장에 힘을 실어주는 일방적인 진술들이었잖아요. 그럼에도 1심 재판부는 4명의 진술까지 증거로 쓸 수 있다고 하면서 6 대 1의 구도를 유지시켜 줍니다.

조금 헷갈릴 수 있지만 1심 재판부의 논리를 소개하자면 이렇습니다. 김 씨와 김 전 지사의 공모가 있었다는 사실을 입증하는 데 4명의 진술을 증거로 쓸 수는 없다. 그들이 직접 목격한 것이 아니라 김 씨에게서 전해 들은 이야기이기 때문이다. 그러니까 그 자체로 김 전 지사의 허락이 있었다는 증거가 될 수는 없다. 하지만 김 씨가 4명에게 그런 얘기를 했다는 사실을 인정하는 데는 증거로 쓸 수가 있다. 전달받은 내용이 아니라 그런 내용을 전달받았다는 사실은 누군가에게서 전해 들은 것이 아니기 때문이다. 그러므로 4명의 진술을 재판부는 어떤 일이 있었는지 판단하는 간접적인 증거로 쓸 수 있다는 것입니다.

뭔가 뱅뱅 돌고 도는 느낌이지요? 따지고 보면 김 씨 한 사람의 말뿐인데도 마치 5명이 같은 말을 한 것처럼 착시 현상을 낳습니다. 결국 법원이 김 씨를 도와주는 울타리를 쳐 준 셈 아닐까요? 1심 재판부는 그렇게 공모를 인정한 다음 킹크랩 시연, 온라인 정보 보고 같은 다른 정황 증거들을 통해 김 전 지사가 김 씨와 함께 범행을 이어갔다고 판단했던 겁니다.

의심스러우면
피고인의 이익으로?

2심 재판부는 위에서 본 바와 달리 김 씨에게서 "김 전 지사가 킹크랩에 의한 댓글 순위 조작을 승인했다고 들었다"는 경공모 회원들의 진술을 아예 증거로 쓸 수 없다고 했습니다. 증거로 쓸 수 없다고 해 놓고 빙빙 돌려 다시 간접적으로는 쓸 수 있다는 논리는 상식에 맞지 않으니까요. 2심에서 달라졌는데도 굳이 1심의 판단을 짚고 넘어가는 이유가 있습니다. 달라진 듯 달라지지 않아 결국은 같은 결론으로 이어지는 1심, 2심의 흐름을 따라가며 보여 드리고 싶어서입니다.

이제 2심에서는 김 전 지사가 킹크랩 개발과 운용을 허락했는지에 대한 다른 증거를 찾아야 하지요. 재판부는 김 씨와 김 전 지사의 공모 여부에 관한 판단을 다시 하면서 무죄추정의 원칙을 인용하는 것으로 시작합니다. 형사피고인은 유죄의 판결이 확정될 때까지는 무죄로 추정됩니다(헌법 제27조 제4항, 형사소송법 제275조의 2). 이는 우리 형사법의 기초를 이루고 있는 원칙으로서 '의심스러우면 피고인의 이익으로'라는 오래된 법언에 내포된 것이라고 밝히지요. 2심 역시 대법원이 세운 유죄 판단의 기준을 소개하는 것으로 시작하는데요. 아래와 같습니다.

형사소송법 제307조 제2항은 "범죄 사실의 인정은 합리적인 의심이 없는 정도의 증명에 이르러야 한다"라고 정하고 있다. 따라서 형사재판에서 유죄의 인정은 법관으로 하여금 합리적인 의심을 할 여지가 없을 정도로 공소사실이 진실한 것이라는 확신을 가지게 하는 증명력을 가진 증거에 의하여야 한다. 검사가 제출한 증거만으로 이러한 확신을 가지게 하는 정도에 이르지 못한 경우에는 설령 유죄의 의심이 든다고 하더라도 피고인의 이익으로 판단하여야 한다(대법원 2017.10.31. 선고 2016도21231 판결 등 참조). 한편, 여기에서 말하는 의심이란 모든 의문이나 불신을 말하는 것이 아니라 논리와 경험법칙에 기하여 증명이 필요한 사실과 양립할 수 없는 사실의 개연성에 대한 합리적인 의문을 의미한다. 따라서 단순히 관념적인 의심이나 추상적인 가능성에 기초한 의심은 합리적 의심에 포함되지 않는다(대법원 2017. 1. 15. 선고 2016도15526 판결 등 참조).

인간은 신이 아니고 그 누구도 실제로 과거에 어떤 일이 벌어졌는지 정확하게 알 수 없습니다. 자칫 섣부른 판단으로 실수하기 쉽습니다. 그런 만큼 형사재판에서 누군가를 단죄하기 위해서는 합리적인 인간이라면 의심할 여지없이, 증거에 의해 범죄를 저질렀다는 사실이 입증돼야 한다는 것입니다. 법정에서 오고 가는 모든 말을 뒷받침하는 증거가 필요하다는 뜻은 아니고요. 검사가 재판에 넘긴 혐의에 해당하는 사실에 대해 그렇습니다. 김 전 지사의 경우 킹크랩 개발을 허락했느냐, 즉 컴퓨터등장애업무방해를 공모했느냐를 살펴보고 있는 중이고요.

김 씨에 의해
치밀하게 정리됐던 말들

먼저 증거로 법정에서 쓸 수 있는 것인지를 따진 다음(증거능력), 입증하려는 사실을 증명하는 데 얼마나 가치가 있는지 판단한다고 했잖아요(증명력). 두 가지가 일치하지 않는 경우도 종종 있어서입니다. 문득 영화 〈공공의 적〉의 한 장면이 떠오르는데요. 도둑이 잡혔어요. 드라이버를 잠금장치 틈새로 밀어 넣어 부수는 방법으로 범행을 저질렀다고 합니다. 사실 영화에서는 경찰들이 억지로 그런 식으로 몰아세웠지요. 아무튼 그렇게 사건을 재구성한 다음 증거랍시고 드라이버를 든 범인의 사진을 찍는데요. 그걸 가만히 보던 선임이 버럭 화를 내며 나서지요. 범인이 들고 있던 드라이버가 십자드라이버였던 겁니다. 틈으로 밀어 넣었다는 주장이 성립하려면 일자 드라이버를 들고 있어야 하잖아요. 설령 드라이버 압수 절차에 아무런 위법이 없어 증거로 쓸 수 있었다고 할지라도, 십자드라이버로는 범죄 사실을 증명하는 데 아무런 도움이 되지 않지요. 그렇다면 2심 재판부는 어떤 증거들로 공모라는 사실을 입증할 수 있다고 봤을까요? 역시 말부터 따집니다. 그런데 공모 사실에 관해 어떤 말들이 있었는지 2심 판결문은 첫 문장을 이렇게 시작하고 있습니다.

김 씨와 그 일당인 A, B는 앞서 본 바와 같이 2018년 3월 21일 긴급 체포되었고, 다음 날 이루어진 2018년 3월 22일 경찰 조사에서 모두 진술을 거부하였다.

아무 말도 하지 않았다는 것입니다. 이 사건은 처음에는 특검이 아니라 경찰이 수사했기 때문에 '경찰 조사'에서 진술을 거부했던 것입니다. 이후 상황 전개는 판결문에 적힌 내용을 요약해 가면서 정리해 보겠습니다. 김 씨와 회원들은 2018년 5월 8일까지 댓글 작업에 쓰었던 매크로 프로그램에 관해 매우 구체적으로 진술했습니다. 그러나 이는 문제가 발생해 수사를 받게 될 경우의 대비책을 논의하면서 미리 김 씨가 지시했던 내용을 따랐던 것입니다. 오로지 김 씨 한 사람이 미리 꾸며 놓았던 말이었던 겁니다. 김 씨는 2018년 5월 11일 다시 경찰 조사를 거부하면서 이렇게 요구합니다.

제가 진술을 하지 않는 이상 다른 공범들도 진술을 하지 않을 것이기 때문입니다. 그래서 차후에 변호인을 통해 다른 공범들도 사실대로 진술하라고 말을 전한 다음에 사실대로 진술을 하겠습니다.

그러니까 김 씨가 자신의 일당에게 말하라고 전해야 자신의 입도, 그들의 입도 열린다는 것입니다. 그러니 변호인을 통해 그들에게 말을 전할 수 있도록 해 달라는 것이었습니다. "사실대로" 말하면 된다는 걸 꼭 그렇게 전해야 할 이유가 있었을까요? 있었습니다. 김 씨는 2018년 5월 16일 구치소에 갇힌 상태에서 김 전 지사가 두 번째로 경공모 사무실을 방문했을 때의 상황을 노트에 적었는데요. 판결문에 있는 그 노트를 그대로 옮겨 보겠습니다.

김 전 지사가 방문했을 때의 상황을 정말 자세하고 정확하게 정리해 놓은 것으로 보입니다. 올 때마다 돈을 줬다, 5만 원권 20장이었다, 시연하는 것을 〈**〉이 유리창 너머로 봤다, 흰 봉투를 꺼내서

(김경수 스모킹건)
1. **님과 대화한 녹취파일 있음
- 내용은 김경수가 올 때마다 100만 원씩 줬다고 하죠.
2. 사실이라고 솔직하게 진술 → 법적 검토
3. 2016.10.11. ? 200~300
4. 킹크랩 관련 브리핑을 받고 관련자들을 격려
   2층 로비에서 유리문을 나설 때 흰 봉투를 드루킹에게 줬음
5. 5만원권×20 → **에게 줌(회식하라고)
6. 그 돈으로 피자 사 먹고 치킨 사 먹고 탕수육 시켜먹음
7. 킹크랩 개발에 대한 '격려금'으로 생각했다

(2016. 10. 김경수 방문시)
1. 강의장에서 드루킹이 킹크랩 관련 김경수에게 브리핑함
2. **에게 킹크랩 프로토타입(모바일폰)을 가져와서 구동해 김 의원에게 보여드리라고 지시함
3. 〈**가 구동〉하고 〈**은〉강의장 유리창 너머로 김 의원이 킹크랩이 작동하는 것을 보고 있는 것을 〈목격〉
4. 만족해 한 김 의원이 나갈 때 드루킹에게 흰 봉투를 꺼내서 줌(양복상의 안쪽에서)
5. 드루킹이 봉투를 **에게 건네 주어서 나중에 확인해보니 5만 원×20장=100만 원 이었고, 외식에 사용했음
6. **은 나중에 드루킹에게 100만 원이라고 보고
- 〉드루킹은 피자 사먹으라고 함
- **도 알고 있음. **, **도 알 것

줬다(양복 상의 안쪽에서), 피자를 사 먹으라고 했다…… 디테일이 살아 있습니다. 댓글 작업에 대한 대가 관계, 현장에서 있었던 일, 이를 목격한 사람까지 구체적으로 적어 놓았습니다. 김 전 지사와 공모했다는 주장을 충분히 뒷받침해 줄 만하지요. 세 번째 줄에 적힌 "줬다고 하죠"는 무슨 뜻일까 궁금하기는 하네요.

앵무새처럼 반복됐던
만들어진 말들

김 씨가 이 노트를 작성한 다음 날인 2018년 5월 17일부터 그의 담당 변호사는 이틀에 걸쳐 구치소를 찾아가 A, B, C, D를 차례로 만납니다. 이후 B, D 각각의 감방에서 작성한 노트에 위 내용과 매우 유사한 내용이 적힌 것을 확인했다고, 판결문은 밝힙니다. 그중 한 사람이 옥중에서 자필로 작성한 경위서에도 김 씨가 이미 밝힌 내용에서 "더할 것도 뺄 것도 없다"고 적혀 있고요. 이 정도 정황이면 김 씨가 회원들에게 어떻게 말해야 하는지 지시했다고 볼 수 있는 것 아닐까요?

실제로 이들은 경찰 조사에서 입을 열고 진술하기 시작하는데, 김 씨의 노트에 적힌 내용이 고스란히 말로 옮겨집니다. 2층 유리문 앞에서 흰 봉투 하나를 건네주었다, 격려금으로 뭐 사 먹으라고 했다, 김 씨가 김 전 지사에게 받은 봉투를 주어서 확인해 보니까 5만 원권 20장 100만 원이었다…… 게다가 그런 일들이 있다는 사실을 누군가에게서 전해 들었다는 것이 아니라 그들 스스로가 보았다고 한 것입니다. 증거로 쓰일 수 있게 된 셈이지요. 판결문에서는 이들의 말이 '매우 구체적'이었다고 합니다. 공모 사실에 대한 강력한 증거가 될 수 있었던 것이지요.

김 씨는 '사실대로' 말하라고 했고, 그래서 사실대로 말한 것이라면 뭐가 문제냐고요? 조사가 반복되면서 그들끼리의 말이 어긋나는 부분이 드러났습니다. 특검에서 추궁이 이어지면서 이들은 착각이었다거나 기억이 잘못됐다고 하다가 마침내 진짜 사실을 털어놓는데요. 담당 변호사를 통해 김 씨가 시켜서 한 말이지 실제로 돈을 주는 것을 보지는 않았다고 말입니다. 경찰에서 했던 진술은 사실이 아니라는 것이었습니다. 김 씨 역시 마침내 김 전 지사에게서 돈을 받은 사실이 없다고 밝혔습니다. 2심 판결문의 표현을 빌자면 "김 전 지사로부터 킹크랩 개발 및 운용을 허락받았다는 사실을 강력히 추단하게 하는 사정인" 격려금이 날아간 것입니다.

창밖에서 킹크랩 시연을 목격했다는 진술들 역시 2심 재판부는 허위라고 봤습니다. 목격했다는 진술은 수시로 번복됐고, 다른 사람들의 진술과도 맞지 않았으며, 어떻게 어디에서 봤다는 것인지조차 제대로 집어내지 못했기 때문입니다. 재판부는 이 역시 김 씨의 옥중 노트에 말을 맞춰 허위 사실을 진술하는 것으로 판단했습니다. 사실 창문을 통해 시연 장면을 봤다는 부분에 대해서는 이미 1심 재판부 역시 쉽사리 믿을 수 없다고 했지만, 이 때문에 다른 진술까지 믿지 못할 것은 아니라고 했습니다.

김 전 지사가 고개를 끄덕였다는 목격담이나, 격려금을 주었다는 진술을 모두 인정할 수 없게 됐으니 이제 남은 것은 김 씨와 개발자 A의 말입니다. 김 씨는 직접 김 전 지사에게 킹크랩 시연을 했고, 동의를 얻었다고 주장했습니다. A 역시 김 씨에게서 들어서가 아니라 킹크랩이 작동하는 휴대전화를 강의장에 가지고 가서 김 전 지사가 고개를 끄덕이는 것을 직접 보았다고 했습니다. 하지만 2심 재판부는 이들의 진술 역시 믿지 못하겠다고 판단했습니다. 김 씨가 일관되게 진술하고 있기는 했지만, 스스로 작성한 내용을 옥중 노트로 정리해 반복했으니 의미가 없다고 했습니다. 김 전 지사가 고개를 끄덕일 때의 상황에 대해 말을 바꿔 믿기 어렵다고 했습니다. A의 말 역시 마찬가지로 봤습니다. 경찰과 특검 조사에서 한 말이 달랐고, 왜 달라졌는지에 대한 해명도 설득력이 없다고 봤습니다. 결국 김 전 지사가 김 씨와 단둘이 있는 자리에서 킹크랩 개발과 운용을 허락해서 범죄를 공모했다는 주장과 관련된 말들은 모두 증거로 인정받지 못했던 것입니다.

허위를 빼면
모두 진실?

1심이 유죄판결을 하는 데 썼던 말 중 경공모 회원들의 진술은 아예 증거로 쓸 수 없게 됐고요. 증거능력은 있어서 증거로 쓸 수 있던 김 씨와 개발자의 말들은 믿을 수가 없었기에 어떤 사실도 증명할 수 없게 됐습니다. 그럼 2심 재판부는 어떻게 김 전 지사의 공모를 인정한 것일까요? 2심 재판부는 김 전 지사가 경공모 사무실에 두 번째 방문했던 날 킹크랩에 관한 설명이 포함된 온라인 정보 보고를 받았다고 했습니다. 킹크랩에 관한 일체를 부인하는 김 전 지사 역시 다른 회원들이 없는 자리에서 김 씨와 독대를 했다는 사실 자체는 인정했고요. 재판부는 나아가 킹크랩 시연을 본 것도 사실이라고 판단했습니다. 네이버 로그 기록이 결정적으로 작용했는데요. 앞으로 살펴보겠지만 네이버 로그 기록은 김 전 지사가 방문했던 그날 킹크랩 프로그램이 작동했던 디지털 기록을 말합니다.

재판부는 김 씨가 킹크랩에 관해 설명했고, 시연까지 마쳤던 만큼 김 전 지사에게 그걸 개발해 운영할 것인지 묻는 것이 자연스러울 것이라고 봅니다. 그렇게 물으면 김 전 지사는 어떤 식으로든지 대답을 해줄 수밖에 없었을 것이라고도 합니다. 시연이 실제로 있었다고 치면, 여기까지의 추론이 논리적으로 이상하지는 않습니다. 그런데 그 추론은 이런 결론으로 이어집니다. 재판부는 모두 6명의 경공모 회원들이 일치해서 "김 씨와 피고인이 강의장에서 나온 이후 가볍게 악수를 하고 돌아갔다"고 말했다는 사실에 주목합니다. 악수라는 사실에 비춰 보면, 김 전 지사가 김 씨에게 킹크랩 개발 및 운용에 관해 긍정적인 태도를 보였다는 사실을 충분히 인정할 수 있다고 합니다. 격려금이라는 허위 사실을 지어냈고, 보지도 않은 사실을 목격했다고 말했고, 실제 김 전 지사와 함께 있었던 김 씨의 말조차 믿지 못하겠다고 했는데, 악수를 긍정적인 대답으로 본 겁니다. 나아가 이후에 온라인 정보 보고를 전송받고, 댓글 작업을 한 기사 목록까지 전송받았는데 이를 말리지 않고 오히려 긴밀한 협력 관계를 유지한 사정을 종합하면, 김 전 지사가 '악수'로 보여 준 긍정적인 태도는 킹크랩 개발 및 운영에 관한 동의나 승인이었다고 판단했습니다. 그날 공모가 있었는지를 따지면서 이후의 사실을 거꾸로 끌어다 쓰기까지 한 겁니다. 함께 모의한 다음 실행해 나가는 것이 순서인데, 뒤에 벌어진 일을 들어 앞을 인정한 겁니다.

여러 가지 복잡한 생각이 듭니다. 선거철이면 출퇴근길에 악수하자며 달려드는 정치인들을 피해 다니던 기억이 납니다. 통성명도 하지 않은 낯선 사이인데 어찌나 반갑게 손을 꼭 쥐던지 당황했던 일도 떠오릅니다. 재판부의 판단이 맞다면, 김 전 지사는 왜 단둘이 있는 강의장에서 킹크랩 시연을 보고 난 직후에는 아무런 승인, 허락도 하지 않다가 많은 사람이 보고 있는 바깥에서 범죄를 '공모'했다는 것인지도 의아합니다. 김 씨는 김 전 지사와 공모했다는 주장을 그럴듯하게 보이기 위해서인지 감방에서 변호사까지 동원해 다른 공범들에게 김 전 지사에 관한 여러 가지 진술을 지시했고, 그건 허위라고 판단하지 않았나요? 김 씨가 그날 있었던 일을 어디까지 지어낸 것인지는 알 수 없습니다. 실제로 김 전 지사에게서 승인을 받았을 수도 있습니다. 기억의 혼란을 일으킨 것이라면 적어도 법적으로는 거짓이 아니기에 문제 삼을 수 없기도 하고요.

그러나 그건 김 씨의 입장입니다. 재판부도 그렇게 판단해야 했는지는 의문입니다. 공모와 관련된 모든 말을 증거로 쓸 수 없거나, 믿지 못하겠다고 해 놓고 정작 악수에 대해 결정적인 의미를 부여했습니다. "범죄 사실의 인정은 합리적인 의심이 없는 정도의 증명에 이르러야 한다"고 하면서 의심스러울 때는 피고인에게 유리하게 판단해야 한다고 했습니다. 악수를 하기 전에 있었던 일에 관해 허위로 판단했다는 사정만으로는 합리적인 의심이 아니라는 걸까요? 어쩌면 재판부는 김 씨와 회원들의 말을 법적인 증거로 쓰지 못한다고 하면서도 정작 그들의 반복된 말을 믿고 있었던 것은 아닐까요? 악수라는 명백하고 단순한 사실만큼은 누구도 부인할 수 없으니 거기에 기대 공모를 인정해버린 건 아닐까요? 김 전 지사와 김 씨 어느 쪽 말이 맞는지 모르겠다는 편이 합리적이지 않을까요? 재판부는 김 씨의 주장을 믿어야 하는 이유를 밝히고 있는데요.

비록 앞서 본 바와 같이 김 씨와 A, B 등이 피고인의 두 번째 경공모 사무실 방문 당시 상황과 관련하여 서로 입을 맞추고 허위의 진술을 한 사실은 있으나, 수감 중에 자신들의 기억을 증명할 만한 객관적 자료가 불충분하다고 여긴 나머지 때로는 거짓된, 때로는 과장된 진실을 하였다 하여 그저 이를 탓하며 그들의 진술 전체를 무로 돌리는 것은 실체적 진실 발견이라는 형사재판의 책무를 저버리는 것이다.

앞서 살펴본 바와 같이 2심 재판부가 공모를 인정한 것은 킹크랩에 관한 설명을 들었고, 시연을 봤으며, 이후에 실제로 운영됐다는

1심과 2심의 공모에 관한 주요 근거

	특검 측 주장	제1심	제2심
공모	① 2016. 9. 28. 새누리당 댓글 기계 브리핑	○	○
	2016. 10. 둘째 주 지정학 보고서 전송	○	X
	2016. 10. 넷째 주 지정학 보고서 전송	○	X
	2016. 11. 9. 방문 시 새누리당 댓글 기계 및 그에 대응한 킹크랩 브리핑(201611 온라인 정보 보고)	○	○
	② 킹크랩 프로토타입 시연	○	○
	창밖에서의 시연 장면 목격	X	X
	③ 피고인이 시연 참관 후 고개를 끄덕여 킹크랩 개발 및 운용 승인(공모 상황에 대한 김○○의 진술)	○	X
	공모 당시 피고인과 김○○ 사이의 대화(공모 상황에 대한 김○○의 진술)	○	X
	킹크랩 브리핑 후 피고인이 관련자들을 격려(옥중 노트)	-	X
	시연 참관 후 격려금으로 100만 원 지급(옥중 노트)	-	X
	김○○과(와) 독대한 후 가볍게 악수를 하고 돌아갔다	○	○
	피고인이 보좌관에게 완성된 킹크랩을 보고 오라고 지시("가면 재미있는 게 있을 테니 보고 오라")	X	X
	2017. 2. 17. 보좌관이 경공모 사무실 방문해 킹크랩 시연 참관	X	X
행위지배	④ 각종 정치 현안 의견 교환 정치적 유대 관계 형성	○	○
	⑤ 댓글 작업 기사 목록 전송 및 확인	○	○
	⑥ 댓글 작업 관련 온라인 정보 보고 전송 및 확인	○	○
	⑦ 기사 URL 전송을 통한 댓글 작업 지시	○	○
	⑧ 댓글 작업 재개를 위한 오사카 총영사 역제안	○	X
	청와대 행정관 인사 추천	-	X
	⑨ 센다이 총영사 인사 추천 의사 전달	○	○

사정을 종합적으로 판단해서입니다. 재판부의 추론에 따르자면 공모라는 단계는 반드시 있을 수밖에 없습니다. 그러나 공모 그 자체와 관련한 부분만 놓고 보면 김 씨 등 대부분의 진술이 허위였고, 악수를 했다는 정도가 진실이었습니다. 불가피하게 악수라는 의례적인 행위에 의미를 부여할 수밖에 없었던 것 아닐까요? 1심 재판부처럼 킹크랩 시연을 마친 김 씨가 운영 여부를 물었고, 김 전 지사가 고개를 끄덕여 허락했다는 판단이 오히려 논리적입니다. 하지만 1심처럼 판단하기에는 증거가 부족했지요. 2심 재판부는 정말 실체적 진실을 발견한 것일까요? 공모를 둘러싼 진술이 상당 부분 허위로 밝혀졌다면, 이미 특검이 동원했던 창은 전체적으로 뭉툭해져서 방패를 뚫지 못했다고 봐야 하지 않았을까요?

진술을 증거로 쓰는 일은 누군가의 기억에 의존하는 일입니다. 특별한 이유가 없는 한 몇 달, 몇 년 전에 겪었던 일에 관해 정확히 기억하기가 얼마나 어려운지는 여러분도 일상에서 종종 겪어보셨을 것입니다. 그런 불완전한 기억에 의존해 누군가를 처벌한다는 것은 사실 대단히 위험합니다. 더구나 우리네 형사소송에서의 수사와 재판은 그런 위험성을 더욱 부추기는 구조로 되어 있지요. 어떤 사건에 관해 참고인으로 출석해 조사받으면, 그 조사 결과는 진술 조서라는 이름으로 법정에 증거로 나오고요. 조서라는 서류 자체를 증거로 쓰지 않으면 그 사람이 직접 법정에 출석해 증인으로 나섭니다.

경찰에서든 검찰에서든 조사를 할 때는 그저 막연하게 그 사람

김경수, 댓글 조작, 뒤집힌 진실

의 입을 기다리지 않습니다. 범죄 혐의 사실과 관련한 구체적인 사실들을 묻지요. 그러니까 몇 날, 몇 시에 무슨 일이 있었느냐는 식이 아니라, 그날 그 자리에서 누군가 어떤 행동을 하는 것을 보았느냐는 식으로 묻습니다. 모호할 때 조금만 부추기거나 혹은 묻는 사실을 뒷받침하는 증거가 있으면 그랬다고 답하기 쉽습니다. 정확하게는 그랬던 것 같다는 정도의 인식이지만 서류상으로는 확실한 것으로 적히게 됩니다. 문제는 그런 조사를 몇 차례 반복하다 보면 인간의 두뇌는 그런 일이 있었던 것처럼 기억을 만들어 낼 수도 있다는 겁니다. 그랬던가 싶었는데 자신도 모르는 사이에 그랬다고 기억할 수 있습니다. 그렇다고 믿는 차원이 아니라, 정말로 그랬던 것처럼 기억을 가지게 되는 겁니다.

수사기관이 어떤 의도가 있어서라는 것이 아니라 조사 과정이 가진 구조적인 문제점입니다. 수사를 받는 사실이 알려지기라도 하면 주변 사람들 역시 그런 기억이 만들어지는 데 본의 아니게 도움을 줄 수 있지요. 가족, 친구가 물을 때마다 두 번, 세 번, 네 번 같은 얘기를 반복하게 됩니다. 법정에 출석해 증언할 때쯤이면 확실한 기억이 만들어져 있을 수 있습니다. 피고인 측에서 반대되는 사실을 지적하며 잘못된 기억이라고 반박하려 해도 흔들기가 쉽지 않습니다.

간혹 법정에서 경찰, 검찰에서와 다른 진술을 할 때도 있는데요. 그럼 재판부는 상반된 진술 중 어떤 것을 믿어줄까요? 그럴 때 동원되는 대표적인 논리가 있습니다. 사건이 있었던 때로부터 가까

윘던 시간, 그러니까 수사기관에서 했던 최초의 진술이 맞지 않겠느냐는 겁니다. 언뜻 보기에만 그럴듯할 뿐입니다. 최초 진술 자체가 이미 상당한 시간이 지난 뒤였을 수 있거든요. 그다음 앞서 짚은 과정을 거치며 기억이 다듬어지는 겁니다. 그럼 법정에서 뒤늦게 제대로 된 과거를 기억해 냈다 해도 최초 진술을 바꾸기가 어렵습니다. 이런 위험성이 있기에 진술을 중심으로 한 재판은 지양해야 하지만 현실에서는 그렇지 않습니다. 뚜렷한 증거가 없는 사건이라면 증인들의 진술이 가지는 가치는 더욱 커지지요. 뚜렷하지 않다면 무죄가 돼야 하지만, 진술이라는 증거를 근거로 법원의 판단은 유죄로 나올 수 있는 겁니다.

의심스러울 때는 피고인의 이익을 위하라는 원칙이 있는데도 무죄를 받기 어려운 이유 중 하나는 검사가 정리해 놓은 주장과 증거들을 막연하게 배척할 수 없다는 점도 꼽을 수 있습니다. 그러려면 판사가 피고인의 주장을 참고해 검사의 주장과 증거에 의심스러운 부분은 없는지 낱낱이 살펴야 하겠지요. 쏟아지는 사건들에 떠밀려 가다시피 재판을 진행해야 하는 입장에서 현실적으로 쉬운 일이 아닙니다. 법률 전문가인 검사의 논리를 따라 유죄를 선고하는 편이 훨씬 빠르고 간단하지요. 그러다 보니 피고인이 나서 검사가 재구성한 사건의 흐름과 전혀 다른 일이 있었다는 사실을 입증하다시피 해야 합니다. 단순히 검사가 제출한 증거 한두 개가 이상하다거나 누군가 증인의 말이 엇갈린다는 정도로는 안 됩니다.

피고인으로서는 검찰의 주장과 증거를 흔들기 위해, 그러니까 방어를 위한 차원에서 공격하기 마련이지요. 검찰이 흔들린다면 무죄로 이어져야 하는데 현실은 쉽게 그럴 수가 없다는 것입니다. 피고인이 "그게 아닙니다"라고 하면 판사가 "그게 아니면 무엇인데?"라고 되묻는 거지요. 검찰이 단단하게 세워 놓은 골격을 무너뜨리는 걸 넘어 새로운 골격을 보여 줘야 하는 셈인데요. 가뜩이나 뚜렷한 증거가 없는 상황이라 진술에 의존하고 있는 마당에 그게 쉽지 않지요. 피고인에게는 수사기관처럼 강제로 사건을 조사할 권한도 당연히 없습니다. 판사가 가진 권한으로 직접 조사에 나서 주기라도 하면 좋으련만 그러려면 판사의 업무가 많아지기 마련이고요. 지극히 현실적인 이유가 무죄를 받기 어렵게 만드는 것입니다. 한쪽의 말을 증거로 한 판단으로는 억울한 일이 벌어지기 쉬운 구조입니다. 이런 상황에 대해 어떻게 생각하십니까?

II

김경수는
꽃을
들어 보였나

생각할 거리, 이슈, 화제 같은 걸 가리키는 말로 종종 '화두'라는 표현을 쓰는데요. 원래는 불교의 수행 방법 중 하나를 가리키는 것이지요. 종교인이 아닌 사람으로서는 스승이 제자에게 상식을 뛰어넘는 질문이나 행동을 하면 그 참뜻을 깨닫기 위해 노력하는 일 정도로 이해하면 될 겁니다. 유래를 거슬러 찾아보자면 '염화미소拈華微笑'(말로 통하지 아니하고 마음에서 마음으로 전하는 일)의 일화가 아닐까 하는데요. 부처의 말씀을 듣기 위해 많은 사람이 모였다고 하지요. 부처의 입이 열리기만을 이제나저제나 기다리고 있는데 뜬금없이 꽃 한 송이를 들어 보였답니다. 그게 무슨 영문인지 몰라 다들 멍해 하고 있을 때 가섭이라는 제자가 미소를 지었다네요. 그러자 부처가 이번엔 자신의 깨달음이 가섭에게 전해졌다면서 흐뭇해하더란 겁니다. 부처는 왜 꽃을 들었고, 가섭은 왜 미소를 지었는지 이후 중요한 화두가 됐다고 하는데…… 수행자가 아닌 한 그걸 직접 고민해 볼 필요까지는 없겠습니다.

부처가 열반에 들고 나서 가섭은 제자들을 불러 모았습니다. 이 세상에 머무는 동안 남기신 말씀들을 정리하기 위해서였지요. 부처도 그랬고, 예수, 공자 역시 직접 기록을 남기지는 않았지요. 제자들이 스승의 가르침이 왜곡되거나 잘못 전달될까 봐 경전을 만들게 됐고요. 하지만 꽃을 든 부처의 깊은 뜻을 한눈에 알아챈 가섭에게도 그건 불가능한 일이었나 봅니다. 시간이 얼마 지나지 않아 그렇게 남겨진 내용을 제각각 다르게 해석하기 시작했으니까요. 어디 불교만 그렇겠습니까? 세상의 종교, 사상 대부분이 같은 가르침으로 시작했는데도 뿔뿔이 흩어진 생각들로 존재하고 있지요. 역시 염화미소란 참 어려운 모양입니다. 그래도 부처는 그 방법 말고 다른 방법을 찾지 못했겠지요? 화두라는 수행법이 만들어진 이유겠지요. 말로 풀어 전달할 수 없으니 아예 설명할 수 없는 말과 행동을 보여 주기로 한 것이겠지요.

범죄 판단에
필요한 것들

판사라는 직업은 어떤 면에서 참 고달픕니다. 같은 일을 두고 완전히 서로 다른 얘기를 하는 사람들 사이에 끼어야 하니까요. 솔직히 신이 아닌 같은 인간일 뿐인 판사가 과거에 어떤 일이 있었는지 어떻게 알 수 있겠습니까? 여담이지만 살인죄 피해자의

뇌세포에 남아 있는 마지막 기억을 추출하는 연구 같은 것들이 진행 중이기는 합니다. 피해자의 눈에 비쳤던 살인자의 모습을 찾을 수 있다면 억울함을 풀어줄 수 있겠지요. 언젠가는 법정에서 목소리를 높이는 게 아니라 사람의 두뇌를 포렌식해 가며 어느 쪽 주장이 맞는지 가리는 시대가 올지도 모릅니다. 그때까지는 치열하게 다투는 양쪽 얘기 모두에 편견 없이 귀를 기울여야 하는 직업이 판사인 것이지요. 과거를 재구성하기 위해, 물질로 남아 있는 기억의 파편들을 선입견 없이 맞춰 보며 원래 모습을 추측해야 하는 것입니다. 깨달음을 얻은 수행자처럼 어느 순간 "이것이다" 하며 꽃을 들거나 미소를 지을 수 없는 겁니다. 자기 혼자 알았다는 것으로 끝이 아니지요. 다시 충분히 말로 풀어, 판단을 받은 사람이나 일반 국민이 이해할 수 있게끔 전달해야 하는 겁니다. 혹시 그렇지 못하다면 누군가에게 벌을 내려서는 안 되겠지요.

김경수 전 지사가 드루킹이라 불렸던 김 씨와 악수했다는 사실을 재판부는 킹크랩 개발 및 운영에 관한 승인, 그러니까 공모의 결정적 증거로 삼았습니다. 댓글 조작이라는 범행을 함께 저지르기로 모의했다는 것이지요. 다만 계획만으로 끝나서는 아직입니다. 범죄가 성립하려면 무엇이 필요할까요? 단순히 나쁜 마음을 먹었다는 것만으로는 부족합니다. 그랬다가는 수사기관이 '관심법'을 쓰면서 애먼 사람을 잡을 수 있습니다. 얼굴 생김새가 범죄자 같다는 이유로 감옥에 끌려갈 수도 있습니다. 무언가 나쁜 결과를 낳아야 하는데, 그것만으로도 부족합니다. 정말 피할 수 없는 실수로 다른 사람에게 큰 손해를 끼쳤다면, 손해를 물어 주는 건 필요하겠지만 벌까지 받는 건 가혹할 테니까요. 의도와 결과가 모두 나쁘게 드러나야 하는 게 원칙입니다. 다만 우리 형법은 살인, 강도와 같은 강력 범죄에 대해서는 예비, 음모 그 자체를 별도로 처벌합니다. 사람 목숨을 빼앗으려는 구체적 계획이 드러났다면 그때 처벌해야 범죄를 막을 수 있기 때문이지요.

여럿이
함께 저지르는 범죄

그런 예외에 해당하지 않는 만큼 김 전 지사와 김 씨 역시 함께 모의하는 일에서 한 발짝 더 나아가 뭔가 구체적인 범죄를 실행해야 합니다. 다만 여러 사람이 하나의 범죄를 저지를 때는 한 사람일 때와는 양상이 달라질 수 있는데요. 2심 재판부는 그 부분에 관해 아래 대법원의 기준을 인용하고 있습니다.

공모에 의한 범죄의 공동 실행은 모든 공범자가 스스로 범죄의 구성 요건을 실현하는 것을 전제로 하지 아니하고, 그 실현 행위를 하는 공범자에게 그 행위 결정을 강화하도록 협력하는 것으로도 가능하며, 이에 해당하는지 여부는 행위 결과에 대한 각자의 이해 정도, 행위 가담의 크기, 범행 지배에 대한 의지 등을 종합적으로 고려하여 판단하여야 한다(대법원 2006. 12. 22. 선고 2006도1623 판결 참조).

범죄에 해당하는 행위 자체를 직접 하지 않더라도, 그렇게 하도록 돕는 걸로도 공범이 될 수 있다는 것인데요. 2심 재판부는 그 내용을 조금 더 구체적으로 이렇게 설명합니다.

범행에 대한 독려, 조언, 범행 결의의 유지, 강화 등의 행위를 통하여 정신적, 무형적 기여를 하는 경우는 구체적인 범행 경과에 있어서 그러한 행위가 없어도 범행이 계속될 수 있거나 완성될 수 있다면 이는 단순한 정서적 독려, 기술적 조언에 불과할 것이지만, 위와 같은 기여가 구체적인 범행 경과에 있어서 필수불가결하거나 포기할 수 없는 범행 기여로서, 이러한 독려, 조언, 범행 결의의 유지, 강화 등의 행위가 없다면 범행이 지속될 수 없거나 시도될 수 없는 관계가 설정된다면, 이는 공모공동정범에 있어 본질적 기여 행위라고 평가할 수 있을 것이다.

공범의 종류와
공동정범

여러 사람이 하나의 범죄에 엮여 있을 때 공범이라고 통틀어 부르는데요. 구체적인 유형은 여러 가지로 나뉩니다. 앞 장에서 예로 들었던 〈공공의 적〉의 도둑을 다시 떠올려 볼까요. 누군가 그가 도둑인 줄 알면서 성능 좋은 드라이버를 사주며 "열심히 살라"고 했다면, 절도를 도왔다는 뜻의 '방조범'에 해당합니다. 그 정도가 아니라 누구네 집 안방에 금고가 있는데, 이 드라이버로 비틀면 열 수 있다면서 범죄를 부추겼다면 '교사범'이 될 수 있고요. 영화 속 은행 강도단처럼 잘 짜인 계획하에 각자 역할을 맡아 한 몸처럼 움직인다면 가담한 모두를 똑같은 범죄로 처벌한다는 뜻에서 '공동정범'이라고 합니다.

김 전 지사와 김 씨는 댓글 조작의 공동정범으로 처벌을 받았는데요. 김 전 지사는 댓글을 직접 달지 않았습니다. 2심 재판부는 먼저 공동정범으로 처벌하는 이론적 근거를 세운 겁니다. 김 전 지사가 범행에 대한 독려, 조언, 범행 결의의 유지·강화 같은 정신적인 기여를 했는데, 그것도 단순한 조언에 그친 것이 아니라는 겁니다. 그런 기여가 없었다면 김 씨가 범행을 시도하거나 지속하지 않았을 만한 행위가 있었기에 공동정범으로 처벌한다는 것이지요. 한마디로 꼭 필요한 도움을 주었다는 것이겠지요.

대법원이 세운 위 기준을 적용했던 사례를 찾아보았는데요. 이를테면 300여 명의 조합원들과 함께 불법적인 사업장 점거에 가담한 노동조합 조합장에 대한 판결이었습니다. 일부 참가자들이 몽둥이 같은 위험한 물건으로 경비원들을 폭행한 사건이었는데요. 조합원 중 일부가 몽둥이를 가지고 있었다는 사실을 알고 있었고, 경비원들과 몸싸움이 벌어지면 그걸로 경비원들을 폭행하리라는 것도 충분히 알고 있었다면, 직접 폭행에 가담하지 않았더라도 조합장으로서 공동정범이 된다는 것이었습니다(대법원 2009. 8. 20. 선고 2008도 11138 판결). 조합장과 조합원이라는 관계에 비춰 볼 때,

조합장이 그 자리에 함께 있으면서 힘을 실어주지 않았다면 조합원들이 몽둥이를 휘두를 수 있었겠느냐는 거지요. 법원은 김 전 지사의 경우도 마찬가지라고 봤다는 것인데요. 김 씨와의 '공모'에 대해서도 김 전 지사의 '허락'이 있었다고 봤습니다. 나아가 김 전 지사가 어떤 행위를 했길래 꼭 필요한 도움을 주었다는 것일까요?

온라인
정보 보고

특검이 제출한 증거에 따르면, 김 씨는 당시의 정치적 상황, 댓글 작업 현황 따위를 보고서 형태로 만들어 김 전 지사에게 보냈다고 합니다. 통틀어 온라인 정보 보고 문서로 부르는 이 문서들은 2016년 10월 12일경부터 2018년 1월 19일경까지 약 1년 4개월 동안 50건이 작성됐다고 2심 재판부는 확인합니다. 특검에 의해 공범에 관한 증거로 제출된 문서들은 김 씨가 보관하고 있던 USB, 경공모 회원들의 단체 대화방, 다른 경공모 회원의 USB 등에서 발견된 것들을 취합한 것입니다. 이런 문서들을 과연 김 전 지사가 전송받았는지, 그 내용을 알고 있었는지가 법정에서 다투어졌고요.

우선 2심 재판부는 김 전 지사가 상당한 수의 문서들을 전송받았다고 인정합니다. 김 씨가 김 전 지사에게 온라인 정보 보고를 보낸 내용이 남아 있는 대화방을 캡처해 놓은 사진들이 법정에 증거로 제출됐거든요. 김 전 지사가 킹크랩 시연이 있었다는 2016년 11월

9일 경공모 사무실을 방문했을 때는 현장에서 그런 문서를 이용한 브리핑을 받았을 것이라는 특검의 주장도 사실로 인정했습니다. 재판부는 김 씨가 온라인 정보 보고를 보내면서 "보고서를 보내겠습니다"라는 메시지를 함께 보냈는데, 보내지 않으면서 그런 메시지를 전송했다고 보기 어렵다고 판단합니다. 보낸다고 해 놓고 안 보내면 김 전 지사가 뭐라고 다시 대꾸했을 텐데 아무 대답이 없었다는 사실을 근거로 역시 받아 보았기 때문일 것이라고 본 것입니다.

2016년 11월 넷째 주 보고서는 당시 경쟁자였던 안철수, 이재명 지지 세력의 동향을 적은 것이고, 그런 내용은 김 전 지사를 위해 작성한 것일 테니 보냈을 것이라고 봅니다. 2016년 12월에 작성한 온라인 정보 보고의 경우에는 김 전 지사에게 보내겠다는 메시지를 따로 보냈고, 같은 문서들을 경공모 단체 대화방에도 보냈던 사실이 있는 만큼 김 전 지사에게도 보냈을 것이라고 봅니다. 나아가 김 씨가 그런 식으로 여러 차례 경공모 중요 멤버들이 있는 대화방에 김 전 지사에게 보냈다는 문서들을 공유하고, 2017년 5월 1일 "온라인 정보 보고에 대한 김경수의 반응은 상당히 긍정적입니다"라는 메시지를 대화방에 작성하기도 했다는 사실도 중요한 근거로 봤습니다.

2심 재판부는 온라인 정보 보고의 내용에도 주목하는데요. 2017년 대선과 당내 경선에서 경쟁자였던 안철수, 이재명, 추미애, 안희정, 그리고 자유한국당에 대한 온라인 여론의 동향처럼 정치인인 김 전 지사가 주목하고 관심을 기울일 만한 것들이었다는 판단입니다. 게다가 "저희도 주목해서 보고 있습니다. 조폭 선거 동원 정황 보고서는 따로 작성해서 올리도록 하겠습니다(2017년 4월 6일 자)", "적폐 세력이라는 프레임은 매우 효과적이어서 앞으로 유용하게 사용하실 것을 권함(2017년 4월 17일 자)", "스캔들이 불거지지 않도록 관리가 필요하다고 사료됨(2017년 9월 7일 자)"처럼 문체나 내용이 김 전 지사에게 알려주거나 권유하는 것으로 해석된다는 점도 김 전 지사가 전송받았을 것이라는 판단의 근거입니다.

정보 보고의
속뜻

앞선 장에서 짚었듯이 범죄와 관련한 사실을 인정하는데는 먼저 증거로 쓸 수 있어야 하며(증거능력), 그것들이 그 사실을 입증하는 데 도움이 돼야 합니다(증명력). 2심 재판부가 채택한 위 증거들의 증거능력에 대해 다툴 이유는 없어 보입니다. 적법한 영장에 의해 압수됐거나 당사자가 자유의사로 임의 제출한 것들이니까요. 다만 어떤 사실을 증명한다는 것인지 그 증명력과 관련해서는 당장 몇 개의 물음표가 떠오릅니다.

김 씨는 무슨 이유로 자신이 온라인 정보 보고를 보냈다는 내용의 텔레그램 대화방을 캡처해 놓았을까요? 혹시 내용증명우편과 비슷한 효과를 기대했던 걸까요? 내용증명은 법적 분쟁을 시작하는 단계에서 종종 쓰이는 우편제도입니다. 어떤 내용의 문서를 누가, 언제, 누구에게 보냈는지 우체국이 증명하는 겁니다. 보내는 문서의 복사본을 우체국이 보관하고, 상대방이 받아 보았다는 배달 증명도 해 주는 것이지요. 그러니까 받은 사람으로서는 그런 거 본 적 없다는 식으로 발뺌을 못 하게 만드는 겁니다. 그 내용 자체에 특별한 효력이 주어지는 것은 아니고요. 김 씨 역시 김 전 지사에게 '보냈다'는 사실을 그런 식으로 증명하고자 했던 것이 아닐까 싶습니다. 왜 그랬을까요? 범죄를 함께 모의했다는 증거를 남기려 했을 수도 있지요. 나중에 딴소리 못 하도록 말입니다. 하지만 그런 관계였다면 김 전 지사에게서 꼭 필요한 도움을 받고 있었다고 본 법원의 판단과는 뭔가 어색한 조합입니다.

보낸다고 해 놓고 보내지 않았다면 김 전 지사가 다시 대꾸했을 것이라는 재판부의 추측도 딱히 근거는 없습니다. 그렇게 보는 것이 재판부로서는 상식일 수 있겠지만, 전체 맥락에 비춰 보면 오히려 비약이 아닐까 싶습니다. 김 전 지사는 다른 온라인 정보 보고에 대해서도 아무런 대꾸를 하지 않았기 때문입니다. 내내 아무 반응이 없었는데, 그 메시지들에 대해서는 만약 보내지 않았으면 반응이 있었을 것이라 여겨야 했을까요?

한편 정치인인 김 전 지사가 주목하고 관심을 기울일 만한 내용이기 때문에 김 전 지사가 전송받았을 것이라는 재판부의 판단은 앞뒤가 뒤바뀐 것으로 볼 수 있습니다. 뭐든 일단 받아 본 다음에야 그 내용을 알 수 있으니까요. 전송을 받았는지 그렇지 않은지를 따지는 단계인데, 받는 사람에게 필요한 내용이었으니 받았을 것이라고 판단한 겁니다. 혹시 법원은 '받았다'는 결론을 미리 내려놓고 거기에 나름의 추측들을 덧붙인 것은 아닐까요?

온라인 정보 보고의 내용에 관해서는 잠시 후 보다 자세히 따져 보도록 하고요. 마지막으로 김 씨가 경공모 회원들이 있는 대화방에 올린 "김경수의 반응은 상당히 긍정적입니다"는 말을 김 전 지사가 정보 보고를 전송받아 보았다는 근거로 삼은 것도 부족해 보입니다. 실제로 김 전 지사가 긍정적인 반응을 보였다는 근거는 없습니다. 김 씨는 왜 경공모 회원들에게 그런 말을 했을까요? 그 말이 사실이기는 할까요? 실제로 그랬을 수도 있지만, 자신과 김 전 지사가 특별한 관계를 유지하고 있다는 인식을 회원들에게 심어주기 위한 것일 수도 있습니다. 진실이 무엇인지는 모르지만 추측이라면 얼마든지 다른 가능성이 있는 겁니다.

정보 보고의
구체적인 내용

다만 김 씨가 정보 보고를 전송했는지를 따지는 일에 큰 의미는 없어 보입니다. 보낸 사실을 인정한다고 하더라도, 김 전 지사가 이를 받아서 적극적으로 읽어 보았는지는 여전히 별개 문제니까요. 2심 재판부가 김 전 지사에게 전송됐다고 판단한 온라인 정보 보고의 주요 내용은 이런 것들입니다. 온라인 여론의 흐름, 경선 및 대선 과정에서 김 전 지사가 지지한 당시 문재인 후보의 경쟁 상대였던 이재명, 안철수 후보 등 세력들의 댓글 조작 상황, 이에 맞서는 경공모 회원들의 수작업에 의한 댓글 작업 및 킹크랩 관련 사항입니다. 이처럼 중요해 보이는 내용들도 있었지만, 아래에서 인용한 것처럼 다소 엉뚱해 보이는 것들도 섞여 있습니다. 별도의 문서 파일을 첨부한 것이 아니라 텔레그램이나 다른 메신저의 메시지에 그냥 문서 자체를 작성하거나 작성된 문서 내용을 복사해 보낸 것입니다. 실제 정보 보고의 느낌을 고스란히 가져오기 위해 맞춤법, 띄어쓰기는 일부러 수정하지 않았습니다.

2017. 3. 9. 온라인 정보 보고

헌법재판소의 탄핵인용을 하루 앞두고 성남 서울공항 상공에 대통령 전용기인 보잉 747-400이 비행중인 것이 목격, 촬영되어 유튜브에 올라옴.

지난 4달 동안 보이지 않던 기종인 대통령 전용기가 성남공항 상공에서 운용중인 것은 대통령의 외유 준비 이외에는 생각하기 어려움고로 청와대는 탄핵인용 직전 하야와 동시에 해외출국을 준비하고 있는 것이 아닌가 하는 의문이 온라인에서 번지고 있음.

헌법재판소의 탄핵 결정을 앞두고 대통령이 망명을 고려하고 있는 것으로 보인다는 내용입니다. 정보 출처는 유튜브 영상과 온라인상에 떠도는 말들이고요. 일단 거기서부터 미심쩍습니다. 내용은 더욱 그런데요. 정치적 위기에 몰린 대통령이, 하야하면 더 이상 대통령이 아닌 신분인데 '전용기'를 타고 해외로 도망간다고요? 절로 고개를 갸웃거리게 됩니다. 나중에 알려진 사실이기는 하지만 당시 박근혜 청와대는 탄핵이 기각될 것으로 철석같이 믿고 축하 케이크까지 준비하고 있었지요. 몇 개를 더 보겠습니다.

2017. 3. 13. 온라인 정보 보고

3주전 이재명캠프가 국민의당건물로 이주한뒤 온라인상의 이재명조직(손가혁)과 안철수 조직이 함께 움직이고 있음.

일례로 이재명기사가 뜨면 안철수조직이 와서 선플을달고 문재인을 공격하고, 안철수 기사가 드면 이재명조직이 와서 안철수에게 선플을 달고 문재인을 공격하는 식임.

심지어는 한기사에 두 조직이 '동시에' 투입되어 댓글을 달고 추천을 찍는 경우도 여러차례 확인되고있음. 경선이후 이재명 조직이 문재인지지로 선회할지 더욱 의심이 가는 정황임.

문재인 치매설을 퍼뜨리는건 이재명지지자들인 손가혁으로 로그인이 필요없는 '주식갤러리(일명 주갤)에 글을 올린뒤 일베아이디로 유포하는 방식이며, 이재명 조직과 안철수조직이 협동해서 유포하고 있음.

2017. 6. 22. 온라인 정보 보고

최근 일본의 기업가들과 동남아의 주요 화상들 사이에서 올 연말께 대규모의 전쟁이 있을것이라는 소문이 확산되고 있음.

○○일보계열인 ○○컴퍼니(○○일보 사위회사)는 최근 XX양회와 3개의 시멘트관련 업체를 모두 매입하였는데 그 이유를 물어보니, 조만간 남북통일이 되면 시멘트 수요가 폭증할 것으로 예상해서라고 이야기 함.

안철수측 온라인 조직이 대선당시 기사의 베플을 조작, 수정하는등 '과거사지우기'에 몰두하고 있는데 차기대선을 위해서라기에는 매우 조급한 행보를 보임. 안철수측은 1년후 지방선거까지 추가적인 정치적 변화를 기대하는지도 모르겠음.

이재명의 오빛나(오렌지빛 나비혁명)활동은 비교적 잠잠한 편, 100명의 예전 민노당원을 끌어들여 민주당내에서 세력을 구축한다는 계획.

2017. 6. 27. 온라인 정보 보고

미국 로스알라모스에 근무하는 한국인 연구원이 보내온 정보에 다르면 로스알라모스의 핵무기관련파트연구원들은 트럼프행정부의 최근 지시사항을 토대로 '트럼프가 정말로 핵전쟁을 할려는게 아니냐'하는 이야기가 폭넓게 공감대를 얻어가고 있다고 함.

지난번 동남아 화상들의 정봉에 대해서 이야기할때 빠진 부분은 연말에 대규모의 전쟁이 있을것이다 하는 소문이 회자되고 있고, 동시에 중국에 내전이 일어날것이라는 이야기도 돌고 있다고 함.

이재명 성남시장측은 6.13일부터 트윗을 이용한 권리당원 모집을 물밑에서 조용하게 진행 중 지방선거용인듯.

대답이 없어도
계속됐던 전송

　　대규모 전쟁이 난다거나, 핵전쟁을 준비 중이라면서, 또 남북은 통일된다는, 조금은 과장돼 보이는 내용들입니다. 그래서 ○○일보 계열사는 시멘트 수요 폭증을 노려 그 분야의 사업을 확장하고 있다고요. 이런 정보 보고를 받았다는 사실로 무엇을 증명할 수 있다고 봐야 할까요? 김 전 지사도 처음 몇 차례는 대충이라도 읽어 보았겠지요. 하지만 이후엔 중요한 내용이 아니라서 제대로 확인도 하지 않았다고 주장했습니다. 김 전 지사의 주장을 뒷받침한다고 볼 수 있는 정황도 있습니다. 2016년 10월부터 1년 4개월 가까운 기간 동안 50건의 정보 보고가 있었는데 딱히 응답한 사실이 없기 때문입니다.

　　굳이 찾자면 2017년 7월 21일 김 씨가 보낸 메시지에 "고맙습니다^^"라고 대꾸한 정도입니다. 구체적인 내용이 없는, 지극히 의례적인 인사로 볼 수 있습니다. 김 전 지사는 무엇을 고맙다고 답했을까요? 그날 김 씨가 보낸 정보 보고는 "지방선거와 총선에서는 문재인 지지층의 힘이 축소되고 언론 방송의 힘이 강화될 것으로 판단되어 대책이 요구됨"이라고 적혀 있었습니다. ^^ 표시를 붙여 고맙다고 한 것이 어떤 맥락에서 나온 것으로 봐야 할지 의문입니다. 그에 앞선 2017년 5월 1일 김 씨는 경공모 회원들의 단체 대화방에 "김경수의 반응은 상당히 긍정적입니다"라고 메시지를 올리기도 했습니다만, 앞서 지적했듯이 실제로 김 전 지사의 반응이 그랬는지는 알 수 없습니다.

흥미로운 점은 온라인 정보 보고에 대한 경공모 회원 변호사의 진술입니다. 오사카 총영사로 추천했던, 김 씨로서는 중요한 인사였습니다. 그런 그가 1심 법정에 나와 "증권가 지라시 수준에 불과한 문서여서 스쳐서 보았지, 일일이 자세히 읽고 고민을 하지 않았다"고 말한 것입니다. 김 씨는 머지않은 미래에 일본에 대규모 지진이 일어날 것으로 예상했는데요. 그걸 계기로 재일 동포나 일본 기업으로부터 국내 대기업 인수에 필요한 자본 투자를 이끌어 낼 수 있을 것으로 기대했다고 각종 언론들이 분석했는데요. 이를 위해 일본 대사 혹은 오사카 총영사 정도의 자리가 필요했던 것이라고요.

김 전 지사는 그런 속사정을 사건이 불거진 뒤 언론 보도와 재판 과정에서야 비로소 알게 됐다고 주장하는데요. 김 씨의 비전을 실현하는 데 빼놓을 수 없는 인물로 여겨지는 변호사조차 '지라시'로 받아들였던 것입니다. 같은 온라인 정보 보고 일부를 받아 보았던 일부 회원들도 법정에서 마찬가지 얘기를 했습니다. 그런데도 김 전 지사는 진지하게 받아들였을 것이라고, 법원은 그렇게 본 것입니다.

참고로 오사카 총영사 추천 대상이었던 변호사는 별도의 입장문을 통해 2009년부터 김 씨와 알고 지냈으며 경공모 회원으로 가입하기는 했지만, 2017년 4월 이후에는 거의 관여하지 않았다고 밝혔습니다. 오사카 총영사와 관련해 김 씨와 상의를 한 적도 없고,

추천한 사실도 모르고 있었다는 겁니다. 김 씨의 일방적인 계획이었을 뿐입니다.

그럼에도 법원은 거기서 한발 더 나아갑니다. 김 전 지사가 대통령 선거라는 역사적 사건에 정보 보고를 보내온 김 씨를 믿고 불법 댓글 작업에 동원했다고 판단한 겁니다. 정보 보고의 핵심적인 내용을 김 전 지사가 알고 있었을 것이라는 추측이 또 다른 추측으로 이어진 건데요. 김 씨가 이재명, 안철수 등 경쟁 후보들의 댓글 관련 작업에 대해 상당한 관심이 있었고, 온라인 여론을 움직이기 위한 수작업을 넘어서 킹크랩을 이용한 댓글 작업을 한다는 사실을 김 전 지사가 알고 있었을 거라고 판단했습니다. 하나하나 걸림돌로 떠오르는 의문들을 재판부가 넘어서면서, 김 전 지사의 유죄를 판단해 가는 결정적인 근거는 사실 한 방향으로 모입니다. 킹크랩에 관한 설명을 들었고, 시연을 보았기 때문이라는 것이었습니다.

댓글 작업 목록의 전송

킹크랩 시연에 관해서는 다음 장에서 다루기로 하고, 잠깐 숨을 고른 다음 일단 앞으로 나가 보기로 합니다. 앞서 살펴보았듯이 온라인 뉴스 댓글에 '좋아요' 혹은 '반대'를 자동으로 추천하는 프로그램인 킹크랩에 관해 알게 된 김 전 지사는 그걸 사용하자는 김 씨의 계획에 '악수'로 동의했다고 2심 재판부는 판단했지요.

그다음으로 법원이 이 사건의 증거들을 통해 구성해 낸 스토리는 다음과 같습니다. 김 씨가 온라인에서 벌어지는 상대 세력들의 불법적인 댓글 작업과 온라인 여론 동향에 관한 정보 보고를 보냈고, 김 전 지사는 이미 범죄를 모의한 이후였기 때문에 정보 보고의 내용에 대해 대충이나마 알고 있었을 거라는 겁니다. 김 씨는 정보 보고와 함께 그 정보에 기초한 대응에 나서는데요. 그게 바로 온라인 댓글 순위를 조작하는 작업이라는 겁니다. 김 전 지사가 경공모 사무실을 처음으로 방문한 직후인 2016년 10월경부터 2018년 3월경까지 약 1년 6개월 동안 댓글 작업을 했고, 작업을 한 기사 목록을 김 전 지사에게 보냈습니다. 그 기간 기사의 숫자만 약 8만 건에 이릅니다. 숫자를 놓고 보면 어마어마한 여론 조작 행위가 있었던 것처럼 보이지요. 김 씨가 보낸 기사 목록은 이런 형식이었습니다.

번호: 148 / 날짜: 3월4일 / 비고: 선플선점
제목: [종합] "미, 중 이익 해치면 가만 안 있어… 양국 북경서 곧 철
    강회의"
URL: http://goo.gl/gbiizv

번호: 149 / 날짜: 3월4일 / 비고: 메인기사 선플선점
제목: EU "관세보복"에 … 트럼프 "유럽 자동차에 세금" 경고
URL: http://goo.gl/WNN4Ae

번호: 150 / 날짜: 3월 4일 / 비고: 선플선점
제목: 정부 '저출산대책' 전면 재검토
URL: http://goo.gl/BurmTm

날마다 작업한 내역을 엑셀 파일로 정리하면서, 그 목록을 복사해 메신저로 보낸 것입니다. 법원이 인정한 바에 따르면 경공모는 2017년 1월부터 3월까지는 하루 약 100개, 2017년 4월 초부터는 하루 약 300개, 2017년 4월 중순부터 2017년 5월 8일 대선 직전까지는 하루 약 500개까지 댓글 작업을 했고요. 김 씨는 위와 같은 형태의 내역을 매일 저녁 3~5개 메시지로 나눠 김 전 지사에게 전송했다고 합니다. 상당히 많은 공을 들였던 점만은 분명해 보입니다. 받아 보는 입장에서도 내용을 파악하려면 꽤 공을 들여야 했을 겁니다. 100개 작업했을 때 5개의 메시지로 나눠 보냈더라도 대화방을 열면 위와 같은 목록 20개가 스마트폰 메시지에 주르륵 올라왔을 테니까요.

김 전 지사는 기사 목록을 전송받은 사실은 인정했습니다. 다만 일부러 목록을 확인하기 위해 열어 보지는 않았다고 주장했습니다. 정치인으로서 하루에도 수많은 메시지를 받고 있는 상황에서 읽었다는 표시를 남기기 위해 열어 봤을 뿐이라는 것이었습니다. 가장 대중적인 메신저인 카카오톡을 써보셨다면 알 겁니다. 메시지를 확인하지 않으면 '1'이라는 표시가 없어지지 않잖아요. 보낸 상대방은 자신이 보낸 메시지를 상대방이 보지 않고 있다고 여길

것이니 그걸 고려해 열어 보지는 않더라도 표시만 없애는 것이지요. 그런 식이었다는 겁니다.

김 전 지사의 인식 밖에 있었던
댓글 작업

법원은 그렇게 보지 않았습니다. 기사 목록마다 첫 줄 비고란에 '선플 선점'이라고 쓰여 있는데요. 김 전 지사는 수사와 재판을 거치는 동안 한 번도 그런 단어를 들어 본 적이 없다고 일관되게 주장했습니다. 그런 김 전 지사 역시 초기에는 몇 번인가 기사 목록을 확인했다고 인정했거든요. 김 씨에게 "이런 것을 왜 보내느냐고, 보낼 필요 없다"고 이야기했다고 했습니다. 다만 이후에는 목록을 보지 않았다는 것이지요. 법원은 '선플 선점'을 아예 들어 보지 못했다는 주장을 믿을 수 없다고 했습니다. 어쨌든 처음 몇 번 목록을 확인할 때 봤을 것 아니겠느냐는 추론이지요. 김 전 지사로서는 기억조차 하지 못할 만큼 흘려 보았을 수도 있는 일이지만 말입니다.

한편 김 씨는 기사 목록 맨 마지막에 "○○월 ○○일 경인선에서 선플 활동한 기사는 총 ○○건입니다"라는 메시지를 덧붙였습니다. 이걸 근거로도 법원은 김 전 지사가 댓글 작업에 관해 알았다고 판단했는데요. 텔레그램 메신저를 열었을 때 대화방에 마지막으로 전송된 메시지 내용이 표시되기 때문에, 김 전 지사가 대화방 자체를 열어 보지 않았더라도 그날 몇 건의 기사에 댓글 작업을 했는지 알 수 있었으리라 본 겁니다.

이 부분은 법원이 명백하게 잘못 판단한 것입니다. 마지막 메시지의 일부를 텔레그램 대화방 목록 상태에서 볼 수 있는 것은 사실입니다. 그러나 그 메시지의 앞부분만을 볼 수 있지요. "김 씨가 기사 목록 마지막에 그날 몇 건의 댓글 작업을 했다고 썼더라도 그 대화방에 들어가지 않고 목록인 상태에서 볼 수 있는 건 앞부분인 번호, 날짜, 비고란인 겁니다". 앞 문장에 일부러 따옴표를 붙였는데요. 따옴표 안 문장이라면 '김 씨가 기사 목록 마지막에' 부분을 대화방에 들어가지 않아도 볼 수 있는 겁니다. '번호, 날짜, 비고란인 겁니다'라는 부분은 대화방에 들어가서 해당 메시지를 끝까지 읽지 않는 한 볼 수 없습니다. 스마트폰 문자, 카카오톡 메신저 역시 마찬가지입니다. 물론 이 부분이 사건 전체에서 큰 비중을 차지하지는 않습니다. 그러나 정확한 사실이 아니라 "그랬을 것이다"라는 추측에 의한 판단을 내렸다는 점이 문제이지요. 혹시 다른 부분에 대해서도 그렇게 하지 않았을까 하는 겁니다.

그 밖에도 법원은 김 씨 입장에서 김 전 지사가 기사 목록을 확인하지 않았다고 여겨지는 상태에서, 그러니까 김 씨 자신의 메신저상에서 그렇게 보일 때, 경공모 회원들과 주고받은 대화들 역시 판단 근거로 삼고 있고요. 무엇보다 김 전 지사가 확인하지 않았는데도 김 씨가 1년 6개월 동안 매일 100건 이상의 기사 목록을 계속 보냈다는 점을 이해하기 어렵다고 합니다. 법원이 판결문에 자주 쓰는 표현으로 "경험칙에 반한다"고 했는데요. 상식에 맞지 않는다는 것입니다. 물론 그렇게 볼 수도 있지요. 하지만 반대로 법원이 김 씨 쪽의 입장에만 고개를 끄덕인 건 아닌지 하는 상식적인 반론도 제기할 수 있는 것 아닐까요?

김 전 지사 측은 재판부가 정치권의 '경험칙'에 대한 이해가 부족했다고 아쉬워합니다. 공식 일정 때문에, 이곳저곳에서 전해 오는 보고 때문에, 지지자들의 각종 청원 때문에, 이런저런 사정으로 하루에도 수백 통의 메시지가 쌓이기 마련인 정치인의 텔레그램 메시지라는 점을 간과했다는 것이지요. 더구나 당시 김 전 지사는 가장 유력한 대선 예비 주자의 공보특보를 맡고 있었습니다. 날마다 기자들에게서 쏟아지는 질문만 해도 수백 개에 이르렀다고 합니다. 그런 상황을 간접적으로나마 재판부에 이해시키기 위해 경남도지사로 재판받는 당시의 스마트폰 화면을 캡처해 참고해 달라고 제출하기도 했고요. 쏟아지는 연락들 속에 하루 몇 차례씩은 텔레그램 메시지를 읽지 않았어도 '읽음' 상태로 보이도록 할 수밖에 없었다는 것입니다. 그렇지 않으면 상대방이 계속 같은 메시지를 반복해서 보낼 수도 있고, 무엇보다 자신을 무시하는 것으로 여길 수 있기 때문에 불가피하다는 겁니다. 꼭 김 씨의 메시지가 아니더라도 말입니다. 이런 설명 역시 합리적으로 가능하지 않을까요?

온라인 정보 보고와 마찬가지로 설령 김 전 지사가 기사 목록을 보았다고 할지라도 불법행위를 저지르고 있다는 사실까지 파악하고 있느냐는 별개 문제입니다. 김 전 지사는 기사 목록에 대해 김 씨와 경공모 회원들의 선플 활동 내역으로만 생각했다고 일관되게 주장했습니다. 김 전 지사는 그것도 기억에 없다고 합니다만, 김 씨가 정리해 보낸 위 기사 목록 비고란에도 '선플 선점'이라고 적혀 있기도 합니다. 또한 기사 목록에는 수작업으로 댓글 작업을 한 것들과 킹크랩을 이용한 불법 작업이 모두 포함돼 있다고 재판부 역시 인정하기도 했습니다. 그럼에도 재판부는 김 전 지사 역시 불법 댓글 조작을 알고 있었다고 봤습니다. 근거는 역시 킹크랩입니다. 김 씨에게서 받은 기사 목록이 하루 100개에서 시작해 대선에 임박해서는 500개까지 늘어났다는 것입니다. 사람이 정상적인 방법으로 할 수 있는 분량이 아니라는 것이지요. 그러니까 알 수 있었을 거라는 추측입니다. 김 씨가 킹크랩이라는 불법 장치를 이용하고 있다는 사실을 몰랐을 리 없다는 것이죠. 여기서도 킹크랩입니다. 킹크랩 시연을 보았다는 법원의 판단이 김 전 지사의 유죄를 인정하는 데 알파와 오메가의 역할을 했던 셈입니다.

이에 관해 김 전 지사는 정반대의 주장을 했습니다. 김 씨는 경공모 회원들이 밤을 새워 선플 운동을 하며 고생하고 있노라고 입버릇처럼 얘기했다는 것입니다. 그러면서 그런 회원들이 적게는 2,000명 많게는 4,000명에 달한다고 자랑했다는 것이지요. 사실이라면 500개가 아니라 1,000개의 기사 목록이라도 감당할 수 있는 숫자입니다. 김 전 지사로 하여금 김 씨를 비롯한 경공모 회원들에게 신세를 지고 있다는 생각이 들도록 할 수도 있겠지요. 굳이 킹크랩이라는 불법 수단을 동원하고 있다는 사실을 김 전 지사에게 알리고 허락까지 구할 필요도 없었을 겁니다. 기계장치를 동원해 자동으로 조작

한다기보다는 오히려 많은 숫자의 사람이 일하고 있는 것처럼 믿게 하는 편이 나았을 겁니다. 물론 법원은 이런 주장에 귀를 기울이지 않았습니다.

아무런 말이 없었기에
범죄

김 전 지사가 온라인 정보 보고의 내용을 알았거나, 그에 기초해 킹크랩을 이용한 불법적인 댓글 작업이 이뤄지고 있다는 사실을 알았다고 할지라도, 여전히 문제는 남습니다. 다시 한번 위에서 소개했던 조합장의 사례를 떠올려 볼까요. 300여 명의 조합원이 사업장을 불법으로 점거했고, 혼란 가운데 경비원들에게 몽둥이를 휘두르는 사람들까지 있었습니다. 그런 자리에 조합장이 함께하지 않을 수 없지요. 의연하게 서 있어줘야 조합원들은 행동에 나설 수 있습니다. 꽃을 든 부처와 미소로 응답한 제자 가섭의 관계처럼 말입니다. 김 전 지사는 김 씨의 온라인 정보 보고, 기사 목록에 아무런 대꾸를 하지 않았습니다. 법원은 김 전 지사가 대꾸 없이 온라인 정보 보고, 기사 목록을 받아준 것이 김 씨의 범행에 필수적인 요소라고 봤습니다. 두 사람의 관계가 어떤 특별한 것이었길래 그저 있어 주는 것만으로 유죄를 인정할 수 있다고 판단했을까요?

법원은 우선 댓글 작업 중 김 전 지사와 직접 관련이 있는 것들에 눈길을 보냅니다. 김 전 지사 역시 가만히 있지만은 않았다고 지적합니다. 2016년 11월 25일부터 2017년 10월 2일까지 11차례에 걸쳐 김 씨에게 뉴스 기사를 포함한 인터넷 링크를 보냈지요. 그중 7건은 뉴스 기사였고, 김 씨는 그에 화답해 "알겠습니다", "처리하겠습니다"라는 식으로 답했다는 것이지요. 김 전 지사는 이 역시 일관되게 선플 운동을 해 달라는 요청이었다고 했지만, 법원은 달리 봤지요. 다시 킹크랩이 등장합니다. 이미 킹크랩에 관해 알고 있었던 상황이었고, 김 씨가 "처리하겠습니다"라는 답장을 보냈는데 그게 무슨 뜻인지 반문하지 않았다면, 불법 댓글 조작을 하리라는 점을 이미 알고 있었기 때문이었을 것이라는 추론을 전개하지요. 그중 한 차례 2017년 4월 29일에는 "처리하겠습니다"라는 김 씨의 답장을 받고 나서 7분 후 "원래 네이버 댓글은 이런 반응들인가요?"라며 김 전 지사가 불만 섞인 어투로 묻기도 했는데요. 역시 댓글 작업으로 어떤 조치를 요구했다는 뜻으로 해석하지요.

그럴 수도 있습니다. 하지만 한편으로 의문이 이어지기도 합니다. 김 씨가 댓글 작업을 했노라며 김 전 지사에게 보냈던 목록은 1년 6개월 동안 8만 개에 이른다고 했습니다. 그 기간 김 전 지사는 고작 7개를 보냈지요. 대통령 선거를 치르고, 새 정부가 출범해 운영하는 일에 댓글 작업이 필요했다면, 그 중요한 일을 전적으로 김 씨의 판단에만 맡겼다는 뜻인데요. 법원의 표현을 빌자면 이 역시 경험칙에 반하지 않을까요?

같은 증거들에 대해 여러 가지 해석이 가능하지만 판사는 특검의 주장에 귀를 기울인 것으로 여겨집니다. 물론 판사의 판단이 옳을 수도 있습니다. 하지만 그렇지 않을 수 있는 구조적인 문제가 있습니다. 판사는 경찰, 검찰에 대한 일종의 편견을 갖기 쉽다는 것입니다. 수사기관은 범죄의 실체적 진실을 밝히고 피해자의 눈물을 닦아 주기 위해 노력합니다. 정의를 세우는 일을 하지요. 기본적으로 사적인 이익을 얻기 위한 일이 아닙니다. 범인 한 사람 더 잡는다고 월급을 더 받는 것도 아닙니다. 물론 출세를 위해 실적에 집착하는 일도 있겠지만 극히 예외일 뿐입니다. 그러다 보니 판사로서도 기본적으로 법정에서 검사의 목소리에 귀를 기울이기 쉽다는 것이지요. 몇 달을 애쓴 끝에 유죄라는 결론을 들고 온 검사에게 다른 의도가 있으리라 생각하기 어렵다는 것입니다.

바로 거기에 함정이 있을 수 있습니다. 그렇게 몇 달을 고생하는 과정에서 인간이라면 누구나 자신이 들인 노력이 헛되지 않기를 바라게 될 수밖에 없지 않겠습니까? 유죄를 입증하기 위해 어렵사리 찾아낸 증거들에 스스로도 설득돼 있기 마련입니다. 노력을 폄하하자는 것이 아니라 검사는 주어진 역할 그 자체로 객관적이기 어렵다는 겁니다. 특검도 그랬을 겁니다. 국회가 별도의 법까지 만들어 특검을 꾸렸고, 특별검사와 특검보를 비롯한 수많은 수사관까지 투입했습니다. 나랏돈을 들여 몇 달 동안 어마어마한 노력을 기울여 사건을 파헤쳤는데, 아무런 결과도 건지지 못했다고 생각해 보세요. 스스로도 용납하기 어려울 것이고, 사회적 비난도 감수해야 합니다. 어떻게든 죄를 밝히기 위해 혼신의 힘을 기울이겠지요. 그렇게 쏟아부은 노력 자체가 선입견으로 작용하는 겁니다.

그런 사정을 고려하지 않은 채 검사의 주장을, 선입견이 들어가 있지 않을 것이라는 선입견을 가지고 판사가 귀를 기울이기 시작하면 피고인의 반대 이야기는 들리지 않겠지요. 물론 범죄를 부인하는 피고인을 곱게 보기란 쉽지 않습니다. 돈을 받고 피고인을 돕는 변호인도 마찬가지입니다. 다만 검사도, 피고인도 판사는 똑같이 의심하는 눈으로 바라봐 주어야 하는데 그러기 쉽지 않은 구조가 있다는 겁니다. 형사재판을 치르다 보면 종종 그런 벽을 경험한다는 얘기를 변호인들은 자주 합니다. 변호인들의 편견이기를 바랍니다.

현실에 비춰 검증하지 않은 법원의 판단

문득 김 전 지사가 실제로 온라인 정보 보고의 내용을 믿었다면 어떤 조치를 취했을지 궁금해집니다. 한나라당(국민의힘 전신)이 댓글 기계로 불법적인 여론 조작을 하고 있으며, 대권 경쟁 상대들 역시 온라인에서 수상쩍은 움직임을 보인다는 사실을 실제로 믿었다면 어떻게 했을까요? 김 전 지사의 이야기를 들어 봤습니다.

노무현 대통령을 마지막까지 가까이서 모셨던 인연으로 '노무현 대통령 마지막 비서관'으로 불렸던 저로서는, 제 잘못 때문에 대통령님께 누를 끼치는 것을 늘 경계하면서 살아왔습니다. 더군다나 2012년 대선 당시 국정원의 불법 댓글 사건으로 인해 온 나라가 시끄러웠고, 국가적으로 큰 문제가 되었던 것을 누구보다 잘 알고 있는 사람입니다. 거기다 당시 가장 유력한 대선 예비 주자였던 문재인 민주당 전 대표의 공보특보를 맡고 있던 사람이 겨우 두세 번 만난 사람들과 불법적인 범행을 공모한다는 것이 과연 있을 수 있는 일인지 특검에 되물어 보고 싶은 심정입니다. 만약 실제로 당시 김 씨 측이 킹크랩을 통한 댓글 순위 조작을 해 보자며 제안을 했다면 그날로 그들과의 관계는 끝났을 것입니다. 아니 백번 양보해 그들의 제안에 조금이라도 솔깃해 했다면, 최소한 그들이 믿을 수 있는 사람들인지 다양한 방법으로 확인을 했어야 정상이 아닐까요? 그런 과정 하나도 없이 그냥 믿고 범행을 공모했다는 것은 누가 봐도 이상하지 않습니까? 그렇게 제대로 알아보고 김 씨와 경공모의 실체를 알게 되었다면 오히려 이번 사건은 아예 생기지 않았을 가능성이 훨씬 높았을 겁니다.

(중략)

2017년 대선 당시 온라인과 SNS 선거운동은 페이스북과 트위터, 인스타그램과 같은 새로운 SNS 프로그램에 후보의 활동이나 홍보 자료를 주로 사진과 같은 이미지나 카드 뉴스 같은 방식으로 올리고, 그걸 주변에 적극 퍼뜨리는 방식으로 진행되었습니다. 여야를 떠나 어느 대선 캠프에서도 포털 기사의 댓글이 주요한 선거운동의 대상이 된 곳은 하나도 없었습니다. 문재인 캠프도 마찬가지였습니다. 당시 조금이라도 온라인 선거운동을 아는 사람이라면 누구나 아는 사실입니다. 그런데 포털 기사의 댓글 때문에, 처음 만난 사람들과 그것도 단 두세 번 만난 사람들과 불법을 공모한다는 것은, 당시 대선 온라인과 SNS 선거운동을 조금이라도 이해하고 있는 사람들이라면 도저히 이해할 수 없는 상식 밖의 일입니다.

－김경수 전 지사의 대법원 상고심 최후 진술문 중에서

불법을 공모할 필요도, 이유도 없다는 취지입니다. 뒤늦은 후회이고 변명일 수도 있지요. 과거를 가정하는 일이 무슨 의미냐고 할 수도 있습니다. 실제 현실에서 벌어졌던 사건의 경과를 잠깐 되돌아보겠습니다. 김 씨가 '산채'라고 부르며 댓글 조작을 벌였던 파주에서 불법 선거운동을 한다는 제보가 일찌감치 2017년 3월 중앙선거관리위원회에 접수됐습니다. 같은 해 5월 선관위는 검찰에 수사를 의뢰했지만, 검찰은 11월에 불기소 처분을 합니다. 문제점을 찾지 못했다는 것이지요. 사건이 다시 불거진 것은 2018년 1월 청와대 국민청원 게시판에 댓글 조작을 수사해 달라는 청원이 접수되면서부터입니다. 김 전 지사가 소속된 여당인 민주당은 가짜 뉴스 법률 대책단을 만들었고, '악성 댓글' 211건에 대해 경찰에 수사를 의뢰합니다. 민주당은 3월에도 494건에 대해 고소, 고발을 진행합니다. 그러니까 김 전 지사가 소속된 정당이 앞장섰던 겁니다. 불법을 알았으니 합법으로 대응한 것이지요. 그게 상식 아닐까요?

김 전 지사가 김 씨의 온라인 정보 보고를 통해 대권 경쟁 상대들의 불법을 알았더라면 역시 형사 고발 등으로 맞서지 않았을까요? 하지만 법원은 김 전 지사에 대해 상대방의 불법을 알면서 불법으로 대응했다고 본 겁니다. 상대 진영에서 불법적인 댓글 기계를 사용하고 있다는 제보를 정말로 들었다면, 민주당 혹은 선거 캠프의 불법 선거 감시팀 같은 곳에 알려 사실관계 확인에 나서는 것이 상식일 겁니다. 이후 사법 처리에 나서거나 정치적으로 쟁점화하는 편이 훨씬 선거에 도움이 되지 않았을까요?

한편 김 전 지사와의 관련성이 알려진 건 김 씨가 김 전 지사에게 온라인 정보 보고를 보냈다는 사실을 2018년 4월 경찰이 확인하면서부터인데요. 이미 2017년 3월부터 1년 넘도록 불법이 폭로될 가능성이 있었는데, 김 전 지사가 아무런 조치를 취하지 않았다는 사실도 의아하긴 합니다. 정말 범죄를 저질렀다면 자신의 범행이 드러나지 않도록 막을 수 있는 시간이 1년이나 있었던 셈인데 말이지요.

역사 왜곡의 우려

김 전 지사는 자신의 억울함을 호소하면서 김 씨에 관해 잘 알지도 못하면서 어떻게 범죄를 공모하고 그 실행에 도움을 주었겠느냐고 주장했는데요. 특별한 관계가 아니라면 그저 가만히 있었던 것으로 범죄를 함께했다고 설명할 수 없으니까요. 재판부도 물론 이에 대한 판단을 하고 있습니다. 결론부터 말하자면 김 전 지사가 김 씨와 공모한 범행 결의를 유지, 강화하는 데 본질적인 기여를 해 댓글 조작의 공동정범이 맞다고 합니다. 킹크랩 시연을 본 다음 개발 및 운영에 악수로 동의나 승인을 했고, 김 씨에게서 온라인 정보 보고와 기사 목록을 전송받았다는 사실을 인정하는 과정까지는 이미 살펴보았습니다.

재판부는 나아가 둘 사이가 그럴 만한 특별한 관계라는 근거를 들고 있는데요. 김 전 지사가 김 씨와 여러 차례 만나거나 연락을 주고받으며 함께 정치적 현안을 논의했고, 김 씨와 경공모에 중요한 의미가 있는 경제민주화 정책에 관심을 보이며 김 씨에게 의견을 구하기까지 하는 등 서로 긴밀한 협력 관계를 쌓아 갔다고 봤습니다. 그 과정에서 김 씨의 요구에 응해 경공모 회원을 선거대책위원회에 합류할 수 있도록 조치하고, 마찬가지로 회원인 변호사를 오사카 총영사직에 추천하기까지 했다고 봤습니다. 그중 경제민주화 정책에 관해 김 씨에게 의견을 구했다는 부분이 눈에 확 들어옵니다.

1심과 2심 재판부 모두 이 부분을 '사실'로 인정했는데요. 판결문에 따르면 김 전 지사는 대선을 앞둔 2017년 1월 5일쯤 김 씨에게 '시그널'로 "재벌 개혁 방안에 대한 자료가 있다면 러프하게라도 받아볼 수 있을까요? 다음 주 10일 발표 예정이신데 가능하면 그 전에 반영할 수 있는 부분은 포함되는 것이 좋지 않을까 싶네요. 목차라도 무방합니다"라는 내용의 메시지를 보냅니다. 두 사람은 다음 날 국회 앞 식당에서 만났고, 김 씨는 '공동체(경공모)를 통한 재벌개혁 계획 보고'라는 문서를 전했다는 것이지요. 김 전 지사는 경공모를 변호사, 회계사 같은 전문직 종사자들이 포함된 경제민주화

추진 모임으로 이해하고 있었다고 주장합니다. 실제 경공모 회원들 중에 그런 인물들이 일부 포함돼 있기도 했습니다. 외견상으로는 댓글 순위 조작을 하는 집단으로 볼 여지가 없었던 겁니다. 김 전 지사는 참고할 수 있을지 모른다는 생각에 자료를 요청했지만, 의미 있는 내용이 없어서 자료만 받고 그쳤다고 합니다.

당시 문재인 후보는 2017년 1월 10일 헌정기념관에서 재벌 개혁을 주제로 한 기조연설문을 발표했는데, 2심 재판부는 위 기조연설문에 김 씨가 전달한 문서에 들어 있는 "소액주주의 권한 강화, 전자 투표제 등 시행, 국민연금관리공단이 보유하고 있는 주식 의결권의 사용" 같은 내용이 포함됐다고 봤습니다. 1심 재판부 역시 비슷한 취지를 판결문에서 밝히고 있습니다. 사실이라면 눈이 휘둥그레질 일이지요. 대통령 후보가 국민을 향해 발표하는 경제정책 관련 연설에 김 씨의 의견이 반영됐다는 것이니까요. 당연히 김 전 지사와 김 씨가 특별한 관계였다고 보는 근거가 될 수 있을 겁니다. 과연 사실이었을까요?

일단 김 씨가 전달했다는 문서에 쓰인 단어들이 문재인 후보의 연설에 포함된 건 맞습니다. 하지만 실제 내용은 전혀 다릅니다. 김 씨가 소액주주의 권한 강화와 전자 투표제를 주장한 이유는 경공모를 통해 소액주주들을 모은 다음 재벌의 경영권을 빼앗겠다는 것이었고요. 국민연금관리공단의 의결권을 사용하자는 것도 그 일환이었습니다. 앞서 살펴봤던 바와 같이 경공모의 핵심 목표이기도 했지요. 아래는 《경향신문》이 단독 입수해 2019년 2월 16일 자로 보도했던 김 씨의 문건 일부입니다.

문재인 정부 출범 즉시 공동체가 1개 재벌 주식을 매입해 10월까지 오너를 교체하는 재벌 개혁을 하고, 2018년 3월에는 1위부터 20위권 중 삼성, SK, 현대중공업 등 3~5개의 재벌 오너를 교체하는 경제 민주화를 한다. 방법은 경공모와 같은 공동체가 주주로 제안하고 국민연금의 의결권 적극 행사와 재벌 지배 구조 개혁에 찬성하는 외국계가 연합해서 진행한다. 10월까지는 대림과 같은 단수 재벌 오너를 교체하여 경영권을 확보하게 되면 언론, 방송에서 자연스럽게 노출되어 많은 수의 주주를 동참시킬 수 있음.

문재인 전 대통령이 '재벌 개혁'을 경제정책의 핵심으로 내세웠던 것은 2017년 19대 대선이 아니라 2012년 18대 대선부터였습니다. 김 전 지사가 누군가의 의견을 들어 급하게 만들어 낼 일이 아니었습니다. 2017년 1월 10일 발표한 연설문은 지금도 인터넷에서 고스란히 찾아볼 수 있는데요. 단어가 겹친 부분이 있지만 그 내용은 김 씨의 문건과 아무런 관련이 없습니다. 재벌 개혁을 위해 총수 일가의 전횡을 견제할 수 있는 장치를 만들어야 한다는 주장이었습니다. 소액주주, 전자 투표제, 국민연금 의결권 등이 쓰인 부분은 이렇습니다. 의결권을 적극적으로 행사해 총수 일가의 사익 추구에 끌려다니지 않을 수 있도록 집중 투표제와 전자 투표, 서면 투표를 도입하겠다는 것이었지요. 재벌 총수가 회사에 피해를 주거나 사익을 편취한 사실이 드러나면 소액주주가 배상을 청구할 수 있도록 소액주주의 권리를 강화하겠다는 것이었습니다.

당시 이재용 삼성 부회장의 경영권 승계를 돕기 위해 국민연금이 동원된 사실이 드러나면서 국민의 분노를 샀지요. 그런 일을 막기 위해 국민연금을 비롯한 기관투자자들이 모범적으로 주주권을 행사하는 스튜어드십 코드stewardship code를 도입하겠다는 것이었습니다. 기업이 잘못된 행위를 하면 그 기업의 주식을 가진 공적 기관이 개입해 막도록 하겠다는 것이지요. 김 씨는 아예 오너를 교체하고 경영권을 확보하려 했습니다. 그 어느 한 부분도 김 씨의 의견과 관련이 없습니다.

사실 저런 단어들은 경제민주화와 관련된 정책이 거론되면 흔하게 쓰이는 것들입니다. 2심 재판부는 그런 사실을 정확히 따져 보지 않은 채 대통령 후보의 연설문에 김 씨가 전달한 문서의 내용이 포함돼 있다고 한 것입니다. 그걸 근거로 김 씨와 김 전 지사의 관계가 특별했다고 판단했습니다. 더 큰 문제가 있습니다. 판결문은 단순히 어떤 사건에 대한 결론, 누군가의 옳고 그름만을 판단하는 것이 아닙니다. 역사적 사건을 둘러싼 사실관계를 기록하는 공식 문서입니다. 후세에 '진실'로 전해질 수 있는 겁니다. 재판부에 어떤 의도가 있다고 생각하지는 않습니다. 하지만 어떤 이유에서였다고 할지라도 정치적으로 큰 오해와 논란을 부를 수 있는 경솔한 일이라고 봐야 하지 않을까요? 법원에서 정치 문제까지 따져가며 재판해야 하는 것이냐고요? 이 사건을 둘러싼 모든 일이 정치였습니다.

누가, 누구에게,
무엇을 바라고

　　정치적으로 이용될 수 있는 판단은 이뿐만이 아니었습니다. 이 사건 1심 재판부는 김 전 지사에 대해 공직선거법도 위반했다며 유죄를 선고했는데요. 김 씨가 킹크랩과 경공모 회원들을 동원해 댓글 작업을 한 것이 선거운동에 해당하는지, 그 대가로 김 전 지사가 회원 중 변호사를 센다이 총영사직에 추천하겠다는 이익 제공의 표시를 한 것인지에 관한 판단이었습니다. '선거운동'이란 특정 선거에서 특정 후보자를 당선시키거나 떨어뜨리기 위해 외부적으로 드러나는 객관적 행위를 하는 것인데요. 1심 재판부는 킹크랩을 이용한 불법적인 댓글 조작뿐만 아니라 경공모 회원들의 수작업에 의한 선플 운동까지 모두 포함해 선거운동에 해당한다고 판단했습니다. 2017년 대선을 앞두고 경공모 회원들에게 민주당에 유리한 내용의 댓글 순위를 올려 이른바 '베스트 댓글'이 되도록 한 사실과 온라인 정보 보고의 내용, 김 전 지사와의 관계를 종합해, 민주당 문재인 후보의 당선을 도모하거나 상대 세력인 안철수 등의 낙선을 도모하기 위한 것이었다고 봤습니다.

　　거기서 그치지 않습니다. 김 씨가 김 전 지사를 만나기 전에 상의할 주제를 정리한 내용의 문서, 경공모 회원에게 대선 후에도 작업한다고 보낸 메시지, 앞서 본 것처럼 어떤 맥락 없이 "고맙습니다 ^^"라고 김 전 지사가 답했던 정보 보고, 역시 김 씨가 경공모 단체 대화방에 올린 메시지 등을 근거로 대선을 마친 다음 2018년 6월 지방선거까지 댓글 작업을 하기로 합의했다고 판단했습니다. 김 씨 쪽의 움직임을 들어 김 전 지사와 김 씨 두 사람이 함께했다는 근거로 본 것이지요. 그러면서 "이 사건 댓글 작업이 지방선거 때까지 유지되어 온라인 여론이 민주당에 대해 우호적인 방향으로 지속될 경우, 정당정치의 현실에 비춰 2018년 6월에 실시될 지방선거에서 민주당 소속 후보자들에게 상당한 이익으로 작용할 것으로 보이는 점" 등을 들어 2018년 6월 지방선거에서의 선거운동에도 해당한다고 보았지요.

김 씨의 댓글 작업이 온라인 여론 형성에 어떤 영향을 끼쳤는지는 검증되지 않았습니다. 민주당 후보들에게 상당한 이익으로 작용할 것이라는 판단은 판사의 추측입니다. 그럴 수도 있고, 아닐 수도 있지요. 하지만 재판의 근거로 삼기엔 많이 부족합니다. 그렇게 판단하려면 적어도 앞서 지적한 의문을 떠올려 봤어야 하지 않을까요? 대통령 선거, 나아가 지방선거라는 중요한 정치적 사안에 상당한 이익으로 작용한다고 김 전 지사 역시 판단했다면, 그런 중요한 일을 전적으로 김 씨 한 사람에게 맡겨 놓기만 했다는 것인지 말입니다. 1심 재판부는 그런 과정 없이 마치 댓글 작업으로 여론을 형성해 선거에 유리한 국면을 끌어낸 것처럼 판결문에 쓴 것입니다. 그 연장선상에서 김 전 지사는 김 씨에게 지방선거까지 댓글 작업을 계속하도록 만들기 위해 일본 센다이 총영사 추천까지 해 주겠다는 제안을 했다고 본 것입니다. 불법 선거운동의 대가였다고 말입니다. 역시 정치적 오해와 논란을 불러일으킬 만합니다.

2심 재판부는 공직선거법에 대해서는 무죄를 선고합니다. 다만 그 이유는 아직 지방선거에 누가 출마할지조차 정해지지 않은 시점에 누군가를 당선시키거나 떨어뜨리려 한다는 것은 맞지 않다는 법리적 판단이었고요. 이번엔 2017년 대선 과정에서의 각종 활동에 대한 보답 혹은 대가를 이유로 센다이 총영사 자리를 주려 했다고 썼습니다. 여전히 불법적인 선거운동과 그 대가라는 이해관계가 있었다고 본 것입니다. 판결문은 유죄, 무죄 결론만 중요한 것일 수 없습니다. 오늘을 후세의 역사로 기록하는 일입니다. 물론 위와 같은 내용이 유, 무죄를 따지는 데 중요한 것들은 아닙니다. 법적으로 엄격한 증명이 필요하지 않지요. 그러나 판결문이 현재, 그리고 미래에 읽는 국민에게 끼칠 수 있는 영향은 결코 가볍지 않을 겁니다.

바라보는 각도에 따라
달라질 수 있는 사건

법원이 이 사건을 바라본 전체적인 구도를 이렇게 정리할 수 있을 겁니다. 19대 대선을 앞두고 문재인 예비 후보의 공보특보를 맡은 김 전 지사는 김 씨를 만나 온라인 기사와 댓글 순위의 중요성에 눈을 뜹니다. 당시 자유한국당을 비롯해 안철수, 이재명 같은 경쟁자들이 온라인 여론을 각자에게 유리한 쪽으로 끌고 가기 위해 불법적인 작업을 하고 있다고 알았지요. 김 씨는 그에 맞설 수 있는 자동 댓글 기계장치 킹크랩을 개발 중이라는 사실을 밝히고요. 자신과 경공모 회원들의 모임 장소에 불러 시연을 보여 줬지요. 김 전 지사는 그걸 이용하기로 마음먹고, 김 씨와 악수를 해서 운영을 허락합니다. 김 씨가 본격적으로 댓글 작업을 시작하면서 온라인 정보 보고, 기사 목록을 보내오는 내내 김 전 지사는 불법을 알면서도 반대하지 않았고요. 오히려 그 대가로 일본 센다이 총영사 자리를 내주려 했다는 겁니다. 김 씨는 오사카 총영사를 원했지만 여의치 않았지요. 김 전 지사에게 이익이 된다는 점에 초점을 맞춘 겁니다.

물론 그럴 수도 있습니다만, 각도를 달리해서 볼 수도 있지 않을까요? 김 씨는 그가 바라보는 관점에서 경제민주화를 이루고 경공모 회원들의 공동체를 만들겠다는 계획에 빠져 있었습니다. 대지진으로 위기에 빠질 일본 자본을 끌어오기 위해 일본 총영사 혹은 오사카 총영사 자리가 절실하다고 여겼고요. 그 목표를 달성하기 위해 김 전 지사 이전에는 유시민, 고 노회찬 같은 유력 정치인들에게 접근하기도 했지요. 마침내 김 전 지사를 만나 경제민주화를 목표로 하는 시민단체로서 선플 운동에도 도움을 주겠다고 합니다. 후원을 자처하며 국회까지 찾아오는 사람을 김 전 지사로서는 거부할 명분이 없었던 겁니다. 조금은 불편하더라도 만나야 했던 겁니다. 사람들이 모여 있다면서 거듭 요청을 하면 찾아 주기도 해야 했을 겁니다. 온라인 정보 보고, 선플 운동 기사 목록을 날마다 보내오는데, 성의는 보여야 하니까 정기적으로 대화방을 읽은 것처럼 표시했던 겁니다.

꽃을 들어 보였던 것은 김 전 지사가 아니라 김 씨였던 것이지요. 김 씨로서는 김 전 지사가 자신과 함께하고 있다고 믿었을 수 있습니다. 김 전 지사가 미소로 화답하는 줄 알았겠지만 사실은 의미를 파악하지 못하고 있었던 겁니다. 김 전 지사에게 온라인 댓글은 관심사가 아니었으니까요. 선거에 도움을 받는다는 생각도 없었고, 선거에 도움이 됐다는 사실도 실제 입증된 바 없습니다.

저는 이번 사건을 겪으면서 만일 다시 그때로 돌아간다면 이런 일이 생기지 않도록 할 수 있을까 하고 가끔 제 스스로한테 되물어봅니다. 물론 그때보다 훨씬 조심하고 또 조심하고 그렇게 처신했을 겁니다. 그렇지만, 새롭게 만나는 사람들이나 모임을 일일이 사전에 조사해 보고 알아보고 그런 식으로 만날 수 있겠습니까? 저는 솔직히 자신이 없습니다. 찾아오는 사람들을 만나야 되고, 또 찾아가서 지지를 호소하는 것이 정치에 뛰어든 이상 저에게 숙명 같은 그런 일입니다. 특히 그동안 두 분 대통령을 가까이서 모셨다는 이유로 두 분을 지지하는 분들께서 수시로 저를 찾아왔고, 저는 성심성의껏 응대했습니다. 또 모임에 초청하면 시간이 되는 한 찾아가서 뵙는 것이 두 분 대통령을 모셨던 저의 기본적인 도리라고 생각하면서 살아왔습니다.

─ 김경수 전 지사의 대법원 상고심 최후 진술문 중에서

김 전 지사와 김 씨는 과연 염화미소를 주고받은 사이였을까요, 아니면 '동상이몽同床異夢'을 꾸고 있었던 것일까요? 진실이 무엇이었는지 법정에서는 충분히 증명이 됐던 것일까요? 두 사람의 관계에 관한 두 사람의 주장은 완전히 달랐는데요. 앞서 살펴본 것처럼 김 씨에게 김 전 지사가 특별한 존재였던 것은 분명해 보입니다. 무엇보다 자신이 목표로 삼고 있던 경제민주화를 이루는 데 유력 정치인인 김 전 지사는 꼭 필요했지요. 김 전 지사와 수차례 만남을 이어 갔고, 김 전 지사가 경공모 사무실을 방문하기도 했습니다. 킹크랩을 운영해 댓글 순위를 조작한 기사 목록을 보내고, 온라인 정보 보고를 했던 만큼 김 전 지사에게 도움을 주고 있다고 믿었을 수 있습니다. 김 씨는 경공모 회원들에게도 김 전 지사와 자신이 특별한 관계라는 사실을 강조했습니다. 대통령 후보의 연설문 작성에 관여했다고 알리기도 했지요. 스스로는 실제로 선거에 영향을 끼친 것으로 여겼을 수 있습니다. 그랬으니 김 전 지사에게 오사카 총영사 자리를 요구했다 거절당하자 '배신'으로 받아들였겠지요.

김 전 지사의 입장은 달랐습니다. 국회 의원회관까지 찾아오며 자꾸만 만나자고 하는데, 정치인으로서는 가볍게 넘기기 어려운 존재였습니다. 게다가 많은 회원이 함께하고 있다고 했으니까요. 실제로 변호사, 회계사 등 전문가들까지 포함돼 있고 조직적인 운동까지 나서겠다고 했습니다. 호응해 주지 않을 수 없는 노릇이었지요. 적게는 2,000명, 많게는 4,000명까지 함께하고 있다고 했다니까요. 그렇다고 특별한 관계에 있다고 여기지는 않았습니다. 지지자들 중 한 사람 정도로 봤지요. 그랬기에 김 씨가 오사카 총영사 자리를 요구했을 때도 청와대 인사 추천 절차에 반영하는 데 그쳤을 뿐 보다 적극적으로 나서지는 않았던 겁니다. 오사카 총영사의 경우 교민들이 많은 지역이라 웬만한 국가의 대사급 역할을 해야 하기에 정무적 경험이나 외교적 경력이 필요하다는 설명과 함께, 센다이 총영사는 후보로 검토가 가능하다는 인사수석실의 통보를 받았고 이를 그대로 김 씨에게 전했다는 것이지요. 하지만 원하는 목적이 따로 있었던 김 씨는 센다이 총영사를 거절했던 것입니다.

재판부는 김 씨의 주장에 손을 들어주었던 것인데요. 기사 목록과 온라인 정보 보고를 받으면서 아무런 대꾸를 하지 않았더라도 특별한 관계였기 때문에 김 전 지사 역시 함께 범죄를 저질렀다고 한 것이었습니다. 그런데 그렇게 한쪽 입장을 받아들여야 했는지는 의문입니다. 일상생활에서도 여러 사람이 동상이몽에 빠져 있는 일은 흔합니다. 같은 방향을 보고 있는 듯하지만 서로 뒤통수만 노리고 있기도 합니다. 친해 보이는 사이에서도 그중 누구는 이용만 당하는 일도 있습니다. 인간관계라는 건 복잡하기 마련이니까요. 김 전 지사와 김 씨의 관계 역시 쉽게 이해하기 어려운 측면이 분명히 있습니다. 김 씨는 '보고'라는 표현을 써가며 깍듯이 대하는 듯했지만, 경공모 회원들끼리는 '바둑이'라며 만만하게 여기기도 했지요. 정보 보고라는 것들이 딱히 도움이 될 만한 내용도 없었는데, 굳이 김 전 지사는 그것들을 읽었다는 표시를 남기기도 했습니다. 김 씨로서는 오해할 만한 원인을 제공한 셈입니다.

재판부가 그랬듯이 김 씨 주장대로 긴밀한 동지적인 관계라고 보면 사건을 이해하기 쉽지요. 그게 아닐 수 있다고 생각하면 여러 가지가 복잡해집니다. 하지만 사실 복잡하게 봐야 하는 것이 자연스러운 관계였을 겁니다. 유력 정치인과 그에게 접근한 속내를 감춘 인물, 일치하는 부분이 있을 수도 있지만 서로 오해하고 있는 부분도 있지 않았을까요? 그게 오히려 상식일 겁니다. 서로 다른 생각을 한 나머지 갈등이 생기기 때문에 해결하기 위한 장치로 법원을 만든 것이고요. 물론 얽혀 있는 양쪽의 말에 동시에 귀를 기울이며 복잡한 구조를 따지다 보면 사건을 설명하기 쉽지 않지요. 고민하더라도 결국은 한쪽 주장에 따라 이야기를 맞추는 편이 결론을 내리기에 편합니다. 혹시 재판부는 그런 함정에 빠졌던 것은 아닐까요? 김 전 지사 사건뿐만 아니라 다른 사건 역시 이런 문제점을 가질 수 있고요. 어떻게 생각하십니까?

III

행복은
성적순이
맞는 걸까요?

2016년 2월 27일 마지막으로 치러진 제58회 사법시험은 최종 경쟁률이 41.1 대 1로 사상 최고였다고 합니다. 로스쿨 도입이 결정되기 전 사법시험 시절에도 30 대 1 정도가 보통이었는데요. 1,000명의 최종 합격자를 생각하면 해마다 2만 9,000명 정도가 눈물을 삼켰던 겁니다. '고시촌'이라 불렸던 서울 신림동 부근에는 청춘을 쏟아붓다 '고시 낭인'으로 전락하는 젊은이들이 흔했지요. 사법시험은 1차 객관식, 2차 논술, 3차 면접으로 이뤄졌는데요. 말이 객관식이지 50회 1차 시험엔 찍는 일조차 불가능한 8지선다형이 등장하기도 했지요. 일간지 신문 두께의 시험지를 받아 들고 당혹스러워 하는 수험생이 많았습니다.

1차 시험 합격자들에게는 2차 시험에 두 차례 응시할 기회가 주어졌는데요. 2차는 나흘 동안 7과목으로 치러졌습니다. 논술이라고 해도 개인의 주관을 풀어 쓰는 것은 아니었고요. 과목마다 외워야 할 내용이 대충 A4 용지로 2,000페이지 정도였다고 보면 됩니다. 특정 사안에 관한 법조문, 학술, 판례를 일정한 틀에 맞춰 시간 내에 정리해 내야 했습니다. 암기한 그대로 정확하게, 빠르게, 충분한 양을 쓰는 게 관건이었지요. 시험 3일째부터는 손목에 붕대를 감고 나타나는 수험생도 쉽게 찾아볼 수 있었지요. 당시 저는 60킬로그램 초반 몸무게였는데, 날마다 정확하게 1킬로그램씩 살이 빠지더군요. 마지막 시험을 치르고 집에 돌아와 딱히 먹은 것도 없이 쓰러져 잤습니다. 그런데도 다음 날 체중이 원상회복됐던, 생물학적으로 이해하기 어려웠던 경험이 떠오릅니다.

그게 끝인 줄 알았던 합격자들은 곧 더욱 처절한 현실에 직면하는데요. 1등부터 꼴등까지 긴 줄이 세워져 있지요. 어렸을 때부터 공부라면 한가락 한다고 인정받아 왔는데…… '꼴등'이었던 겁니다. 누구는 그걸 뒤집기 위해, 누구는 1등을 지키기 위해 사법연수원 2년이 주어집니다. 마지막 학기에 치르는 시험이 압권인데요. 검찰, 법원 실무 시험은 1과목당 온종일이 시험 시간입니다. 실제 사건을 압축한 기록을 받아 들고 공소장이나 판결문을 써내야 하는 거지요. 아침 10시에 시작해 저녁 6시에 끝날 때까지 한자리에서 숨 쉬는 시간도 아끼며 집중해야 합니다. 쉬는 시간은 없고요. 화장실에 갈 때도 공익근무요원이 한 사람씩 따라갑니다. 2000년대 중반엔 그렇게 들렀던 화장실에서 쓰러져 사망하는 연수생이 나오기도 했지요. 국가인권위원회에서 점심시간이라도 보장하라는 권고를 했고요. 받아들이기는 했지만 따로 점심시간을 주지는 않았습니다. 시험 중에 각자 준비해 온 음식을, 먹고 싶은 사람이라면 먹는 것을 허용했습니다. 실화입니다.

그렇게 다시 줄을 세워 30퍼센트가량은 판사, 검사로 임용을 받고요. 나머지는 곧장 변호사의 길로 들어서는데, 업계에서는 '막변'* 이라 불리지요. 전관예우를 받는 판검사 출신들과 계급이 나뉘는 겁니다. 사실 판사, 검사로 임명받은 사람들끼리도 줄은 세워집니다. 성적에 따라 첫 부임지가 서울이냐, 지방이냐가 정해지지요. 다시 경쟁입니다. 끝이 없지요. 여러 가지 부작용이 그런 구조에서 나오는데요. 무엇보다 법 그 자체에 대한 전문가는 만들어지는 반면 인간과 사회에 대한 이해가 떨어질 수밖에 없었습니다. 잠깐이라도 한눈을 팔면 주르륵 뒤로 밀리니까요. 실제로 사법연수원에서 성적이 우수한 그룹은 20대 초중반의 술, 담배 따위에 찌들지 않은 싱싱한 암기력을 유지한 연수생들로 채워졌지요. 대신 빠르게 변화하는 다양한 세상에 대한 이해가 떨어질 수밖에 없었고요.

그런 여러 가지 폐단들을 없애기 위해 로스쿨 제도를 도입했던 겁니다. 다양한 전공 출신, 어느 정도 사회 경험을 쌓은 사람들이 법학전문대학원으로 갔습니다. 초기 몇 년은 제도의 취지가 살아나나 싶었지요. 하지만 바뀐 제도 아래에서도 판사, 검사 임용은 역시 성적순이지요. 얼마 지나지 않아 대학부터 로스쿨을 준비하는 학생들이 늘었지요. 결국 사법시험 시절과 비슷한 구조가 만들어졌습니

---

* 판검사를 하지 못하고 곧바로 변호사를 하는 사람.

다. 장점도 있지요. 초엘리트 그룹에 의한 효율적이고 능률적인 법률 서비스가 가능합니다. 하지만 그런 그들로서는 서비스 대상인 국민의 일반적인 삶을 이해하기 어려운 겁니다. 게다가 법 그 자체의 한계도 더해집니다.

개인과 개인 사이의 갈등을 조율하는 민법이 만들어져 시행된 것이 1960년 1월 1일입니다. 요즘은 해마다 새로운 스마트폰이 나오지요. 아무리 국회가 노력해도 현실을 따라잡기 어렵습니다. 법전을 달달 외워도 이미 그 법은 현실의 삶을 온전하게 반영하지 못하고 있는 겁니다. 검사도, 판사도, 법도 세상을 제대로 받아들이지 못하는 상황입니다. 이를 극복하는 방법으로 국민이 배심원으로서 옳고 그름을 직접 판단하는 국민참여재판*이 도입되기도 했지요. 하지만 법률 전문가들이 아니라는 이유로 정작 민감한 내용을 첨예하게 다뤄야 하는 사건에는 배제됩니다. 사건과 관련된 거의 모든 권한은 검찰, 법원에 집중돼 있습니다.

처음 법을 공부하기 시작할 때 이해하기 어려웠던 사례 중 하나만 들겠습니다. 예상하지 못한 사고나 재난으로 인한 죽음을 변사變死라고 하는데요. 그런 사체가 발견되면 혹시 범죄로 인한 것인지 살펴봐야 합니다. 누가 판단할까요? 영화, 드라마에서는 그런 일을 하는 검시관이 등장하지요. 우리나라에는 법률 전문가인 검사에게

---

* 2008년 1월부터 시행된 배심원 재판제도. 만 20세 이상의 국민 가운데 무작위로 선정된 배심원들이 형사재판에 참여해 유·무죄 평결을 내리지만 법적인 구속력은 없다.

권한이 있습니다. 물론 경찰이나 검찰 수사관이 시신과 현장을 조사한 다음 자세한 보고서를 올리기는 하지요. 아무리 그래도 검사가 변사체에 관해서 전문가일 수는 없습니다. 사람을 해치는 방법이 뻔했던 과거에는 괜찮았을지 모르지만 지금은 아니지요. 법정에서 다뤄지는 다양한 사건들 역시 마찬가지입니다. 판사 한 사람이 도저히 감당할 수 없는 다양한 세상입니다. 보완할 수 있는 장치를 만들기도 하지요. 이를테면 사건을 목격해서가 아니라, 관련 분야에 대해 잘 알고 있는 전문가를 불러 증인으로 진술하게 하는 겁니다. 하지만 누구를 불러, 어떤 얘기를 들을 것인지, 그 내용을 재판에 반영할 것인지는 온전히 판사에게 주어진 권한입니다. 수많은 경쟁을 뚫고 가장 똑똑하다는 자격을 얻은 만큼 당연히 그렇게 해야 하는 걸까요? 지금 하고 있는 일이 정확히 어떤 일인지 짧은 시간 몇 마디 말로 다른 사람에게 설명할 수 있으세요? 그 일을 하는 과정에서 사건이 벌어진다면 검사, 판사가 전부 이해하고 재판할 수 있을까요?

킹크랩의 정체

1심과 2심 재판부는 김 전 지사에게 컴퓨터등장애업무방해죄를 유죄로 인정했습니다. 악수로 공모를 했고, 온라인 정보 보고와 기사 목록을 전송받으면서도 침묵을 지키는 것으로 범죄를 계속하도록 했고, 그 대가로 일본 센다이 총영사 자리도 제공하려 했다고 봤습니다. 그런 판단에는 꼬박꼬박 킹크랩이 등장합니다. 킹크랩 시연을 봤던 만큼 악수를 했다면 그걸 개발해서 이용하도록 허락한 것이고, 킹크랩을 알고 있었으니 기사 목록을 보면서 불법 댓글 작업을 하고 있다는 것 역시 알았으리란 겁니다. 알면서도 가만히 있었으니 범죄를 계속하도록 만든 것이라고 봤지요. 일단 도대체 킹크랩이란 어떤 것이었는지부터 정확하게 짚어야 하겠습니다. 드루킹이라 불렸던 김 씨가 경공모 회원들 중 소프트웨어 개발을 할 수 있는 A에게 지시해 만든 매크로인데요. 매크로란 마우스나 키보드로 여러 차례 순서대로 해야 할 동작을 미리 만들어 놓은 프로그램으로, 클릭 한 번만 하면 모든 동작이 이뤄지도록 하는 겁니다.

명절 귀성길 기차표 혹은 공연 예매가 그런 방법으로 싹쓸이됐다는 뉴스를 접한 적 있을 텐데요. BTS가 2030년 1월 1일부터 3일 동안 서울 잠실종합운동장에서 공연을 한다고 가정해 봅시다. 멤버들 얼굴이 보일 만큼 가까운 곳에서 '떼창'을 부르고 싶어요. 예매 좌석표를 미리 보니까 A구역 로열석 1번부터 100번까지가 그럴듯해 보입니다. 보통 사람이라면 티켓을 예매할 수 있는 시각 30분 전부터 컴퓨터를 켜 놓습니다. 예매 사이트에 접속한 다음 아이디, 패스워드를 입력하고 예매 창이 열리기를 이제나저제나 기다리겠지요. 창이 열리면 원하는 날짜를 지정한 다음, 좌석 선택으로 들어가 A구역, 로열석, 50번을 누릅니다. 운 좋게 클릭에 성공하면 바로 결제 메뉴로 옮겨 가도록 한 다음 신용카드를 선택하고, 결제에 쓰이는 비밀번호를 다시 누르겠지요. 성공한다면 말입니다. 만약 매크로를 만들어 놓았다면 예매 시각이 되자마자 이 모든 입력이 자동으로 순서대로 이뤄지는 겁니다.

구체적으로 킹크랩이 어떻게 작동하는지 판결문이 밝히고 있는 방법은 이렇습니다. 킹크랩을 작동시킬 권한을 가진 작업자가 관리 사이트에 접속합니다. 댓글 작업을 할 포털 사이트와 기사, 댓글을 고르지요. 고른 기사의 인터넷 주소(URL)와 댓글, 공감을 할지 반대를 할지를 정하고, 몇 대의 휴대전화('잠수함'이라고 불렀답니다)를 동원할지, 작업에 필요한 ID('탄두'로 불렀지요)의 개수, 휴대전화 한 개에 몇 개의 ID를 쓸지를 입력한 다음 실행 버튼을 클릭하는 거예요. 그럼 킹크랩 서버에 작업 명령이 만들어지는 겁니다. 가장 신뢰할 만한 경공모 회원들 3, 4명의 집에 4, 5대씩 휴대전화가 담긴 바구니가 있는데, 다시 그 바구니 5개 묶음이 한 세트가 됐습니다. 그렇게 하는 이유가 있었는데요. 휴대전화에는 다른 무선 기기에 데이터를 나눠줄 수 있는 기능이 있잖아요. 한 대의 휴대전화만 통신 서비스에 가입하면 나머지 휴대전화들은 그 휴대전화로부터 데이터를 받아 작동할 수 있도록 만든 겁니다. 그 휴대전화들은 10~20초마다 한 번씩 킹크랩에 작업할 명령이 기다리고 있는지 확인하도록 했지요. 명령이 있으면 일제히 공감이나 반대 클릭을 했던 겁니다. 그렇게 해서 해당 댓글의 순위를 올리거나 내릴 수 있었습니다.

각 휴대전화가 어떻게 작동했는지도 살펴볼까요. 스마트폰은 인터넷을 사용할 때 컴퓨터와 마찬가지 원리로 움직입니다. 한 번 접속했던 사이트에 있는 데이터를 임시로 보관해 놓지요. 사진 파일처럼 상대적으로 용량이 큰 파일들을 매번 다운받는 것보다 일단 가지고 있다 사용자가 다시 보려고 하면 꺼내 주는 겁니다. 그걸 캐시라고 부르는데요. 킹크랩에 쓰인 휴대전화들은 명령 수행 전에 그 캐시부터 지웠습니다. 새로운 스마트폰인 것처럼 옷을 갈아입고 서버에 접속하는 겁니다. 그뿐만 아니라 켜졌다 꺼지는 것처럼 동작하면서 인터넷을 사용하도록 할당받는 주소인 IP가 달라지도록 했지요. 마치 매번 새로운 사용자가 접속하는 것처럼 보이는 거지요. 그렇게 변신한 다음 포털 사이트로 이동해서 ID와 비밀번호를 입력합니다. 로그인이 되는 걸 확인한 다음에는 킹크랩 서버로부터 어디로 가야 할지 이동할 기사와 댓글을 받아서 해당 기사를 찾아가는 겁니다. 최종적으로 기사의 댓글 창에 들어가 공감이나 반대 클릭을 누르는 거지요. 명령받은 횟수만큼 말입니다. 일을 마친 다음 명령을 수행하는데 사용했던 IP, 작업 시간 같은 결과 데이터를 다시 킹크랩 서버에 보고하는 것으로 끝입니다.

김 씨와 회원들에 의한
킹크랩 개발

소프트웨어 프로그램에 관해 잘 모르는 입장에서는 대단히 신기해 보이기도 하지만 딱히 어려운 일은 아니었던 모양입니다. 김 씨는 김 전 지사가 경공모 사무실을 방문하기 한 달가량

전인 2016년 10월 초 A에게 이런 매크로 프로그램을 만들라고 하는데요. 경공모 핵심 회원인 A와 B는 2016년 10월 16일 회의를 시작해 2016년 11월 말쯤 1차 버전을 개발해 내거든요. A는 프로그램 자체를, B는 서버와 통신 시스템을 담당했다고 합니다. 이렇게 만들어진 킹크랩에 관해 알고 있는 사람들은 경공모 회원 중에서도 손에 꼽을 정도였습니다. 경공모 사무실에서 숙식을 할 정도로 열성적인 가담자였던 A 등 4인을 비롯한 극소수가 작업자로 활동했지요. 경공모 회원들에게서 포털 사이트 ID와 비밀번호, 중고 휴대전화, 유심칩 같은 것들을 수집한 다음 2016년 11월 말 혹은 12월 초부터 킹크랩 운영을 시작했다고 합니다.

1, 2심 재판부는 킹크랩을 한창 개발 중이었던 2016년 11월 9일 김 전 지사가 경공모 사무실을 방문했고, 김 씨가 김 전 지사에게 킹크랩 시연을 했다고 본 것입니다. 사무실을 떠나는 김 전 지사가 김 씨와 악수를 하는 것부터 모든 일이 시작됐다는 것입니다. 시연을 보고 난 다음이니까 범죄를 공모한 것이고, 온라인 정보 보고와 기사 목록을 전송받는 것만으로도 범죄라는 사실을 알고 있었다는 것이지요. 그러면서 거꾸로 악수를 하고 전송을 묵인한 것도 시연을 봤기 때문이라고도 합니다. 어디를 끊어 앞과 뒤를 나눠야 할지 조금 헷갈리는데요. 어쨌든 시간순으로는 킹크랩 시연이 머리에 해당하겠지요.

이 사건에는 디지털 증거들이 많이 등장하는데요. 킹크랩과 관련해서는 포털 사이트 네이버의 로그 기록, 그리고 프로그램 개발자 A와 서버, 통신 담당자 B가 주고받은 개발 관련 문서들이 대표적입니다. 2심 판결문에 따르면 A와 B는 김 씨에게서 킹크랩 개발 지시를 받고 2016년 10월 16일 첫 번째 개발 회의를 하는데요. 이후 10월 23일, 10월 28일, 11월 11일, 11월 25일⋯⋯ 12월 28일까지 8차례에 걸쳐 회의가 이어집니다. A와 달리 B는 직장에 다니고 있어서 미리 정하지 않고 개발이 진전되는 상황에 따라 일정을 조율해 만났다고 합니다. 이들은 회의 직후마다 그 결과를 반영한 문서들을 만들었는데요. 2심 판결문에는 그런 문서들을 만든 일시와 최종 수정 일시가 시간순으로 잘 정리돼 있습니다. 특히 서버와 통신 시스템을 담당한 B는 개발 내역을 그때그때 자세히 기록해 두었기에 재판부도 일자별로 정리할 수 있었습니다. 김 전 지사가 경공모 사무실을 방문한 날을 중심으로 뽑아보면 이렇습니다.

들고 나간 모든 시간의 기록들

2016. 10. 30. 등록 인증, 상태 등록/작전 전송 샘플 구현 및 Mock 테스트 작성 등으로 세부적인 소스코딩 시작

2016. 11. 5. 킹크랩 서버의 로그인 등의 기능 개발 시작

2016. 11. 6. 킹크랩 서버의 작전 할당, 작전 수정, 작전 복사 등의 기능 개발 시작

2016. 11. 7. 킹크랩 서버의 작전 관리 프로그램의 로그인 및 메인 페이지 기능 등의 테스트 시작

2016. 11. 10. 웹기본 기본 구성, API 연동 구현, TestCase 설정 수정

2016. 11. 11. 킹크랩 서버의 통신 시스템(인터페이스) 구현 및 작전
　　　　　　　관리 프로그램 세부 기능 개발
2016. 11. 13. 시나리오 유형 Enum 추가 및 구조 변경, 1113 더미데
　　　　　　　이터를 반영한 서버시스템 자바 소스 파일 작성

　－2심 판결문(102쪽) 중에서

　무슨 말인지 알 듯 말 듯 한데요. 프로그램 개발 업계에 있는 사람
이 아니라면 정확하게는 모르는 것이 당연할 겁니다. 다만 날짜들
에서 짐작할 수 있는 상황은 있습니다. 세 번째 회의가 10월 28일,
네 번째 회의는 11월 11일입니다. B의 개발 내역은 11월 7일, 10일,
11일에 기록됐고요. 다시 한번 짚습니다만, 이런 순서와 날짜는 법
원도 판결문에서 인정하고 있는 것입니다. 하지만 B의 개발 내역
어디에도 2016년 11월 9일 김 전 지사가 방문했을 때 '시연'이 있었
다는 흔적은 보이지 않습니다. 그저 두 사람이 알아서 개발 일정을
진행했다는 흐름이 나타날 뿐입니다. 2016년 10월 16일 첫 번째
회의를 가진 이후 이미 '일정'이라는 엑셀 문서를 공유하며 개괄적
인 계획을 잡기도 했습니다. 뒤에서 더 자세히 다루겠지만, 법원은
김 전 지사에게 보여 주기 위한 목적으로 일종의 샘플인 킹크랩 프
로그램의 프로토타입을 만들었다고 합니다. 김 전 지사의 승인, 허
락을 얻은 다음 본격적인 개발에 들어갔다는 것이지요. 하지만 회
의 일정과 개발 내역 어디에도 그런 상황은 보이지 않습니다. 프로
토타입이라는 단어도 등장하지 않습니다.

법원은 포털 사이트 네이버의 로그 기록에 주목했습니다. 네이버에 접속하려는 사람은 ID, 비밀번호로 자신이 누구인지 알려야 하지요. 네이버 안에서 어떤 서비스를 이용했는지, 언제까지 머물렀는지도 기록으로 남습니다. 마치 보안이 철저한 건물을 방문하면 출입증을 발급받아야 하는 것과 같습니다. 방문 일시, 몇 층의 어느 회사, 때로는 누구를 만나러 왔는지 적어야 하지요. 그게 로그 기록이에요. 다만 만나서 무슨 얘기를 나눴는지, 참가한 다른 사람은 또 없었는지와 같은 실제 내용은 당연히 알 수가 없습니다. 네이버 로그 기록 역시 그렇습니다. 접속해서 어느 서비스를 이용했는지 까지는 알 수 있습니다. 하지만 왜 그랬는지, 그걸 진짜 실행한 인물은 누구였는지, 누군가에게 보여 주려고 한 것인지와 같은 속사정을 알 길은 없습니다. 기록된 시각에 어떻게 동작했는지를 알 수 있을 뿐이지요. 2심 판결문은 네이버 로그 기록을 3개의 시기별로 나누어 정리해 놓고 있는데요. 아래와 같습니다.

김경수 방문 중 혹은 특검이 주장하는 '시연'이 있을 때의 로그

2016. 11. 9. 20:07:15부터 20:23:53까지 16분 38초 동안 452 ID, 24 ID, 444 ID로 6개 동작을 차례대로 수행(1사이클)하는 로그가 9사이클 반복

김경수 방문 전 로그

가) 1기: 2016. 11. 4. 04:32:53부터 2016. 11. 6. 23:24:55까지

나) 2기: 2016. 11. 6. 23:25:18부터 2016. 11. 7. 03:59:05까지

다) 3기: 2016. 11. 7. 09:31:18경부터 김경수 방문 전까지

김경수 방문 후 로그

가) 1기: 2016. 11. 9. 21:29:24경부터 2016. 11. 10. 02:28:12까지

나) 2기: 2016. 11. 11. 23:01:04부터 2016. 12. 1. 경까지

여기서 킹크랩 프로그램 동작을 수행한다는 의미는 위에서 살펴본 내용입니다. 캐시를 삭제하고, IP주소를 달라지게 만든 다음, ID와 비밀번호를 입력해 접속하고, 댓글 작업을 할 기사로 이동해, 댓글 창에서 공감 혹은 반대 클릭을 누른 다음, 명령을 수행한 데이터를 보고하는 일 말입니다. 그런 일이 김 전 지사가 경공모 사무실에 머물렀던 시간 중에 일어났다는 것이지요. 3개의 ID로 16분 38초에 걸쳐 9번 반복됐다는 것입니다. 그리고 그것이 김 전 지사에게 보여 줬다는 '시연'이라는 판단입니다. 법원이 인정한 사실에 따르면 김 전 지사는 2016년 11월 9일 오후 7시경 경공모 사무실에 도착해 같은 날 오후 9시가 넘어 떠났습니다. 하필이면 그날 오후 8시 7분경부터 16분가량의 네이버 로그 기록이 남아 있는 것이지요. 법원은 이때 김 전 지사에게 보여 주기 위해 킹크랩 프로토타입을 구동했다고 본 것입니다.

프로그램이 실제로
수행했던 동작들

　　김 전 지사는 실질적인 내용을 들어 반박했습니다. 로그 기록에는 어디서 무슨 일을 했는지까지 들어 있다고 했지요. 실제 무슨 일이 있었는지는 단순히 시간만 볼 것이 아니라 프로그램이 수행했던 동작을 봐야 한다는 것입니다. 그걸 반영하면 이렇게 나눠야 한다는 것입니다.

1기 2016. 11. 4. 04:32:53 ~ 2016. 11. 6. 23:19:30
452 ID 한 개로 아래 내용으로 테스트
- NNB 값을 삭제하고, 에어플레인 On/Off 모드를 사용해 접속 IP를 변경하는 동작(에어플레인 모드를 켰다 끄면 휴대전화 전원을 켜놓은 상태에서도 통신이 일시적으로 끊겼다 연결되지요. 그 사이 인터넷 접속 주소인 IP가 바뀌는 효과를 노린 겁니다)
- 네이버 메인 페이지를 거치지 않고 직접 기사 댓글 페이지로 접속하여 '좋아요'를 클릭하는 동작(서버에서 알려준 링크로 곧장 옮겨가는 것입니다)
- 기사 상단에 있는 '좋아요'를 클릭하는 동작
- 네이버 메인 페이지를 거치지 않고 직접 기사 댓글 페이지로 접속하여 '공감'을 클릭하는 동작
- 네이버 모바일 메인 화면 접속 → 4674 기사의 댓글 페이지로 이

동하는 동작(6단계 동작 중 2단계까지 실행하는 겁니다)

- 네이버 모바일 메인 화면 접속 → 4674 기사의 댓글 페이지로 이동 → 기사 '좋아요' 클릭하는 동작(6단계 동작 중 3단계까지 실행하는 겁니다)

- 네이버 모바일 메인 화면 접속 → 4674 기사의 댓글 페이지로 이동하는 동작(다시 6단계 동작 중 2단계까지)

2기 2016. 11. 6. 23:23:07 ~ 2016. 11. 10. 02:28:12

452 ID, 24 ID, 444 ID 세 개로 6단계 동작을 차례대로 수행

3기 2016. 11. 11. 23:21:04 ~ 2016. 11. 12. 01:57:14

452 ID 한 개로 아래 내용으로 테스트

- PC를 이용하여 네이버 모바일 페이지 접속 → 모바일 로그인 페이지 접속하는 동작

- 모바일을 이용하며 네이버 모바일 페이지 접속 → 모바일 로그인 페이지 접속하는 동작

- PC를 이용하여 화면 하단 기사 '좋아요'를 반복적으로 클릭하는 동작 테스트

- 모바일을 이용하여 화면 하단 기사 '좋아요'를 반복적으로 클릭하는 동작 테스트

- 모바일을 이용하여 모바일 로그인 페이지 접속 → 네이버 모바일 메인 페이지 접속 → 4674 기사 이동하는 동작 테스트

4기 2016. 11. 12. 23:04:21 ~ 2016. 11. 17. 01:57:50
452 ID로 6단계 동작 수행

단순히 동작을 했느냐 안 했느냐의 시간만 나눈 것과는 다르지요. 딱히 전문용어를 써서 기록한 건 아니라서 어떤 일이 있었는지 이해할 수 있습니다. ID를 3개에서 1개로 바꿔 가면서, 킹크랩 프로그램을 실행하는 기기 역시 PC와 모바일로 바꿔 가면서 특정 기사 댓글에 공감하거나 반대하는 클릭을 하는 동작을 테스트했던 겁니다. 물론 이 역시 로그 기록이라는 객관적인 증거에 의해 정리한 것인데요. 1기에는 1개의 ID를 사용했고, 2기에는 3개의 ID를, 3기에는 다시 1개의 ID를 썼다가, 4기 이후에 3개의 ID로 돌아갑니다. 김 전 지사가 방문했던 2016년 11월 9일은 3개의 ID를 사용했던 2기 중 하루였습니다.

특이한 점이 있기는 합니다. 로그 기록에 의하면 2기 중 다른 때는 짧게는 12초, 길게는 6분 52초 정도로 동작을 테스트했습니다. 그런데 김 전 지사가 경공모 사무실에 머물던 중에는 16분이 넘게 걸렸어요. 이를 두고 개발자인 A는 법정에서 "시연이 아니라 테스트라면 단순히 한 동작을 16분간이나 계속 돌릴 이유가 없다"고 했습니다. A는 또한 이렇게 진술했습니다. 테스트를 진행하는 일에도 단계가 필요한데, ID 하나로 공감/비공감, 기사 클릭, 다른 부분에 대한 클릭, PC에서의 동작 같은 것들을 테스트한 다음 ID 여러 개로 테스트하는 개발 과정이 있다고요.

로그 기록에 대한
법원의 해석

　　이런 사정에 비춰 법원은 판단합니다. 킹크랩은 수백 개의 ID로 포털 사이트에 접속하는 매크로 프로그램이라는 것이지요. 그럴 경우 일반적으로 생각할 수 있는 개발 방법은 일단 1개의 ID로 전체 동작이 잘 구현하는 정도까지 만든 다음, 2개, 3개 수를 늘려 가면서 여러 ID를 써도 충돌하지 않으면서 잘 돌아가는지 보는 것이라고요. 그런데 개발자 A는 1개의 ID로 프로그램을 개발하던 일을 중단하고 갑작스레 3개의 ID를 사용하는 프로그램을 만들기 시작했다는 것입니다. 그걸 김 전 지사가 방문했던 날 16분이 넘도록 작동시켰고요. 이후에 다시 1개의 ID를 쓰는 개발 과정으로 돌아갔다는 것입니다. 그 의미는 오로지 김 전 지사에게 보여 줄 목적으로 별도의 프로토타입 프로그램을 만들었기 때문이라고 판단합니다. 그렇지 않으면 굳이 샛길로 빠졌다가 다시 가던 길로 돌아올 이유가 없다는 것이지요.

　이걸 뒷받침하기 위해 특검은 김 전 지사가 돌아간 직후라고 할 수 있는 2016년 11월 10일 02:28:03초에 452 ID 1개를 쓰는 개발로 돌아갔다고 주장했지만, 이는 받아들여지지 않았습니다. 그 무렵 킹크랩의 동작 시간은 불과 9초라서 별도의 개발이라기보다 이전 테스트의 연장선상이라고 법원은 판단하지요. 실제 1개의 ID로 돌아간 것은 2016년 11월 11일이고 42시간 이상의 간격이 있습니다. 특검은 11월 10일의 기록으로도 김 전 지사의 방문에 특별한 의미를 부여하려 한 것이지만 이 부분에 한해서는 법원이 인정하지 않았습니다. 그러면서도 법원은 위 42시간이라는 상대적으로 긴 시간에는 큰 의미를 부여하지 않았지요. 왜 그렇게 긴 시간이 필요했는지는 따지지 않은 겁니다. 그저 여전히 김 전 지사가 다녀간 이후 원래 하던 1개의 ID를 이용한 개발로 돌아갔다고 했습니다.

법원이 인정한 사실관계처럼 김 전 지사에게 보여 주려고 갑작스레 3개의 ID를 쓰는 프로그램을 만들었던 것으로 봐야만 하는지에 대한 반론도 가능합니다. 1심 법원은 개발 과정에서 만들어졌던 문서들을 증거로 채택하고 있는데요. 그중에는 '2. 개발/데이터'라는 이름의 폴더에 들어 있는 '더미데이터_1030'이라는 문서가 있습니다. 이 사건에서 더미데이터란 "A가 아직 킹크랩 서버가 개발되기 전에 휴대전화가 서버로부터 받아와야 할 가상의 데이터를 미리 변수로 설정해 놓고 매크로 프로그램을 개발하기 위해 작성한 문서"라고 법원은 정리했습니다. 실제로 서버와 연결해서 테스트하기 전에 그런 과정이 있는 것처럼 프로그램을 작동시키기 위해 만든 가상의 데이터라는 것이지요. 생성 일시가 2016년 10월 30일 19:50이라는 사실에 비춰 보면 날짜를 따서 이름을 지었고요. 그다음 문서는 '더미데이터_1112'입니다. 생성 일시는 2016년 11월 12일, 시각은 17:56입니다. 1기에서 1개, 2기에서 3개, 다시 1개의 ID로 돌아갔던 3기의 로그 기록이 마침 11월 12일 01:57:14에 끝났습니다. 그렇다면 '더미데이터_1030'으로 잡은 개발 계획이 그때까지 실현된 것이고, 이후 '더미데이터_1112'를 작성한 것은 아니었을까요? 그러니까 애초 10월 30일에 잡았던 계획에도 ID를 1개, 3개로 다르게 시험하는 내용이 들어 있었던 것은 아닌가 하는 겁니다. 그 후엔 2016년 11월 19일에 '더미데이터_1119'라는 문서를 만들어 개발을 이어가거든요. 이렇게 나눠 볼 경우 김 전 지사가 방문했던 2016년 11월 9일은 전혀 의미가 없습니다. 애초에 A, B가 예정했던 단계별 개발 문서에 따라 킹크랩 프로그램을 만들었던 것이지, 갑작스레 별도의 시연용 프로토타입을 만든 것이 아닐 수 있습니다. 같은 물리적, 객관적 증거라도 법원과 다르게 볼 수도 있다는 겁니다.

　그래서인지 2심 판결문에도 그런 여지를 두고는 있습니다. "위와 같은 개발 과정에 비춰 보면, 특검 주장 시연 로그를 포함하여 김경수 방문 전후 로그 내역을 개발 과정에서 킹크랩 프로토타입을 구현하고 이후 실제 운용에 대비한 검증, 성능 개선 등을 거쳐 휴대전화 매크로 프로그램을 완성하는, 일련의 테스트 기록이라고 볼 여지가 전혀 없는 것은 아니다"고도 했거든요. 한편 '더미데이터_1030' 때부터, 그러니까 처음부터 김 전 지사에 대한 시연을 염두에 두고 계획을 세웠다고 볼 수도 없을 겁니다. 2016년 10월 30일에는 김 전 지사가 2016년 11월 9일 방문하게 될지는 몰랐거든요. 게다가 개발자 A가 정말 시연을 준비했다면 김 씨에게서 지시를 받아서일 텐데, 그 시점에 대한 관련자들의 진술은 모두 엇갈렸습니다. 김 씨는 경공모 사무실에 김 전 지사가 들렀던 그날 오전에 지시했다고 진술했다가, 다시 방문 2, 3일 전, 다시 일주일 전이라고 오락가락

했습니다. A는 당일 지시를 받았다고 했다가, 며칠 전에 받았다고 진술하기도 했습니다. 각자의 얘기들 자체도, 서로의 얘기도 전혀 일치하지 않았습니다. 무엇보다 10월 30일 이전에 시연을 지시했다거나 받았다는 얘기는 아예 없었습니다.

법률 전문가인 법원의, 프로그램 개발에 관한 판단

물론 법원은 정상적인 개발 과정일 수 있다는 여지를 두었을 뿐 그걸 사실로 인정하지는 않았지요. 오히려 10월 30일에 '더미데이터_1030'을 작성해 놓고도 바로 그에 따른 후속 작업을 하지 않았고, 11월 4일부터는 시연에 필요한 프로토타입을 만드느라 11월 12일에 이르러서야 다음 단계인 '더미데이터_1112'를 만들 수 있었다고 봅니다. 원래의 개발 과정에 없었던, 누군가에게 보여 주기 위한 작업을 하느라 다음 단계가 늦어졌다는 것입니다. 김 전 지사가 ID를 한 개로 쓰는지, 여러 개로 쓰는지 차이까지 알아차릴 수 있다고 여겼다는 것일까요? 킹크랩의 목적은 수작업이 아니라 기계장치를 이용해 자동으로 댓글에 공감이나 반대를 클릭하는 것입니다. 몇 마디 말을 덧붙인다면 ID 한 개를 쓰는 것과 여러 개를 쓰는 것의 차이를 충분히 설명할 수도 있었을 겁니다. 한 개로 시연을 보여 주면 김 전 지사가 성능에 의문을 품었을 것이라고 생각했다는 것일까요? 시연을 하는 동안 김 씨도, A도 말로 설명을 더하지는 않았다고 했습니다. IT 전문가도 아닌 김 전 지사가 눈으로 보면서 그 차이를 알 수는 있었을까요?

그렇다면 2016년 10월 30일에 만들었던 '더미데이터'와 11월 12일 만들어진 '더미데이터', 둘 사이의 차이는 무엇일까요? 법원이 판단한 바와 같이 갑작스레 3개의 ID를 쓰다가 1개의 ID로 돌아갔기 때문일까요? 김 전 지사 측은 다른 얘기를 합니다. 더미데이터_1030을 구현해 내고 테스트하는 과정에서 3개의 ID로 네이버에 접속하는 데는 문제가 없었다는 것이지요. 하지만 그 과정에서 기사에 대해 '좋아요'라고 추천하는 동작이 빠지는 등 보완할 필요성이 생겼다는 겁니다. A는 이 문제를 해결하기 위해 더미데이터_1112를 만들어 테스트했다는 겁니다. 그러니까 3개의 ID를 쓸 때 우려되는 충돌 문제 때문이 아니었다는 겁니다. ID 개수와 상관없는, 다른 문제를 개선하기 위한 새로운 과정이었다는 것이지요. 그렇기 때문에 11월 12일부터 6일 동안에는 1개의 ID를 사용하면서 테스트를 했고, 문제점을 해결한 후 11월 19일부터는 다시 3개의 ID로 다른 부분에 대한 테스트를 시작했다는 겁니다. 법원이 판단한 것처럼 ID 1개로 일단 프로그램 개발에 성공하고, 그걸 전제로 여러 개의 ID를 사용해 보는 식으로 이뤄지지 않았다는 겁니다. 개발 단계와 그 단계의 목적에 따라 1개 또는 3개로 그때그때 달라졌을 뿐이라는 겁니다.

어느 쪽의 판단이 맞을까요? 전문가가 아닌 한 단정할 수 없을 겁니다. 법률 전문가인 재판부 역시 프로그램 개발 전문가라고는 할 수 없겠지요. 재판부가 '일반적'이라고 한 프로그램 개발 방식은 어느 전문가의 증언이나 증거에 의한 것이 아닙니다. 물론 특검이나 김 전 지사는 각자 전문가들의 조언을 들어 주장을 했지요. 그러나 법정에서 직접 검증하는 절차를 따로 거치지 않았습니다. 그럴 것이라는 최종 판단은 온전히 판사의 몫이었습니다.

믿는 것도 믿지 않는 것도
재판부 자유

재판부가 네이버 로그 기록과 개발 문서를 분석한 것만으로 시연이 있었다고 판단한 것은 아니었습니다. 뒷받침했던 것은 그런 객관적 증거들이 무엇을 뜻하는지에 관한 김 씨와 경공모 회원들의 진술이었습니다. 재판부에 따르면 특검이 로그 기록을 제시하기 전부터 김 씨가 김 전 지사에게 시연을 했다고 일관되게 진술했다는 것입니다.

경찰 조사에서는 "당시 보여 준 것은 개발 중인 버전이라 추천을 한 개 찍는 데 30초 이상 걸렸고", "시연에 걸린 시간은 약 2~3분 정도로, 추천을 3~4번 찍는 것을 본 것"이라고 했습니다. 특검 조사에서는 "핸드폰을 켜서 작동시키니까 처음에 네이버 로그인 화면이 뜨고, 자동으로 로그인이 돼서 로그인된 화면이 떴습니다. 이어서 기사 화면이 뜨고, 댓글 위치로 이동을 한 다음에, 공감을 클릭했다는 메시지가 떴습니다. 그다음에 자동으로 로그아웃되어서 다시 처음 로그인을 하는 화면이 떴습니다. 그리고 한 번 더 반복이 되었습니다. 초기 모델이라 속도가 느려서 1분 이상 걸렸고 두 번 반복이 되었습니다"라고 했지요. 김 씨를 비롯한 회원들이 로그 기록에 관한 증거가 나오기 전부터 시연이 있었다고 미리 진술했던 점이 법원으로 하여금 그런 판단을 하는 데 영향을 준 겁니다. 먼저 했던 말에 맞는 물증이 뒤 이어 나온 셈이니까요. 그렇게 볼 수 있다는 점을 부인할 수는 없습니다.

재판부는 이런 진술을 뒷받침하는 증거로 김 씨가 작성했던 옥중 노트도 인용하지요. 이 옥중 노트는 앞서 그대로 옮겨 놓기도 했는데요. 김 전 지사가 경공모 사무실을 방문했을 때의 상황에 대해 '1. 강의장에서 드루킹이 킹크랩 관련 김경수에게 브리핑함 2. A에게 킹크랩 프로토타입(모바일폰)을 가져와서 구동해 김 의원에게 보여 드리라고 지시함'이라고 적어 놓았다는 것이지요. 재판부가 보기에 옥중 노트의 내용은 '강의장에서', '프로토타입', '모바일폰', '구동' 등으로 매우 구체적이고 현실적이라고 합니다. 그러면서 김 씨의 의도를 이런 식으로 추측합니다. 만약 무고한 김 전 지사를 댓글 조작 사건의 공범으로 끌어들일 의도로 처음부터 허위의 사실을 조작하려고 했으면 그렇게 기록하지 않았을 것이라고요. 그저 김 전 지사를 만난 자리에서 말로 킹크랩 개발 및 운용에 관한 허락을 받았고, 함께 있던 사람들도 그걸 들었다는 식으로 하는 편이 훨씬 쉬웠을 것이라고 합니다. 굳이 '시연'이라는 특별한 이벤트를 지어낼 이유가 없다는 것이지요.

정말 그렇게만 봐야 할까요? 김 씨는 실제로 킹크랩 개발을 지시했고, 운영해서 불법적인 댓글 작업을 했던 인물입니다. 저런 단어들을 쓰는 일이 어렵지는 않았을 겁니다. 판사에게는 옥중 노트에 쓰인 단어들이 흔히 접할 수 없는 단어들이었지만 김 씨에게는 아니었습니다. 더구나 김 씨는 재판부의 판단과 달리 나중에 허위로 드러난 사실에 대해서도 매우 구체적이고 현실적으로 주장하기도 했습니다. 앞서 김 씨가 옥중 노트에 적은 내용을 믿어야 할지 '공모'에 관해 다루면서 자세히 소개했는데요. 초기 수사 과정에서 김 씨는 경찰 조사에 응하지 않으면서, 자신이 입을 열기 전까지는 다른 경공모 회원들도 진술을 거부할 것이라고 했지요. 실제로 김 씨의 변호인이 다른 회원들을 방문한 이후에야 이들은 조사에 응하기 시작했습니다. 이후 구속된 다른 회원들의 방에서 비슷한 내용의 메모들이 발견됐습니다. 김 전 지사에게서 격려금을 받았다거나, 고개를 끄덕이는 것으로 허락을 받았다는 내용이 있었던 바로 그 옥중 노트입니다. 5만 원권 20장을 받았고, 양복 상의에서 꺼내주었다는 식으로 역시 매우 구체적이고 현실적입니다.

하지만 2심 재판부는 공모에 관해서는 이들의 진술을 믿지 못하겠다고 했습니다. 김 씨가 스스로 진술할 내용을 미리 정리해 반복한 말을 믿을 수 없다고 했습니다. 다른 회원들의 말 역시 신빙성이 없다면서 '공모'에 관해 그들의 말을 믿고 내린 1심 재판부의 판단이 잘못됐다고 봤습니다. 그럼에도 2심 재판부는 같은 옥중 노트에 적혀 있는 시연에 관한 내용은 믿을 수 있다고 한 겁니다. 그걸 뒷받침하는 증거로 김 전 지사가 방문하기 직전에 작성된 온라인 정보 보고, 김 전 지사에게 킹크랩에 관한 기능을 보고했다는 취지의 문구가 적힌 문서 등을 들기도 합니다. 그러나 그것들도 결국 김 씨가 작성한 문서, 김 씨가 다른 회원들에게 한 말들로 반복된 것들이 었을 뿐입니다. 시연을 한 당사자라고 주장하는 A는 수사 초기 그런 사실이 없다고도 했습니다. 그러다가 김 씨의 변호인을 만난 다음부터 옥중 노트의 내용에 따른 진술을 시작했거든요. 그런데도 재판부는 "그들의 진술 전체를 무로 돌릴 수는 없다"고 했습니다. 객관적인 증거와 다른 진술에 대해서도 역시 마찬가지였습니다.

앞서 본 바와 같이 로그 기록이 확인되기 전에 A의 시연과 관련하여 한 진술 중 시연에 사용한 ID의 개수라든가 킹크랩 프로토타입에서 클릭한 댓글의 개수 등은 실제 로그 내역과는 부합하지 않았지만, 이러한 진술들은 시간의 흐름에 따라 기억이 흐릿해진 당연한 결과로 충분히 해석할 수 있다.

재판부는 킹크랩 프로토타입을 시연했다는 김 씨, A의 일관된 진술을 "믿지 않을 수 없다"고 하면서 김 전 지사가 시연을 참관한 사실이 합리적 의심 없이 증명됐다고 밝힙니다. 물론 그렇게 볼 수 있습니다. 하지만 여전히 이해하기 어려운, 합리적으로 의심해 볼 수도 있을 만한 상황은 더 있습니다. 그중 중요한 몇 가지를 살펴보겠습니다.

엉성했던 법정에서의
프로그램 재연

2심 법정에서 특검은 네이버 로그 기록을 바탕으로 김 전 지사가 방문했을 당시의 킹크랩 프로그램을 직접 재연했습니다. 그 결과 누군가에게 보여 주기 위한 시연으로는 너무나 조악한 상황이 펼쳐졌지요. 개발자인 A는 "시연을 할 때는 확실하게 성공이 되는 것을 보여 주어야 했기 때문에 휴대폰에서만 동작하는 것을 보여 주었던 것 같습니다"라고 했는데요. 특검이 실제로 재연한 동작은 그렇지 않았습니다. '공감'을 클릭했는데 공감 숫자는 거꾸로 줄어들었습니다. 기사에 '좋아요'라는 동작을 해야 했는데 빠지기도 했지요.

재판부 역시 이런 상황을 인정한 나머지 판결문에도 킹크랩 프로토타입에 대해 "변호인이 인정하고 있는 바와 같은 아주 조잡하고 단순하여 시연이라고 부르기에도 민망한 수준"이라고 썼습니다. 불법 댓글 작업을 하자는 제안을 하기 위해 그런 수준의 프로그램을 보여 줬다고 믿어야 할까요? 아니지요. 김 씨에게는 보다 중요한, 숨은 목적이 있었지요. 유력 정치인인 김 전 지사에게 특별한 존재로 부각돼 추후 자신의 목적에 필요한 협조를 얻어 내려는 것 말입니다. 그런 중요한 손님에게 오류가 반복되는 프로그램으로 믿음을 얻으려 했다는 것일까요? 그걸 본 김 전 지사가 대선 정국에서 온라인 여론 조성을 전적으로 김 씨에게 맡겼다고 할 수 있을까요? 하기야 김 씨는 그런 수준의 시연을 보여 줬다고 하면서도 당시 김 전 지사가 이를 보고 "매우 기뻐하는 것으로 보였습니다"라고 주장했습니다. 프로토타입이나마 김 전 지사에게 보여 줄 만큼 완성된 프로그램이 있었던 것이 아니라, 여전히 테스트 단계였던 것으로 판단하는 것이 더욱 합리적이지 않을까요?

공식적으로 재판부에 반론으로 제기하지는 않았지만 변호인단에서는 이런 가능성을 검토하기도 했다는데요. 김 씨와 A가 실제로 킹크랩 시연을 준비했을 수 있다는 겁니다. 김 전 지사에게 도움이 되는 존재라는 사실을 증명하기 위해서요. 그런데 어떤 사정으로 시연이 이뤄지지 못했을 수 있고요. 16분이라는 로그 기록은 김 전 지사에게 보여 줬던 것이 아니라, 개발자 A가 당일 테스트를 했던 흔적일 수 있다는 것이지요. 물론 A는 테스트라면 그렇게 긴 시간이 필요하지 않았을 것이라고 했지만 거꾸로 생각해 볼 수도 있는 겁니다. 그렇게 중요한 시연이었기 때문에 평소보다 길게 점검했을 가능성도 있지 않겠습니까? 물론 이는 어디까지나 가설이지만 그렇지 않다는 증거 역시 없습니다. 다른 가능성을 인정할 수 있다면 의심할 여지없이 증명됐다고 하기 어렵지 않을까요? 시연이 없었더라도 김 씨 스스로는 브리핑이나 그 후에 보낸 온라인 정보 보고를 통해 김 전 지사가 킹크랩에 관해 알고 있을 것으로 여겼을 수도 있고요. 여러 가지 해석이 가능합니다.

하지만 법원은 다른 가능성 그 자체에 대해서도 입증하기를 요구했던 것으로 보입니다. 그럴 수도 있다는 정도가 아니라, 특검의 주장과는 다른 사실이 있었다고 증명해 내야 했다는 것이지요. '의심할 여지가 없는' 정도로 피고인이 억울함을 풀어내야 한다고 말입니다.

재판부가 직접 재구성한
그날

한편 2심 재판부가 '시연'이었다고 판단한 네이버 로그 기록에 따르면 킹크랩 프로그램은 네이버에 접속해, 클릭을 하고, 정보를 보고하는 일련의 단계를 마치기 전에 갑작스럽게 종료됐습니다. 이를 두고 2심 재판부는 '예외적인 상황'이라면서 특별한 의미를 부여합니다. 우선 개발자 A의 진술을 인용하는데요. "휴대전화 버튼을 누르면 바로 킹크랩 프로그램이 실행될 수 있도록 해 둔 상태에서 피고인과 김 씨가 있던 강의장으로 들어가 버튼을 눌러 킹크랩 프로그램이 작동하도록 한 다음 김 씨가 잠시 나가 있으라고 하여 휴대전화를 강의장에 놓아두고 밖으로 나왔다", "김 씨가 자신을 불러 다시 강의장으로 들어가 킹크랩 프로그램이 작동 중이던 휴대전화를 들고 나왔다"는 것입니다.

김 씨는 김 전 지사와 단둘이 남은 강의장에서 시연이 이뤄졌다고 했는데요. A를 불러 킹크랩이 작동하는 휴대전화를 가져오도록 했고, 김 전 지사에게 보여 준 다음 다시 가져가도록 했다는 것이지요. A가 가지고 나가면서 휴대전화 화면을 껐기 때문에 프로그램이 실행 도중 갑작스레 중단된 것이라고 법원은 판단한 것입니다. 판결문에는 "예정되어 있지 않던 외부 요인에 의한 프로그램의 예외적인 중단 상황"이라고 표현돼 있지요. A가 휴대전화 자체를 갑작스레 껐기 때문에 진행되던 프로그램이 중간에 끊겼다는 겁니다. 재판부는 당시 A가 강의장 바깥의 PC로 다른 일을 하고 있다가 김 씨가 불러 휴대전화를 회수했기 때문에 그런 일이 벌어졌다고 해석했습니다. 시연이 이뤄진 게 아니라 A가 휴대전화로 모종의 테스트를 한 것이라면 프로그램이 중단되지 않았을 것으로 본 것이지요.

물론 그렇게 볼 수도 있습니다. 하지만 보다 쉬운 추론도 가능할 것입니다. PC 혹은 휴대전화로 무엇인가 작업을 하고 있었는데 이유를 알 수 없이 멈췄던 경험이 보다 일반적이지 않을까요? 프로토타입이었거나 개발 중이었거나 어찌 됐든 완전히 개발이 끝나지 않은 프로그램이었으니 더더욱 멈추는 일은 잦았을 겁니다. 실제로 네이버 로그 기록에는 한 번의 동작이 이뤄지기 전에 실행이 중단된 사례가 너무나 많았습니다.

전문가의 판단을
거부한 법원

대법원은 법원 판단과 다른 사정이 있을 수 있다는 합리적인 의문의 기준을 이렇게 세웠습니다.

단순히 관념적인 의심이나 추상적인 가능성에 기초한 의심이 아니라 논리와 경험칙에 기하여 요증사실*과 양립할 수 없는 사실의 개연성에 대한 합리성 있는 의문(대법원 2004. 6. 25. 선고 2004도2221판결 등 참조)

김 전 지사 측은 재판 과정에서 그런 의문을 제기한 것 아닐까요? 로그 기록이 남은 이유가 재판부의 판단과는 다른 상황으로 인한 것일 수는 없을까요? 프로그램을 개발할 때는 먼저 1개의 ID로 하는 방식이 통상적이라는 근거는 A가 법정에서 주장한 진술이었습니다. 하지만 A는 김 전 지사에게 시연을 했다는 시기 이전에 스스로 작성한 개발 시나리오인 '더미데이터_1023'과 '더미데이터_1030'을 3개의 ID를 사용하는 것으로 했었습니다. 재판부 역시 "1개 ID에 의한 개발이 항상 일반적이라고 단정할 수 없다는 것도 자명하다"고 했습니다. 그렇다면 어느 쪽 주장이 옳은지에 관한 판단을 하기 전에 전문가의 증언을 들어 보거나, 네이버 로그 기록을 전문 기관에 보내 그 정확한 의미를 검증해 봤어야 할 것입니다. 하지만 법원은 그렇게 하지 않았습니다.

왜 그랬을까요? 어떤 증거를 재판에 반영해 달라고 요청하는 피고인과 이를 받아들이지 않는 판사와의 갈등은 김 전 지사 사건에

---

* 증명을 필요로 하는 사실. 민사소송법에서는 다툼이 없는 사실 및 현저한 사실 이외의 주요 사실을 가리키며, 형사소송법에서는 엄격한 증명을 필요로 하는 사실을 가리킨다.

김경수, 댓글 조작, 뒤집힌 진실

서만 있었던 일은 아닙니다. 실제 형사재판이 벌어지는 법정에서 종종 볼 수 있는 비교적 흔한 일입니다. 무죄를 다투는 피고인으로서는 억울함을 밝혀줄 수 있다고 여겨지는 증거를 하나라도 더 판사가 검토해 주기를 바라는데요. 판사는 그렇지 않습니다. 왜일까요? 극히 현실적인 어려움이 있기는 합니다.

보통 형사재판은 한 달에 한 번 정도 열리는데요. 피고인이 예정에 없던 증거 하나를 더 내밀면 재판의 결론이 적어도 한 달 뒤로 미뤄지는 겁니다. 판사 입장에서는 업무가 하나 더 쌓이는 셈이고요. 만약 검사의 주장과 증거로 이미 유죄 심증을 굳힌 상태라면 부질없는 일처럼 여겨질 수 있습니다. 형식적으로 몇 차례 받아들이는 것도 한계가 있지요. 판사는 대개 2년 단위로 다른 법원으로 인사이동을 하는데요. 결론을 내리지 못한 사건들을 다른 판사에게 남겨 두는 일은 '민폐'가 됩니다. 무죄를 인정할 만한 아주 결정적인 단서가 아닌 한 무작정 이런저런 증거들을 다 기다리지 못하는 겁니다. 그걸 남용해 이런저런 핑계로 시간을 끄는 피고인이 있는 것도 사실이고요.

현실적인 어려움이 재판을 끝내야 하는 이유가 된다면, 피고인으로서는 아주 억울할 수 있습니다. 우리 법은 수사 과정에서 사건에 관련된 기록들을 보여 주지 않거든요. 몇 달 이상 경찰, 검찰이 유죄를 입증하기 위해 공들여 정리해 놓은 증거들, 그것도 피고인에게 유리한 것들은 빠져 있기 쉬운 증거들을 재판에 넘긴 다음에야 비로소 마주합니다. 그때부터 그걸 뒤집기 위한 노력을 해야 합니다. 검찰이 일단 공소를 제기하면 법원에서는 원활한 재판 진행을 위해 정식 재판 이전에 준비기일이라는 과정을 거치는데요. 앞으로 어떠어떠한 주장과 증거를 내놓겠다는 걸 검찰과 피고인이 정리해 판사와 함께 재판 계획을 세우는 겁니다. 어떤 증거를 살펴보고, 누구를 증인으로 할지를 개략적으로 따져 몇 번이나 재판을 해야 하는지 가늠해 보는 건데요. 피고인으로서는 그런 준비기일을 준비할 시간 자체가 부족하기 쉽습니다.

김 전 지사 사건을 예로 들면 기록만 3만 페이지가 넘었거든요. 네이버 로그 기록의 의미를 다툴 수 있는 디지털 자료들은 2심 재판 후반부에야 확보할 수 있었습니다. 추측이지만 판사로서는 재판을 정리하고 판결을 내릴 시기가 한참 지났을 때입니다. 반면 김 전 지사 입장에서는 그제야 비로소 다툴 거리를 찾았을 수도 있고요. 법원을 통한 검증을 하자면 다시 몇 달이 필요했지만, 그럴 기회가 주어지지 않은 겁니다. 무죄를 입증할 수 있는 결정적인 증거인지 아닌지는 사실 따져 봐야 아는 것이었고요.

이런 상황은 다른 형사재판이라고 크게 다를 수 없습니다. 수사기관이 몇 년, 몇십 년을 거쳐 끝까지 범죄자를 찾아내는 일은 종종 언론을 통해 미담으로 알려집니다. 미담 맞습니다. 다만 개인적인 노력뿐만 아니라 그걸 가능하게 한 공권력이 배후에 있지요. 확정 판결을 받은 피고인이 억울하다면 누구에게 어떤 도움을 받을 수 있을까요? 재심이라는 제도를 떠올릴 수 있겠지만, 수감된 몸으로 어떤 일을 얼마나 할 수 있을까요? 그동안 생계는 누가 책임져 줄 수 있겠습니까? 어떻게든 형사재판 절차에서 충분한 기회가 주어져야 하지 않을까요? 몇 년, 몇십 년이 걸리더라도 말입니다. 그러려면 판사 수를 늘린다든가 하는 법원 구조 자체를 바꾸는 일이 필요할 텐데요. 가뜩이나 범죄를 저질렀다고 의심받고 있는 개인의 목소리는 너무 미약하지요. 그렇게 묻히고 묻히는 사이 억울한 사연이 쌓일 수 있습니다.

한편 2심 판결문에는 '일반적', '통상'과 같은 단어들이 종종 등장하는데요. 프로그램 개발 단계를 이해하는 일이 결코 일반적인 일은 아닐 겁니다. 판사 역시 컴퓨터 전공자는 아닐 텐데요. 그럼에도 일반적으로 알기 어려운 복잡한 프로그램 관련 용어들까지 사용하면서 판결문을 정리해 냈습니다. 읽다 보면 어떻게 이런 것들까지 분석하고 판단했는지 감탄스럽기까지 하지요. 사법시험도, 사법연수원도 우수한 성적으로 통과했을 만합니다. 법조계에서 성적은 법조인으로서의 경력에 결정적인 역할을 한다고 했지요. 적어도 객관적 조건으로 따지면 그들에게 행복은 성적순입니다. 어쩌면 그래서 문제일 수도 있지 않을까요? 전문가의 검증을 받아 보지 않아도 된다고 여길 만큼 스스로를 자신했던 것은 아닌지 말입니다. 판사의 성적이 좋았다는 사실이 그로부터 재판을 받는 국민의 행복까지 담보하지는 못하는 것 아닐까요? 어떻게 생각하십니까?

윤영태 변호사 인터뷰

객관적인 디지털 증거에 대한 주관적인 시선

— 디지털 증거에 관한 변론

김 전 지사 사건에는 디지털 증거가 많이 등장했습니다. 혐의 사실 자체가 드루킹이라 불렸던 김 씨의 컴퓨터등장애업무방해를 김 전 지사가 함께했다는 것이었고요. 법원이 공범을 인정하는 데 결정적인 근거로 판단한 것이 매크로 프로그램인 킹크랩 시연을 김 전 지사가 봤다는 것이기 때문입니다. 이와 관련해 변호인단에서 기술적인 부분을 담당했던 윤영태 변호사의 이야기를 들어 봤습니다. 윤 변호사는 서울대학교 법학과를 졸업하고 IT 분야에서 8년 이상 프로그램 개발 업무에 종사하다 다시 법조인의 길로 들어선 이력을 가졌습니다. 윤 변호사는 디지털 증거에 관한 2심 재판부의 해석을 도저히 받아들일 수 없다고 강조했습니다.

킹크랩 시연이 김 전 지사가 유죄판결을 받는 데 결정적인 요인이었던 것으로 보입니다. 김 전 지사는 직접 댓글 순위 작업을 하지는 않았지만, 김 씨에게서 댓글 기계에 관한 브리핑을 받았고, 직접 시연을 봤으며, 시연을 봤기 때문에 악수라는 어쩌면 정치인으로서는 지극히 의례적인 행동을 했습니다. 그러나 이는 범죄의 공모에 해당했고, 시연을 봤기 때문에 김 씨가 보내온 기사 목록, 온라인 정보 보고에 대꾸하지 않았어도 범죄의 실행을 함께했다는 것이 법원의 논리였는데요. 정말로 킹크랩 시연이 있었느냐와 관련해 가장 중요한 증거가 네이버 로그 기록이었던 것이죠?

그렇습니다. 로그 기록과 함께 개발 과정에서 생산된 다양한 디지털 증거를 종합해서 봐야 합니다. 킹크랩이라는 매크로 프로그램을 이용해 네이버에 접속했던 흔적이 로그 기록이고요. 그 흔적이 어떤 의미가 있느냐는 다른 증거들과 함께 판단해야 합니다.

다른 증거들이라면 킹크랩 개발자들이 작성한 개발 일정, 개발에 필요했던 더미데이터 같은 것들을 가리키는 것인가요?

그렇습니다. 1심 재판 과정에서는 모든 자료가 드러나지 않았는데요. 특히 킹크랩의 서버와 네트워크 통신 부분을 담당했던 B가 사용했던 노트북에 남겨져 있던 자료들이 중요했습니다. 암호화가 돼 있어 1심에서는 들여다보지 못했던 많은 내용이 2심 재판 후반부에 이르러 법정에 쏟아져 나왔습니다. 그 덕분에 1심에서 킹크랩 시연이 있었다고 인정했던 근거들은 대부분 사실이 아닌 것으로 밝혀졌다고 봅니다.

1심과 2심 재판부의 판단 근거가 달랐다는 말씀인데요. 1심에서 인정했던 사실관계 중 어떤 부분들이 달라진 겁니까?

가장 대표적으로 킹크랩 개발 시점을 들 수 있습니다. 1심에서는 김 전 지사에게 킹크랩 시연을 하기 전에는 개발 자체가 본격적으로 이뤄지지 않았다고 했습니다. 2016년 11월 4일부터 보여 주기 위한 프로토타입 정도를 만들었다가, 같은 달 9일 김 전 지사가 경공모 사무실을 방문했을 때 시연을 했고, 킹크랩 개발 및 운영에 대한 승인을 받은 이후에야 본격적인 개발에 들어갔다는 것이지요. 논리적으로는 1심의 판단이 그럴듯해 보입니다. 하지만 이는 사실과 다르다는 것이 2심 재판에서 드러났습니다.

앞서 말씀드린 B의 노트북에는 개발 일정이 자세하게 기록돼 있는데요. 개발자 A, B 등은 2016년 10월 16일 1차 개발 회의를 시작으로 총 8차례 개발 회의를 진행했습니다. 1차 개발 회의 무렵은 김 전 지사가 경공모 사무실을 방문할 것인지 아닌지조차 정해지지 않았던 때이지요. 김 전 지사와 무관하게 개발을 시작한 것입니다. 나아가 회의 일지에 따르면 김 전 지사가 방문했던 날은 특별한 날이 아니었고요. 이미 상당 부분 개발이 진척돼 있었던 시점입니다. 김 전 지사의 승인을 받아 킹크랩 개발을 시작했던 것이 아니라, 김 전 지사와 무관하게 김 씨가 추진했던 일이라고 볼 수 있습니다.

그렇다면 김 전 지사가 방문했을 당시 킹크랩 프로그램을 이용해 네이버에 접속했다는 흔적, 이른바 로그 기록만으로 시연이 있었다는 사실을 증명하기는 어렵다고 보시는 건가요?

그렇습니다. 일정상 특별한 날이 아니었으니까요. 2심 재판부도 그런 사실을 인정하고 있습니다. 1심의 판단과 비교하면 명백한데요. 1심에서는 로그 기록 그 자체로 누군가에게 네이버 등 포털 사이트 뉴스 기사 댓글에 대한 공감/비공감 클릭을 자동으로 할 수 있다는 점을 '보여 주기 위해' 실행된 것이라는 점을 충분히 알 수 있다고 했습니다. 반면 2심에서는 개발 과정에서 킹크랩 프로토타입을 구현하고 이후 실제 운용에 대비한 검증, 성능 개선 등을 거쳐 휴대전화 매크로 프로그램을 완성하는, 일련의 테스트 기록이라고 볼 여지가 전혀 없는 것은 아니라고 했습니다. 그러면서 특정 로그가 시연인지 아니면 개발 과정의 한 단계인지를 구별하는 것은 매우 어려운 일이 분명하다고까지 인정했습니다.

형사재판에서 유죄를 인정하기 위해서는 합리적인 의심의 여지가 없어야 합니다. 말씀하신 대로라면 로그 기록 그 자체로는 시연이 있었다는 사실을 증명하지 못한다는 것인데요. 2심 재판부는 어떤 근거로 시연 사실을 인정한 것인가요?

개발자 A의 진술이 결정적이었습니다. 수사 과정과 재판 과정에서 했던 A의 진술이 통상적인 개발 과정에 들어맞고, 특별한 모순도 없다는 것이었지요. 그러나 A의 진술을 그렇게 봐야 하는지는 의문입니다. A는 드루킹이라 불렸던 김 씨의 옥중 노트를 전달받은 다음부터 시연에 관한 진술을 시작했습니다. 아시다시피 그 옥중 노트의 내용에 관해서는 2심 재판부도 상당 부분 사실이 아니라고 했습니다. 김 전 지사가 격려금으로 5만원권 20장을 줬다거나, 킹크랩 시연을 보고 난 다음 고개를 끄덕였다는 진술들이 허위로 드러났지요. 그런데도 시연을 했다는 부분만 떼어 내서 믿을 수 있다고 보는 것은 모순 아닐까요? A는 킹크랩 개발 과정, 시연에서 있었다는 일에 관해 여러 차례 진술을 번복하기까지 했습니다.

개발자 A가 킹크랩 시연이 있었다고 주장한 시점은 네이버 로그 기록을 확인하기 전이었다고 하는데요. 물증이 나오기 전부터 일관된 주장을 했다는 사실이 2심 재판부에 신뢰를 준 것으로 보입니다. 이에 대해서는 어떻게 봐야 할까요?

일관되고 구체적인 진술에 대해서 보통 법원은 신뢰를 보냅니다. 하지만 A의 진술은 그렇게 보기 어렵다고 생각합니다. 누군가 사람을 해치는 장면을 목격했다고 증언했다 가정해 보세요. 그런데 처음에는 총으로 쐈다고 했고, 다음에는 칼로 찔렀다고 했다가, 다시 망치로 때렸다고 하는 겁니다. 살인에 대한 진술로 믿을 수 있을까요? 일관되지 않는다고 봐야 하지 않을까요? A의 진술은 그만큼 구체적인 사실에서 자주 흔들렸습니다. 객관적인 사실과 맞지 않는 내용도 있었는데요. 시연 시간에 대해 A는 5분 정도였다고 했습니다. 이에 반해 특검이 로그 기록에 근거해 주장한 시간은 16분가량입니다. 재판부는 이를 두고도 시간이 오래 흘러 기억이 흐려질 수 있다는 정도로 대수롭지 않게 여겼는데요. 그렇게 여길 만큼 작은 차이일까요?

로그 기록 분석 부분에 관한 2심 판결문을 읽으면서 조금은 감탄스럽기까지 했는데요. 법률 전문가이지만 IT 전공은 아닐 텐데 어떻게 판사가 이런 내용까지 전문 용어로 정리했는지 모르겠더라고요. 작성 과정에서 별도로 전문가의 도움을 받았던 것일까요?

판결문에서 로그 기록에 관해 정리한 도표와 용어가 변호인단이 제출했던 의견서와 일치합니다. 상당 부분을 변호인 의견서에서 차용해 판결문을 작성한 겁니다. 판사들이 IT전문가는 아니고요. 검찰이나 변호인이 제출한 서류를 인용하는 일이 드문 것도 아닙니다. 다만 이 사건의 경우 디지털 증거가 뜻하는 객관적인 사실을 정리하기 위해 변호인 의견서를 인용했는데, 그렇게 드러난 객관적인 사실을 근거로 한 결론은 정반대로 내린 것이지요. 그 원인은 앞서 말씀드린 대로 개발자의 진술을 전적으로 신뢰했기 때문이고요. 그 밖에 별도로 전문가의 도움을 받은 것은 아닙니다.

2심 판결문을 보면 일반적, 통상적이라는 단어들이 눈에 띄는데요.

킹크랩 개발 과정에서 1개의 아이디를 사용하다가 안정이 되면 2개, 3개로 늘려가는 것이 통상적이라고 했던 문장을 예로 들 수 있을 것으로 보입니다. 프로그램 개발자가 아니다 보니 재판부의 이런 판단이 옳은 것인지 잘 모르겠습니다. 어떤 근거로 이런 판단을 했을까요?

알 수가 없습니다. 재판부의 일방적인 추측이라고 여겨집니다. 개발자라면 아이디 1개를 사용해 킹크랩을 구현한 다음, 잘 가동되면 개수를 늘려가는 방식에 대해 쉽게 공감하지 않을 겁니다. 킹크랩은 처음부터 한꺼번에 여러 개의 아이디를 사용해 공감/비공감 클릭을 동시에 진행하는 것이 목표입니다. 개발을 시작할 때부터 여러 개의 아이디를 사용해도 서로 충돌하지 않도록 하는 것이 우선입니다. 개발자 A의 개발 일정에 따르더라도 이미 2016년 10월 21일부터 3개의 아이디로 동작하는 시나리오로 문서를 작성했습니다. 거듭 말씀 드리지만 당시는 김 전 지사의 경공모 사무실 방문 여부가 정해지지 않았던 때입니다.

이 점만 생각해 보더라도 김 전 지사에게 보여 주기 위해 1개의 아이디를 쓰다 갑자기 3개의 아이디를 쓰는 프로토타입을 만들었다고 보기 어렵습니다. 아이디 숫자 변경이 시연 근거라는 것은 재판부 추측이었습니다. 재판을 진행하는 과정에서 변호인단은 관련 자료들을 복수의 프로그램 개발자에게 보여 주기도 했는데요. 아무런 사전 설명을 하지 않았고요. 어느 누구도 시연용으로 따로 무엇인가를 만들었던 흔적이라고 보지 않았습니다.

재판부는 개발 전문가에 의한 별도의 검토를 하지 않았다는 말씀인가요? 전문 분야에 관한 재판을 할 때는 전문가 증인을 채택해 의견을 묻기도 하는 걸로 알고 있습니다.

1심, 2심 모두 그런 과정을 허용하지 않았습니다. 변호인단이 자체적으로 실시한 조사는 법적 증거가 될 수는 없지요. 법원을 통해 전문가 증인 신문이나 검증을 해 달라고 요청했지만 받아들여지지 않았습니다. 재판부가 독자적으로 충분히 판단할 수 있다고 본 것입니다. 그런데 디지털 증거가 뜻하는 사실을 재판부가 막연하게 추측한 나머지 2심 판결문은 그 자체로 서로 충돌하는 판단들을 담고 있기도 합니다. 판결문에 따르면 개발자 A는 2016년 10월 30일 더미데이터를 작성한 이후 2016년 11월 7일까지 그 더미데이터를 구현하는 데 몰두했다고 합니다. 이는 개발 일지와 로그 기록이라는 객관적인 자료가 가리키고 있는 겁니다. 변호인단이 정리한 의견을 받아들인 것이기도 한데요. 그러면서 판결문은 다른 부분에서 A가 2016년 11월 4일부터는 본래의 개발 계획과 동떨어진 시연용 프로토타입을 만드는 데 몰두했다고 합니다. 이는 개발자 A의 진술을 그대로 받아들인 나머지 나온 판단일 것입니다.

  판결문 스스로 모순을 드러내 보이는 겁니다. 같은 판결문 안에서 본래 개발 계획에 따른 더미데이터 구현에 몰두했다는 사실과,

그와 동떨어진 시연용 프로토타입 개발에 몰두했다는 사실, 동시에 이루어질 수 없는 두 가지를 인정한 것입니다. 항소심 판결은 양립할 수 없는 두 가지 사실을 동시에 인정한 잘못이 있다고 봐야 합니다.

판결문을 읽으면 재판부가 시연이 있었다고 하던 시점에서의 상황에 관해 대단히 자세하게 검토하고 있는데요. 예를 들어 김 전 지사가 경공모 사무실을 방문했던 2016년 11월 9일 오후 8시 20분부터 3분가량 같은 아이디로 휴대폰과 PC로 동시에 접속했던 로그 기록에 관한 설명 같은 것입니다. 이에 관해 2심 재판부는 킹크랩 프로그램의 중단 시점과 로그 기록을 대조해 설명했는데요. 개발자 A가 시연이 끝나기를 기다리며 강의장 주변에서 PC로 댓글 작업을 하다가 휴대전화를 다시 가져가라는 호출을 받고 킹크랩 프로그램 실행 중인 휴대전화를 받아 왔다는 겁니다. 화면을 꺼지게 한 다음 이를 자신의 PC 근처에 놓고 다시 작업을 시작했다가 비로소 중복 접속을 깨닫고 로그아웃을 했다고 설명했는데요. 그 바람에 25~26초 동안 아무런 작업 내역이 기록되지 않았다는 것이지요. 이런 부분도 재판부의 일방적인 추측이라고 주장하는 겁니까?

그렇습니다. 그런 정도의 시간 동안 작업이 중단됐던 로그 기록은 얼마든지 있습니다. 정말로 26초 동안 재판부가 적은 일이 있었을까요? 그 짧은 시간에 강의장에 있던 김 씨가 A를 부르고, A는 강의장에 들어가 휴대폰을 회수해 킹크랩 프로그램을 멈추고, 다시 자기 자리로 돌아와 PC로 일을 하려다가 중복 접속을 깨닫고 로그아웃을 했다는 것일까요? 무엇보다 A는 증인신문 과정에서 강의장에 들어가 휴대폰을 회수해 전원 버튼을 눌렀더라도 킹크랩 프로그램이 즉시 멈추는 것은 아니고 몇 분 가량이 흘렀어야 했다고 진술했습니다. 재판부의 설명은 A의 진술과도 맞지 않는 무리한 추측이라고 할 것입니다. 더구나 이런 사실은 특검조차 주장하지 않았고, 개발자 A의 진술에도 등장하지 않습니다. 오로지 항소심 판결문에 최초로 나오는 것입니다. 이는 '시연'이 있었다는 사실을 인정하는 과정에서 항소심 재판부가 부족한 근거를 메우기 위해 가설을 세운 것으로 보입니다.

말씀하신 대로라면 판결문 그 자체가 사실인정에 관한 문제점들을 담고 있는데요. 대법원은 김 전 지사의 상고를 받아들이지 않았습니다. 2심 재판부의 판단에 아무런 잘못이 없다고 했지요. 어떻게 된 일일까요?

예상과 전혀 다른 결론이었습니다. 판결문을 꼼꼼히 검토만 했어도 문제를 충분히 발견할 수 있으리라 기대했습니다. 상고심인 대법원은 원칙적으로 하급심의 사실인정에 관한 부분을 존중합니다. 하지만 항소심 판결문 자체에 모순이 있었고, 변호인단이 이를 상고 이유에서 명확하게 제시했는데도 대법원이 이에 대한 판단을 전혀 하지 않은 것은 참으로 안타까운 일입니다. 법률적으로는 그 이유를 모르겠습니다.

IV

일그러진
시간과
공간

항구를 떠나는 유람선이 있습니다. 갑판 위에는 여행으로 들뜬 관광객들이 오가고 있지요. 항구를 배경으로 셀카를 찍는 사람, 선미와 선실 사이 탐색에 나선 사람, 드넓게 다가오는 바다에 그윽한 시선을 보내는 사람…… 분주한 움직임들이지요. 반대로 항구에서 유람선을 보면 어떨까요? 뭉뚱그려 한 방향으로 떠나가고 있지요. 움직임이란 그렇게 상대적입니다. 시선을 조금 더 높이 올려 볼까요? 해발 3만 2,000킬로미터 인공위성에서 아래를 내려다봅시다. 영화나 다큐멘터리에서 아마 본 기억이 있으실 겁니다. 커다랗고 둥근 초록색 놀이기구 위에서 사람들은 1초에 30킬로미터 속도로 빙빙 돌고 있을 겁니다. 하지만 지구에 가만히 서 있는 사람 입장에서는 그저 가만히 있을 뿐이죠. 어디서 바라보느냐, 무엇과 비교하느냐에 따라 움직임은 달라지는 겁니다.

아인슈타인은 이런 원칙의 예외를 찾아냈습니다. 빛만은 누가 보든 안 보든 어디에서나 항상 1초에 30만 킬로미터의 속력으로 움직이고 있다는 사실을요. 그 밖의 모든 것, 시공간조차 상대적이라는 사실을요. 빛의 속도에 가깝게 움직이면 시간은 느려지고, 거리는 짧아지거든요. 실제로 날아가는 비행기에 실린 시계가 지상에 머무는 시계보다 느리게 간다는 사실을 확인했습니다. 인간들은 같은 시간대라는 배에 타고 있어서 느낄 수 없을 뿐입니다. 살짝 어지러우세요? 아인슈타인에게 그렇게 불평한 사람이 있었습니다. 쉽게 좀 말해 달라고요. 그러자 이런 대답이 돌아왔습니다. "사랑하는 연인과 함께 있는 한 시간은 1분처럼 느껴지겠지요. 뜨거운 난로 옆의 1분은 한 시간 같을 테고요." 법원의 판결대로라면 김경수 전 지사는 아무 말 없이 꺼졌다 켜지는 휴대전화 화면을 최장 16분 동안 바라보았다고 하는데요. 그에게는 어느 정도의 시간으로 느껴졌을까요?

시공간은 상대적이기에 어느 지점인가에서는 공간을 오가는 것처럼 시간 역시 오갈 수 있습니다. '지점'이나 '오간다'는 표현이 정확하지는 않지만 말의 한계를 넘을 수가 없네요. 인간은 모두 같은 시간대라는 배에 갇혀 있어서 언어로는 표현이 어렵습니다. 너무나 강한 중력의 작용으로 빛마저 소멸하는 블랙홀이 예가 될 수 있겠네요. 시공간의 구별이 사라진다고 하지요. 우주에 실제로 존재한다는 사실도 확인이 됐습니다. 블랙홀을 통과해 가거나 미래로 간다는 식의 설정을 SF 영화에서 보신 적이 있을 겁니다. 한 발 더 나가 보겠습니다. 시공간이 고정돼 있지 않다면 우주가 1개만 있는 건 아닐 수 있습니다. 평행 우주, 다중 우주에 관한 여러 가지 이론들인데요. 대중적인 이론 하나를 살짝 보겠습니다. 사람은 살면서 매일 선택의 순간을 맞습니다. 어떤 선택은 그 사람의 인생 경로를 바꾸지요. 연인이 배우자로 바뀌거나, 다른 연인을 만나거나, 아이를 낳거나, 반려동물만 키우거나…… 각각의 선택마다 우주가 하나씩 만들어진다는 겁니다. 다른 우주를 살아가는 수많은 '나'가 있다는 거지요.

블록버스터 영화 〈어벤져스〉 시리즈에는 닥터 스트레인지라는 캐릭터가 나오는데요. 우주의 시간을 관장하는 '타임 스톤'을 지키는 수호자입니다. 우주의 절반을 몰살해 버리겠다는 최악의 적과 싸우던 그는 타임 스톤의 능력을 이용해 평행 우주들을 엿봅니다. 손가락 1개를 치켜들고는 '14,000,605분의 1'이라고 말하지요. 단 하나의 승리를 거두기 위해 그 엄청난 확률을 뚫어야 했습니다. 뭐, 영화는 영화일 뿐이니까요. 그런데 잠깐만요. 누군가의 어떤 선택마다 다른 우주가 만들어진다고 했잖아요. 그럼 50억 지구인이 만들어 내는 우주는 도대체 몇 개일까요? 닥터 스트레인지가 말한 1,400만분의 1은 지나치게 낮은 확률이 돼 버립니다. 그래서일까요? 킹크랩 시연이 있었다는 날, 선택은 이미 이뤄졌던 과거의 어느 날인데도 불구하고 특검과 법원은 타임라인을 제대로 구현해 내지 못했습니다. 그런데도 어쨌든 시연은 있었노라고 판단했지요.

평행우주론이 머릿속으로 쏘아 대는 숫자들을 감당하기가 참 어렵습니다. 그래서인지 정반대로 우주를 정의하는 주관적 우주론이 나옵니다. 객관적으로 존재하는 우주라는 실체가 바깥에 따로 있지 않다는 겁니다. 인간 의식이 겪고 느끼는 그 자체를 우주로 봐야 한다는 거예요. 우리네 의식은 특별한 점이 있습니다. 빛을 제외한 모든 존재는 비교할 무엇인가를 필요로 한다고 했지요. 하지만 의식은 외부와 상관없이 의식 그 자체를 의식할 수 있거든요. 광활한 우주에 나라는 존재가 떠 있는 것이 아니라, 그런 식으로 의식하기 때문에 우주가 존재한다는 것입니다. 혹시 판사의 머릿속에서도 객관적으로 무슨 일이 있었는지 따지는 일보다, 어떤 일이 있었을 것이라는 주관이 우선은 아니었던 걸까요?

희미한
그날의 기억

드루킹이라 불렸던 김 씨가 정말로 킹크랩을 김 전 지사에게 보여 줬다면, 김 씨와 경공모 핵심 회원들에게는 정말 중요한 행사였을 겁니다. 대통령 당선이 유력했던 당시 문재인 예비 후보의 최측근이자 현역 국회의원에게 자신들의 능력을 과시할 기회였지요. 인정을 받아 실행에 옮긴다면 그 공적을 통해 자신들의 사업에 꼭 필요한 일본 대사나 오사카 총영사 자리를 얻을 수도 있는 지렛대가 만들어지는 날이었습니다. 다른 면으로도 무척 떨렸을 겁니다. 댓글 조작이라는 불법을 함께 저지르자는 제안을 해야 했으니까요.

그렇게 의미 있는 날이었는데도 그날에 관한 그들의 기억은 희미했습니다. 누구 하나 명백하게 어떤 일이 있었는지 진술하지 못했으니까요. 김 씨의 옥중 노트를 베껴 입을 맞추려다 결국 공모에 관해서는 2심 재판부로부터 인정을 받지 못했지요. 어쩌면 당연하게도 같은 날, 같은 장소에서 있었던 시연에 관해서도 말들이 엇갈렸습니다. 낯선 장소가 아니라 그들이 평소 머물던 경공모 사무실 강의실에서 있었던 일에 관한 주장이었습니다. 김 씨와 김 전 지사 단둘이 있는 자리에서 이뤄졌다고 했지요. 실제로 시연이 있었는지, 진실을 둘러싸고 일대일로 부딪히는 셈입니다. 회원 한 사람은 강의실 창을 통해 시연 장면을 봤다고 진술하기는 했는데요. 내부를 들여다보기 어려운 구조로 밝혀졌지요.

한 사람이 더 있기는 합니다. 개발자 A는 킹크랩이 작동하는 휴대전화를 들고 강의실에 들어가 작동을 시켜준 다음 나왔다고 했습니다. 강의실 구조에 대해 이렇게 얘기했지요. 문을 열면 정면에 칠판이 있고, 'ㄷ'자 모양으로 배치한 책상에 김 전 지사가 칠판을 마주하고 앉아 있었다고요. 흔히 접하는 커다란 회의실이 떠오릅니다. 자료를 띄워 놓은 칠판이 있고, 회의를 진행하는 사람이 그 옆에 나란히 서서 레이저 포인터 같은 걸 써서 설명을 하지요. 이 경우 칠판과 정 반대편 자리가 '상석'이 됩니다. 자료와 설명하는 사람을 쉽게 보면서 질문을 던질 수 있게끔 말입니다. A는 그랬다고 합니다.

그런데 김 씨의 얘기는 다릅니다. 출입구와 칠판의 위치는 A가 말한 바와 같습니다. 그런데 자신이 칠판을 등진 채 출입구 쪽을 바라보고 앉았다는 겁니다. 책상은 'ㄷ'자를 뒤집은 모양으로 놓여 있었고요. 이 역시 흔하게 볼 수 있는 자리 배치입니다. 사극에서 늘 보는 왕과 신하들의 어전회의 구도이지요. 김 씨가 '상석'에 앉고 오른쪽에 김 전 지사를 앉도록 했다는 겁니다. 사소한 기억의 오류라기에는 아주 다르지요. 게다가 그 강의실에 처음부터 김 씨와 김 전 지사만 있었던 것이 아닙니다. 그 전에 다른 경공모 회원들과 함께 회의했거든요. 희미해지는 기억 탓으로만 돌리기에는 그날의 행사는 그들에게 너무나 중요했고요. 마음에 걸리는 점이 있기는 합니다. 김 씨가 옥중 노트에 그날의 자리 배치까지 준비해 다른 회원들과 공유하지는 못했거든요. 조사에 응하기로 하고 진술을 시작했는데, 생각하지 못한 질문을 받은 건 아닐까요? 물론 2심 재판부는 어긋난 공간에 대해 주목하지는 않았습니다.

김 전 지사의 관여 없이 시작했던 킹크랩 개발

아인슈타인이 상대성이론을 발표하면서 현대물리학에서 시간과 공간은 분리할 수 없는 시공간으로 통합됐지요. 시간과 공간이 별개의 실체가 아니라 4차원의 시공간 차원이라고 합니다. 하지만 생로병사의 흐름에서 사는 평범한 사람들에게는 좀처럼 와닿지 않지요. 태어나서 죽는 분명한 시작과 끝을 살면서 존재 이유를 갈구하기 마련입니다. 부모님은 왜 나를 낳으셨는지 따위의 고민을 한두 번쯤은 했을 겁니다. 킹크랩은 언제 시작됐고, 존재 이유는 무엇이었을까요?

김 씨는 2016년 10월 초 개발자들인 A와 B에게 킹크랩 개발을 지시했다고 했지요. 두 사람은 2016년 10월 16일 머리를 맞대고 설계를 시작합니다. 같은 달 30일에는 가상으로 작동하는 것처럼 테스트하기 위해 '더미데이터_1030'을 만들어 냈고요. 그날 킹크랩을 컴퓨터가 이해할 수 있는 언어로 입력하는 코딩을 시작합니다. 몸통을 만들기 위한 씨줄과 날줄을 엮는 일이었지요. 2016년 11월 5일에는 인터넷으로 세상과 연결할 수 있는 서버 로그인 기능 개발에 들어갑니다. 눈과 귀가 열리는 셈이었다고 할까요. 바로 다음 날 작전 할당, 작전 수정, 작전 복사와 같은 업무를 위한 기능 개발에도 들어갔고요. 손발을 만드는 일이었지요. 특검은 이에 대해 파일을 만들기 시작했을 때와 마지막으로 수정한 때가 있기 때문에 실제로 정확하게 언제 작동했는지는 알 수 없다고 주장했습니다. 하지만 법원은 만들기 시작한 이후 얼마 지나지 않아 작동할 수 있었다고 판결문에 적고 있습니다.

법원의 판단대로라면 뭔가 이상합니다. 민법에는 친생추정 규정이 있는데요. 혼인 중에 아내가 임신한 아이는 남편의 자녀로 추정한다는 것입니다(민법 제844조 제1항). 아빠가 있었으니까 아이가 생겼다는 겁니다. 법원은 2016년 11월 9일 킹크랩 시연을 본 김 전 지사가 악수로 개발을 공모하면서 이 사건이 시작된 것으로 봤습니다. 댓글 조작 범행을 함께했다는 김 씨와 김 전 지사의 '혼인'이 있었던 셈이지요. 그런데 날짜에 따르면 킹크랩의 씨앗은 그보다 한 달 전쯤 심어졌던 것입니다. 얼마 지나지 않아 눈, 귀가 열리고 손, 발을 꿈틀거리기 시작했고요. 김 전 지사의 아이로 봐야 할까요? 설령 시연을 봤다고 할지라도, 기왕에 벌어진 일을 받아들이기로 했다고 봐야 하지 않을까요? 설령 김 전 지사가 킹크랩에 관해 알았더라도, 법원이 인정한 공동정범이라기보다는 김 씨가 이미 벌인 일을 눈감아 준 것으로 볼 수 있습니다.

물론 그것도 잘못일 수 있지요. 주범의 범죄를 돕는 '방조'가 될 수 있습니다. 다만 그러려면 눈감은 것만으로는 부족하고 잘 키울 수 있도록 적극적으로 도왔어야 하고요. 김 전 지사는 김 씨가 보내는 메시지에 제대로 대꾸조차 하지 않았지요. 이런 지적을 피하고 싶었던 것인지 법원은 김 전 지사의 방문 이후 킹크랩 개발이 '본격화'됐다고 했습니다. 할지 말지 확실히 정해지지 않은 단계였는데, 김 전 지사의 악수 이후 확정했다는 뜻이겠지요. 그러면서도 그게 언제인지는 여전히 판단하지 않았습니다. 일부분이지만 개발을 시작한 지 얼마 지나지 않아 기능이 완성됐다는 법원 스스로의 판단과도 맞지 않아 보이기도 합니다.

김 씨와 김 전 지사가 킹크랩을 이용해 댓글 작업을 함께한 것이었는지는 킹크랩의 존재 이유에서 찾아야 할 것으로 보입니다. 소액주주권 행사 등으로 대기업의 경영권을 가져오고, 경공모만의 공동체를 만들겠노라는 김 씨의 야심 찬 계획을 실행시키는 큰 그림 안에서 볼 수도 있습니다. 이 경우 자신이 원하는 방향으로 온라인 여론을 쥐락펴락하기 위한 도구로 킹크랩을 만든 것이겠지요. 이후 자세히 다루겠지만 김 씨는 김 전 지사와 관계를 이어가는 과정에서도 당시 여당에 불리한 댓글 작업을 하기도 했습니다. 김 씨에 대한 수사는 2018년 1월 민주당이 고발하면서 시작된 것이었고요. 이렇게 볼 경우 김 전 지사 역시 김 씨의 계획에 필요한 도구 정도에 그칠 겁니다. 경공모 회원들끼리 김 전 지사를 '바둑이'라 불렀다고 하는 이유를 어느 정도 짐작할 수도 있습니다.

물론 궁극적인 목표를 떠나 법원의 관점대로 불법 댓글 작업 그 자체에 집중할 수도 있겠지요. 순위를 조작하는 댓글 작업이 있었던 만큼은 사실이고, 설령 김 씨가 딴마음을 먹었더라도 댓글 작업을 했던 것만큼은 김 전 지사의 승인이 있었기에 벌어진 일이라는 것입니다. 그렇다 하더라도 킹크랩의 탄생만큼은 여전히 김 전 지사와는 무관하지 않을까요? 시연을 보았기에, 킹크랩을 만들었고 공모와 범죄 실행으로 이어졌다는 논리는 인정하기 어려울 수 있습니다. 김 씨와 김 전 지사는 같은 시간대의 배를 탄 것이었을까요, 아니면 제각각 다른 목적을 가지고 평행 우주에 머물렀던 것일까요?

입증책임을
스스로 짊어진 법원

법정에서 판사는 스포츠 경기에서의 심판과 같은 역할

입니다. 검찰은 물증, 증인의 증언, 증거 서류와 같은 다양한 증거 자료로 공격하는 입장이고요. 범죄를 저질렀다는 사실에 관한 입증은 검사의 몫이라는 뜻입니다. 피고인은 검사의 공격이 유효하지 않다고 흐트러뜨리는 쪽이지요. 적어도 법학 교과서 이론대로라면 그렇습니다. 드라이버로 문을 강제로 열었다는 증거라면서 검사가 십자드라이버를 내놓으면, 일자가 아닌 십자로는 좁은 틈에 밀어 넣을 수 없다면서 피고인이 맞서는 식입니다. 공격과 방어를 지켜본 판사는 어느 쪽 주장이 맞는지 판단하는데요. 모르겠으면 피고인의 손을 들어주라고 합니다. '의심스러울 때는 피고인의 이익으로'라는 법언이지요. 우리 헌법은 '형사 피고인은 유죄의 판결이 확정될 때까지 무죄로 추정한다(제27조 4항)'라고 밝히고 있습니다.

앞서 살펴본 바와 같이 2심 재판부는 개발자 A가 452, 24, 444 3개의 ID를 사용했던 것은 킹크랩의 프로토타입을 개발하기 위한 것이었다고 판단했습니다. 통상적인 개발 과정이었다면 1개만 사용했을 텐데 다수의 ID로 이뤄지는 댓글 작업을 시연하기 위한 것이었다고 말입니다. 3개의 ID로 휴대전화에 접속해 댓글 작업하는 과정을 김 전 지사에게 보여 줬다는 것이지요. 특검은 네이버 로그 기록을 근거로 시연에 걸린 시간이 16분가량이었다고 했습니다. 김 전 지사 측은 그중 하나인 444 ID가 같은 시간대에 PC로도 3분가량 접속해 다른 작업을 진행한 로그 기록이 있다는 사실을 지적했습니다. 중복 접속이라는 겁니다. 시연이 있었다고 특검이 주장하는 시각에 사실은 개발자 A가 휴대전화와 PC를 동시에 사용하며 프로그램 개발 업무를 하는 등 시연이 아닌 다른 행위를 했을 가능성을 제시한 것입니다. 방어 행위의 일종이었던 것이지요.

재판부는 기록을 꼼꼼히 검토하며 다음과 같은 몇 가지 사실들을 찾아냅니다. 우선 PC로 접속해 수행했던 작업의 내용을 보니 기사 하나에 댓글을 작성하고, 다른 댓글에 공감하는 클릭을 했다는 겁니다. 그런 행위는 킹크랩 프로그램 개발이나 테스트와는 무관해 보인다고 판단했습니다. 두 번째로 A가 프로그램 개발을 위해 444 ID로 접속했던 적이 있었는데, 이 때문에 자동으로 로그인이 이뤄졌던 것으로 보인다고 진술한 내용에 주목했습니다. PC로 특정 사이트를 이용하면 ID와 비밀번호를 저장해 놓는 기능이 있지요. 접속할 때마다 매번 입력하는 번거로움을 덜기 위한 것입니다. 그 때문에 휴대전화에서 444 ID를 이용해 시연을 하고 있다는 사실을 모르고 PC로 중복 접속을 했다는 주장이었습니다.

다른 사람도 아닌 중요한 시연을 담당한 개발자가 그런 실수를 했다니 의아합니다. 더 이상한 점은 그 직전 PC를 사용할 때 썼던 ID는 444가 아니라 452였다는 사실입니다. 자동으로 로그인을 했다면 452여야 하지 않을까요? 재판부는 직전은 아니더라도 452 전에 444로 접속했던 사실이 있다면서 A의 주장을 믿어 줍니다. 거기에 더해 휴대전화에서 실행되던 킹크랩 프로그램 종료 약 17초 전 PC의 로그 기록에는 25~26초 동안 아무런 내용이 없다는 사실도 꼼꼼하게 밝혀냅니다. 그러면서 이렇게 당시 일어났던 일을 재현해 냈습니다.

개발자 A는 휴대전화로 킹크랩 프로그램을 실행시켜 강의장에 있던 김 씨에게 가져다준 다음 밖으로 나왔습니다. 그 부근에 있는 PC로 네이버 사이트에 접속해 시연이 끝나기를 기다리면서 수작업으로 댓글 작업을 했다는 겁니다. 다시 김 씨가 불러 강의장으로 들어간 A는 나오면서 휴대전화 화면을 끄고, PC 근처에 놓은 뒤 다른 작업을 하려 했다는 것이지요. 김 씨가 불러서 강의장에 갔다가 돌아오는 동안의 시간이 바로 PC로 접속했는데도 아무런 동작을 하지 않은 25~26초에 해당한다는 겁니다. A는 다시 PC를 사용하려다 불현듯 444 ID를 중복해서 쓰고 있다는 걸 깨닫고 비로소 로그아웃을 했다는 겁니다. 물론 그랬을 수도 있습니다.

문제는 이런 주장을 특검이 한 것이 아니라는 겁니다. 당사자인 A도 언급하지 않았던 사실을 재판부가 추측으로 재현해 냈다는 겁니다. A는 경찰 조사에서 김 씨와 김 전 지사가 강의장에서 얘기를 나누는 동안 문밖에 서 있었다고 했습니다. 그럼에도 법원은 "이러한 추론은 로그 내역 등 객관적 증거에 나타난 사건의 인과관계 및 장소적 관련성에도 정확히 부합할 뿐만 아니라 상당한 합리성이 있어 설득력이 높은 것으로 보인다"고 스스로의 결론에 대해 그럴듯하다면서 평가까지 합니다. 정작 입증을 해야 하는 특검은 아무런 주장을 하지 않았기에, 김 전 지사에게는 반론 기회조차 주어지지 않았습니다. 판결을 받고 판결문을 받고 나서야 재판부의 추론을 알게 됐던 겁니다. 축구 경기 중 라인 밖으로 나갔던 공을 들어

선수에게 전해 주는 대신 심판 스스로 차서 골을 넣은 겁니다. 심판이 찼어도 들어갔으니 선수라면 당연히 득점했을 것이라고 한 겁니다. 이런 식이었다고 하면 지나친 비유일까요? 공격과 방어는 당사자들의 몫이건만 재판부가 그 빈틈을 메워야 했던 이유는 뭘까요? 판단하기 모호할 때는 피고인의 이익으로 하라는 원칙을 모를리는 없을 텐데 말입니다.

16분간의
묵언수행

시연에 대한 김 씨와 A의 진술로 판결문에 적힌 내용은 이렇습니다. 경찰 조사에서 김 씨는 시연 과정에서 추천을 3~4번 찍는 것을 봤으며, 약 2~3분이 걸렸다고 했습니다. A는 특검 조사에서 "시연을 위해 강의장에 들어가서 나올 때까지 시간은 5분 정도였다"고 말했고요. 시연 내용에 관한 검찰 조사에서 김 씨는 "휴대폰 화면이 갱신되는 것만 보았습니다. 추천이 뜨고 다음 화면으로 넘어가서 추천을 하고…… 초기 버전만 봤기 때문에…… 2016년 10월경과 지금은 네이버 화면이 많이 달라져서…… 저희가 프로토타입을 봤을 때 추천을 하고 화면이 갱신되고 다시 추천이 되고 하는 것이 20초 간격으로 느리게 반복되는 초기 모델이었습니다"라고 했습니다. 특검에서는 더 구체적으로 "핸드폰을 켜서 작동시키니까 처음에 네이버 로그인 화면이 뜨고, 자동으로 로그인이 돼서

로그인된 화면이 떴습니다. 그리고 이어서 기사 화면이 뜨고, 댓글 위치로 이동을 한 다음에, 공감을 클릭했다는 메시지가 떴습니다. 그리고 그다음에 자동으로 로그아웃되어서 다시 처음 로그인을 하는 화면이 떴습니다. 그리고 다시 한 번 더 반복이 되었습니다. 초기 모델이라 속도가 느려서 1분 이상 걸렸고 두 번 반복이 되었습니다"라고 진술했습니다.

판결문을 그대로 인용한 것인데요. 먼저 눈에 걸리는 부분은 시연에 걸린 시간입니다. 특검은 복원한 로그 기록을 근거로 16분가량이 걸렸다고 했는데요. 김 씨와 A의 주장에 따르면 5분이 채 걸리지 않았던 셈입니다. 이에 대해 재판부는 실제 시연이 있고 나서 1년 4~5개월 이후에 한 진술이니만큼 시연 시간이 차이가 나더라도 누군가에게 보여 주었다는 사정을 인정하는 데 방해가 되지 않는다고 합니다. 로그 기록이 확보되지 않은 상태에서 기억을 되살려낸 것이라 그런 것뿐이라고 믿어준 것입니다. A가 법정에서 "시연이 아니라 테스트라면 단순히 한 동작을 16분간이나 계속 돌릴 수 없다"는 취지로 진술한 것도 하나의 근거로 제시하지요. 로그 기록을 보고 난 A가 기록에 맞춰 말을 바꿨다고 보지 않았습니다.

물론 법원이 그런 진술만을 근거로 판단하지는 않았습니다. 김 전 지사가 방문하기 직전 브리핑에 쓰인 것으로 보이는 온라인 정보 보고 하나가 최종적으로 인쇄됐던 사실, 김 전 지사가 경공모 사무실에 머무르던 중 킹크랩 프로토타입으로 보이는 네이버 접속 로그 기록, 그리고 김 전 지사에게 킹크랩에 관한 기능을 보고했다는 취지의 문구가 적힌 경공모 내부 문서들까지 모두가 김 전 지사를 가리킨다고 했습니다. 그러므로 김 전 지사가 방문했을 때의 상황에 관해 김 씨와 경공모 회원들이 서로 입을 맞춰 거짓말을 했던 일이 일부 드러났다고 치더라도, 여전히 믿어 줘야 할 부분이 있다는 것입니다.

그럴 수도 있지요. 하지만 여전히 이해하기 어려운 부분이 있습니다. 김 씨가 진술한 시연 내용은 휴대전화 네이버 화면이 켜지고, 로그인한 다음, 기사를 찾아, 댓글에 공감을 클릭했다는 것입니다. 한 번에 1분가량이 걸렸다고 했지요. 그렇다면 그런 단순한 동작이 반복되는 걸 16분 동안이나 보여 줬다는 것입니다. 15~16차례 같은 화면이 거듭됐다는 것이겠지요. A는 개발 과정이 아니라 시연이었기에 16분이 필요했다고 주장했고, 그걸 재판부는 믿어줬던 겁니다. 차라리 초기에 김 씨가 주장했던 것처럼 2~3분이었다면 이해할 수 있습니다. 16분씩이나 그걸 보여 줘야 했던 이유에 대해 재판부는 아무런 의문을 품지 않고 '사실'로 인정해 버린 겁니다. 특검은 시연 과정을 재연한 동영상을 제출하기도 했는데요. 역시나 뉴스 기사 2개에 '좋아요'를, 댓글 2개에 '공감'을 무한 반복하는 것뿐이었습니다. 그나마 성공적인 시연이었다면 공감 개수라도 늘어났어야 했을 텐데, 공감을 클릭했더니 도리어 감소하는 일까지 일어났습니다. 김 전 지사가 정말로 봤더라도, 어떤 일이 일어나고 있는지 알 수 있었을까요?

게다가 김 씨는 시연 과정에서 아무런 말을 하지 않았다고 했습니다. 개발자인 A는 자리에 함께하지 않았고요. 사전에 브리핑으로 설명을 했기 때문이라고 가정해 볼 수도 있겠지요. 하지만 그걸 보고 있었다는 김 전 지사 역시 아무런 질문을 하지 않았다는 겁니다. 휴대전화를 열고 아무 일도 하지 않은 채 단 1분만 보고 있더라도 얼마나 길게 느껴질지는 굳이 아인슈타인의 상대성이론을 들먹이지 않더라도 알 수 있습니다. 그런데 장장 16분 동안 김 씨와 김 전 지사는 아무런 말을 하지 않았다는 겁니다. 김 씨는 그렇게 묵언의 시연이 끝나자 김 전 지사가 "매우 기뻐했다"고 주장했습니다. 그러면서 고개를 끄덕여서라도 킹크랩 사용을 허락해 달라고 했고, 김 전 지사는 고개를 끄덕였다고 했지요. 2심 재판부는 시연 이후 상황에 대한 위와 같은 김 씨의 진술은 믿을 수 없다고 했습니다. 그러면서도 그 직전 아무런 말 없이 이뤄졌다는 시연에 관한 진술은 믿어야 한다고 했지요. 잠시 읽는 일을 멈추고 아무 일도 하지 않은 채 다른 곳을 1분만 바라봐 주시면 어떨까요. 충분히 1분이 지나가기를 기다리는 것도 결코 녹록하지 않습니다.

법정을 뒤집어 놓은
닭갈비 영수증

형사소송에서 피고인을 지켜 주는 최고의 방패는 알리바이입니다. 범죄를 소재로 한 영화, 드라마를 보면 종종 등장하지요. 그때, 그 자리에, 있지 않았다는 겁니다. 검사가 범죄 증거로 무엇을 들고 나와 공격해도 부질없게 만드는 강력한 방어 논리입니다. 그곳에 있지 않았으니 허공에 칼을 휘두르는 것이나 마찬가지로 만들어 버립니다. 평행 우주에 존재했던 것이 아닌 이상, 한 사람이 다른 시간, 다른 장소에 동시에 머물면서 범죄를 저지를 수는 없으니까요. 2심 재판에서도 일종의 '알리바이' 공방이 벌어졌습니다. 16분의 네이버 로그 기록이 가리키는 그 시간에 과연 김 전 지사가 경공모 사무실 내 강의장에 머무르고 있었느냐는 것이지요.

김 전 지사에 대한 2심 재판이 진행 중이었던 2020년 6월 22일. 서울고등법원 형사2부 법정은 벌집을 쑤신 듯 소란스러워졌습니다. 특검도, 김 전 지사 측도 예상하지 못했던 '닭갈비' 증언 때문이었지요. 킹크랩 시연이 있었느냐를 두고 공방을 계속하던 중이었습니다. 김 전 지사와 경공모 회원들이 2016년 11월 9일 경공모 사무실에서 함께 저녁을 먹었는지가 쟁점으로 떠올랐습니다. 김 전 지사 측은 오후 7시쯤 도착해 경공모 사무실에서 함께 닭갈비를 먹었고, 이후 한 시간가량 김 씨에게서 당시 정치적 상황 등에 관한 일종의 브리핑을 들은 뒤 떠났다고 했습니다. 이 주장이 맞다면 킹크랩 시연을 볼 시간 자체가 없었던 겁니다. 한 시간 정도 브리핑이 있었다는 사실에는 김 전 지사와 특검 모두 이의를 제기하지 않았거든요. 반대로 특검은 김 전 지사가 오기 전 경공모 회원들끼리 식당에서 따로 식사했다고 주장했습니다. 김 전 지사가 사무실에 도착한 다음 곧장 김 씨가 한 시간의 브리핑을 했다는 것이지요. 그럼 이후에 시연할 시간이 충분했다는 것이지요.

어느 쪽 주장이 맞았던 걸까요? 다투던 가운데 김 전 지사 측은 닭갈빗집에서 발행한 영수증을 제출했습니다. 그 영수증에 찍힌 결제 내역이 과연 어떤 의미인지 확인하기 위해 사장님이 증인으로 나왔던 것이고요. 법정에서 이렇게 말했습니다.

15인분 정통닭갈비가 찍혀있다는 거는 정통닭갈비를 15인분 계산했다는 것이 맞습니다. 근데 영수증 테이블 번호가 25번으로 돼 있습니다. 저희 가게 테이블은 2번부터 19번까지 정통닭갈비가 사용했고, 1번 그리고 20~25번은 가상의 테이블입니다. 1번 테이블이 없던 이유는 서빙을 하기 위한 공간을 확보하기 위해, 나머지 25번은 기타 계산을 위한 겁니다. 손님이 혹시 계산을 안 했다거나 예약을 했다거나 포장을 했다거나 이럴 때 쓰는 것입니다. 저희는 정통닭갈비만 15인분 식사하고 갈 순 없습니다. 거의 대부분 코스 메뉴를 이용할 수밖에 없습니다. 더 저렴하거든요. 닭갈빗집에서 공깃밥이나 다른 걸 먹지 않고 닭갈비만 먹고 가는 경우는 거의 없습니다. 그리고 이런 건 거의 대부분 예약하게 돼 있습니다. 결국 가공의 25번 테이블은 포장해 간 거 맞고요. 저희 가게 왔던 경공모 이분들은 자주 오셔서 VIP로 등록돼 있습니다. 포장 15인분은 2+1이라 총 23인분 정도 포장해 드렸습니다.

'포스기'라고 하지요. 눈썰미 좋은 사람이라면 식당에서 음식값을 치르면서 봤을 겁니다. 몇 번 테이블에서 식사를 했노라고 말하면, 직원이 포스기에 테이블 번호를 입력하지요. 그럼 주문 내역과 함께 결제해야 할 금액이 나옵니다. 셈을 치르면 주문 내역까지 영수증에 인쇄해 줍니다. 닭갈비 사장님은 문제의 영수증에 나오는 25번 테이블이 실제로 사용하는 테이블이 아니라고 했습니다. 포장해 갈 때도 주문 내역과 테이블 번호를 포스기에 입력해야 하지 않겠습니까? 그럼 마치 손님이 25번에서 먹은 것처럼 가상으로 만들어서, 영수증을 발행해 줬다는 것이지요. 사장님이 "경공모 회원들이 자주 오셨다"고 말했던 것처럼 영수증에는 79,400포인트가 쌓여 있기도 했습니다.

사실 조금만 생각해 보면 그 영수증 자체가 포장용이라는 걸 말하고 있었습니다. 주문 내역에 닭갈비 15인분만 찍혀 있거든요. 다른 메뉴는 없이 오직 닭갈비만 시켰고, 공깃밥이나 음료수조차 추가하지 않았습니다. 식당에서 먹었다고 보기 어렵습니다. 포장해 가서 경공모 사무실에서 다 함께 먹었던 겁니다. 김 전 지사와 식사를 하면서 한 시간가량을 썼을 가능성이 높지요. 영수증이 그렇게 말하고 있었지만, 그럼에도 파주에서 식당 운영하느라 바쁜 사장님을 굳이 서울까지 불러야 했던 이유가 있기는 했습니다. 특검이 제출한 수사 보고서 때문이었습니다.

보통 포장을 하는 경우에는 영수증에 테이블 번호가 아니라, 포장이라고 기재되는데, 테이블 번호가 25번이라고 기재된 것을 보면, 테이블을 4~5개 정도 해서 식당에서 닭갈비 15인분을 식사하고, 대표

테이블 번호인 25번으로 영수증에 나온 것 같다고 진술하였기에 보고합니다.

특검 수사관이 닭갈빗집 사장님과 통화한 뒤에 작성했다는 보고서에는 그렇게 적혀 있었습니다. 이걸 근거로 특검은 경공모 회원들끼리 식당에서 저녁을 먹었다고 했습니다. 경공모 사무실에서는 식사 시간을 쓰지 않았기 때문에 킹크랩 시연을 할 시간이 있었다는 특검의 주장을 뒷받침합니다. 어떻게 된 걸까요? 닭갈빗집 사장님은 수사관에게 그렇게 얘기하지 않았다고 분명하게 밝혔습니다. 영수증에 25번 테이블이라고 찍혀 있었다면 포장한 것이라는 설명을 특검에도 했노라고 말입니다. 김 전 지사 측은 특검이 어떻게든 김 전 지사를 유죄로 만들기 위해 거짓말을 한 것 아니냐며 항의했지요. 그렇게 보는 것이 상식적일 테니까요.

특검이 재구성한
그날

하지만 특검은 주장을 굽히지 않았습니다. 여전히 김 전 지사가 닭갈비를 먹은 사실이 없다고 했습니다. 게다가 그날 법정에 출석한 다른 증인들도 특검 편을 들었습니다. 경공모 회원 한 사람은 "저녁 먹은 것을 여러 번 다시 생각해 봤는데, 저녁을 먹지 않은 것 같다"면서 "닭갈비를 먹은 기억이 없다"고 했습니다. 그 회원은 특검에서 수사받을 때와 1심 재판 때는 김 전 지사와 함께 저녁을 먹었다고 했는데, 번복한 것이었습니다. 김 씨의 동생 역시 함께 저녁을 먹지 않았다고 했습니다. "오후 5~6시에 맞춰 식사를 준비했다가 늦게 온다는 얘기를 듣고 경공모 회원들끼리 밥을 먹었다"고 증언했습니다. 영수증이라는 뚜렷한 물증과 그걸 뒷받침하는 사장님의 증언에도 사실을 부인하는 것으로 보이지요? 재판부는 이들에게 위증죄로 처벌받을 수 있다고 경고하기도 했습니다. 당연히 판결 역시 김 전 지사의 손을 들어주었을까요? 아닙니다. 최종적으로 재판부는 특검의 손을 들어 주었습니다. 김 전 지사는 함께 저녁을 먹지 않았다고 결론을 내린 것입니다. 그날 그곳으로 돌아가 봐야겠습니다.

특검은 시연이 있었다는 2016년 11월 9일의 저녁을 이렇게 재구성했습니다. 오후 7시경 김 전 지사는 경공모 사무실에 도착해 회원들과 인사를 나눕니다. 오후 8시까지 한 시간가량 2층 강의장에서 김 씨에게서 201611 온라인 정보 보고 브리핑의 앞부분을 듣습니다. 경공모 회원들도 함께했지요. 이어 오후 8시 5분경부터 30분까지 다른 참가자들은 모두 강의장에서 나갔고요. 김 씨만 남아 김 전 지사에게 킹크랩에 관한 브리핑을 하고, 시연을 보여 줍니다. 중간에 개발자 A가 들어가 킹크랩 프로토타입이 작동하는 휴대전화를 두고 나왔다가 시연이 끝난 다음 들고나오기는 했지요. 이렇게 구성할 경우 특검이 주장하는 네이버 로그 기록이 가리키는 시간에 들어맞습니다. 시연이 끝난 다음 오후 8시 30분에 김 씨의 사무

2016년 11월 9일 경기 파주 산채 엇갈린 동선

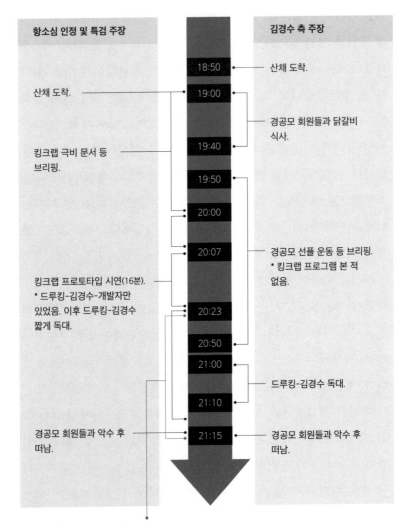

항소심 인정 및 특검 주장

김경수 측 주장

18:50 — 산채 도착.

산채 도착. — 19:00

경공모 회원들과 닭갈비 식사.

킹크랩 극비 문서 등 브리핑. — 19:40

19:50

20:00

20:07 — 경공모 선플 운동 등 브리핑. * 킹크랩 프로그램 본 적 없음.

킹크랩 프로토타입 시연(16분). * 드루킹-김경수-개발자만 있었음. 이후 드루킹-김경수 짧게 독대. — 20:23

20:50

21:00 — 드루킹-김경수 독대.

21:10

경공모 회원들과 악수 후 떠남. — 21:15 — 경공모 회원들과 악수 후 떠남.

드루킹 회원들이 공통 진술한 짧은 독대가 48~50분으로 늘어나게 돼 타임라인이 맞지 않음.

실로 자리를 옮겨 독대를 이어 갔고, 그곳을 나와서는 회원들과 인사를 합니다. 이때 두 번째 독대가 있었다는 주장은 김 씨조차 한 차례도 얘기를 꺼내지 않았던 내용입니다. 구글 타임라인이 나온 이후 특검에서 시간대에 맞춰 궁여지책으로 제시한 것이지요. 김 전 지사는 강의실 이외 다른 곳에서 김 씨와 독대한 사실은 없다고 기억하고 있습니다. 오후 9시 15분경 김 전 지사는 경공모 사무실을 출발합니다. 특검의 주장에 따르면 김 전 지사가 저녁 식사를 함께할 시공간은 존재하지 않았던 겁니다.

　재판부는 특검의 이런 주장을 받아들였던 것인데요. 우선 수사 과정에서 저녁 식사에 관해 경공모 회원들이 했던 진술에 귀를 기울입니다. 김 씨는 정확하게 기억이 나지 않는다고 했습니다. 회원 한 사람은 "미리 식사하고 6시까지 경공모 사무실로 왔거나, 포장을 해 와서 식사를 했을 수 있는데, 김 전 지사와 같이 식사한 기억은 안 난다"고 했습니다. A는 "김 전 지사가 처음 사무실을 방문했을 때와 헷갈려서 저녁을 먹었다고 이전에 진술한 것 같고, 두 번째 왔던 날은 김 전 지사가 같이 먹지 않았다"고 했습니다. 다른 회원은 "제 기억으로는 김 전 지사가 늦게 와서 함께 식사를 하지 않은 것으로 기억하고 있다"고 진술했습니다. 한편 공교롭게도 김 전 지사 역시 저녁 식사에 관한 기억이 뚜렷하지 않은 점에도 주목했습니다. 김 전 지사는 특검 조사 과정에서 고기를 구워 먹은 것은 기억이 나는데, 처음 갔을 때였는지, 두 번째였는지 기억이 명확하지 않다고 했거든요. 법정에서는 두 번째 방문했을 때 식사를 했을 수도 있다고 했지만, 뭘 먹었는지는 정확하지 않다고 했습니다. 재판부는 김 전 지사의 다른 진술들을 믿지 못하겠다고 하면서도, 이 부분에 관해서 만큼은 신뢰를 보냅니다. 결국 재판부는 김 전 지사가 경공모 회원들과 함께 저녁을 먹지 않았다는 특검의 주장이 맞다고 했습니다.

또 다른 근거로 재판부는 경공모 회원 두 사람의 로그 기록을 찾았는데요. 한 사람은 그날 오후 8시 13분경, 다른 사람은 오후 8시 19분경 네이버에 접속해서 각각 17초, 44초 동안 기사에 '좋아요', 댓글에 '공감'을 클릭했다는 겁니다. 오후 8시까지 회원들도 함께 김 씨의 브리핑을 듣고 있었다는 특검의 주장을 뒷받침하는 증거라고 판단합니다. 그 이후는 김 씨와 김 전 지사 두 사람의 시간이었기에 다른 회원들이 강의장을 떠나 네이버 댓글 작업을 할 수 있었다고 봤습니다. 김 전 지사 측이 주장하는 것처럼 저녁 식사를 함께하느라 8시경부터 브리핑을 한 것이라면 그렇게 '딴짓'을 하지 못했을 거라는 거지요.

반면 오후 8시 30분 이후 김 전 지사가 김 씨의 사무실로 자리를 옮겨 독대를 이어갔다는 특검의 주장에 대해서는 아예 판단을 하지 않습니다. 그런 사실에 대한 증거는 회원 한 사람이 수사기관에서 한 진술밖에는 없다는 겁니다. 특검이 주장하는 그날을 받아들이지 않은 것이 아닙니다. 킹크랩 브리핑과 시연까지가 중요하고 그 이후에 어떤 일이 있었는지는 아예 자세하게 따질 필요가 없다는 겁니다. 상당한 시간이 흐른 만큼 참석자들이 그날 있었던 일과 동선까지 세세하게 기억하기도 어려울 것이고, 범죄 혐의를 입증하는 데 중요한 킹크랩 프로토타입의 시연이 있었다는 사실로 충분하다는 것입니다. 재판부는 특검이 김 전 지사의 모든 행적을 일일이 밝힐 필요는 없다고 했습니다. 법정을 뒤집어 놓았던 닭갈빗집 사장님의 진술에 대해서는 아예 이렇다 저렇다 언급 자체를 하지 않았습니다. 사실과 다른 것이 분명해 보이는 특검의 수사 보고서 역시 뭐라 판단하지 않았습니다.

정말로 특검이 재구성한 그날의 시공간이 그렇게 한쪽 눈을 감아도 보일 만큼 분명했을까요? 재판부는 "피고인의 행적까지 일일이 특별검사가 증명하여야 할 사항이라고 보기 어렵다"고 했는데요. 범죄를 저질렀다고 주장하는데 그 사건이 벌어졌던 일시를 증명할 필요가 없다는 것입니다.

저녁도 주지 않았다는 '귀한 손님'

이 사건을 둘러싸고 수많은 디지털 증거들이 나왔는데요. 그날에 관해 흔히 하는 말로 '빼박(빼도 박도 못 하는)'인 증거가 하나 있습니다. 김 전 지사 수행 비서의 휴대전화가 시공간을 완벽하게 기록하고 있었거든요. 구글 지도는 오후 6시 50분경에 경공모 사무실에 도착해 오후 9시 15분경에 떠났다고 보여 줬습니다. 같은 시공간에 머물렀던 누구도 반박하지 못하는 증거였습니다.

여기서 다시 닭갈비가 중요해집니다. 김 전 지사가 도착한 직후 함께 저녁 식사를 했고, 그 이후 한 시간가량 브리핑을 들었다면, 이미 오후 8시를 한참 넘겨 버립니다. 8시 7분경부터 16분가량 이어졌던 킹크랩 로그 기록이 '시연'으로 생긴 것으로 볼 수 없습니다. 앞서 말했듯이 한 시간의 브리핑은 특검도 인정했습니다. 결국 저녁 식사가 관건인 겁니다.

앞서 재판부가 판단 근거로 삼았던 관계자들의 진술을 보면, 사실 A를 비롯한 4명의 회원은 애초 일치해서 김 전 지사와 함께 경공모 사무실에서 식사를 했다고 말했습니다. 회원들끼리 있는 텔레그램 대화방에는 11월 9일 18시 30분부터 식사할 예정이라고 공지가 올라와 있었고요. 김 씨는 11월 2일 배우자에게 메시지를 보내기도 했습니다. "다음 주 수요일(11월 9일)은 닭갈비 20인분 사서 데워서 저녁 대접하기로 했어요", "조리해서 가져올 거예요"라고 했지요. 그날 결제된 영수증에는 15인분으로 돼 있지만, 사장님에 따르면 포장은 2+1이라 사실 23인분을 가져갔던 것과 맞아떨어집니다.

2심 재판부가 인정한 것처럼 경공모 회원들이 따로 저녁을 먹었다면, 포장한 23인분은 누가 어디서 먹었다는 걸까요? 김 전 지사는 회원들 텔레그램 대화방에 공지돼 있던 18시 30분에서 20분 늦게 도착했는데요. 20분 늦었다는 이유로 김 전 지사에게는 저녁 식사를 제공하지 않았다는 걸까요? 현역 국회의원이었고, 김 씨가 보기에 자신의 계획에 필수적인 유력 정치인이었습니다. 불법 댓글 작업이라는 범죄를 제의하기 위한 자리였고요. 기왕에 함께하기로 한 저녁 식사를 20분 늦어진다는 이유로 회원들끼리 재빨리 먹어 치우고, 김 전 지사를 두 시간 동안 굶도록 한 채 브리핑과 킹크랩 시연을 했다는 걸까요?

설령 정말로 김 전 지사와의 저녁 식사를 취소했다면, 그에 관한 기억이나 흔적이 남는 것이 오히려 자연스러울 것입니다. 특별한 저녁이었으니까요. 김 씨는 2심 재판에 이르러서야 비로소 김 전 지사에게서 늦는다는 연락을 받았다고 주장했는데요. 수많은 디지털 증거 중 그 시점에 김 전 지사와 연락을 주고받았다는 통화 내역이나 메신저 수신 내역은 없습니다. 김 전 지사와 식사를 하기로 했다는 공지가 올랐던 그 회원 대화방에도 취소했다는 내용은 없습니다. 그저 김 씨의 말뿐이었지요.

한 가지 찜찜한 점이 있는데요. 앞서 김 씨와 관련자들 모두 수사 초기에는 김 전 지사와 함께 저녁을 먹었다고 일치해서 진술했다고 했지요. 그러다가 어느 시점 이후 말들이 제각각으로 달라지는데요. 김 씨는 먹었을 수도, 안 먹었을 수도 있다고 했고요. 회원 누구는 닭갈비를 포장해 와서 회원들끼리 먹었다고 했습니다. 다른 회원은 아예 저녁을 다 같이 굶었다고도 했네요. 왜들 그랬는지 알 수 없습니다만, 공교롭게도 2018년 7월 26일이 지난 다음부터 입장이 바뀐 겁니다. 그날은 특검의 보고서가 작성된 날입니다. 사실상 거짓으로 밝혀졌다고 봐야 하는 "경공모 회원들만 먼저 닭갈비 식당에서 식사를 하고 왔다"는 바로 그 보고서 말입니다. 그저 우연이라고만 봐야 할까요?

한편 저녁 식사가 없었다고 하면, 여전히 해결하지 못하는 문제가 있습니다. 한 시간가량 브리핑이 있었고, 30분가량 시연이 있었다고 특검은 재구성했는데요. 구글 지도의 타임라인에 의하면 김전 지사는 9시 15분경에야 경공모 사무실을 떠났습니다. 그럼 시연 이후 45분은 어디로 사라진 걸까요? 특검은 이 시간에 대해 끝까지 명확한 설명을 하지 못했습니다. 다시 말씀드리지만 재판부는 시연이 있었던 것이 사실인 이상 알아볼 필요조차 없다고 했고요.

재판부가 경공모 회원 두 사람이 8시 무렵 댓글 작업을 했던 로그 기록을 들어가며 그 역시 시연을 뒷받침한다고 한 것도 추측일 따름입니다. 고작 17초, 44초에 그치는 일탈이었지요. 김 씨가 브리핑하고 있던 강의장에서 잠시 나왔을 수도 있고요. 김 전 지사에게는 새로운 내용일지언정 그들 입장에서는 늘 듣던 얘기인지라 휴대전화에 잠시 한눈을 팔았을 수도 있습니다. 해석이야 얼마든지 여러 가지로 할 수 있지요. 다른 회원들이 강의장 밖 사무실의 PC를 사용한 로그 기록은 모두 오후 9시 이후에 나타납니다. 함께 저녁을 먹고, 한 시간가량 브리핑을 듣고, 그렇게 모든 공식 행사가 끝난 다음이었기 때문이었다고 볼 수 있습니다. 그럼 훨씬 자연스럽지 않을까요. 구글 지도의 타임라인, 닭갈비 영수증과 사장님의 진술, 사실상 거짓으로 드러난 특검의 수사보고서…… 객관적인 증거들은 특검이 재구성한 그날과 어긋납니다.

그래도 2심 재판부는 상관하지 않겠다고 했습니다. 어쨌든 시연이 있었으니 일일이 따질 필요가 없다는 것인데요. 시공간을 따지는 이유가 시연이 있었는지를 밝히기 위한 것이라고 본다면 논리를 거꾸로 세운 것이지요. 특검이 재구성한 그날과 구글 타임라인, 닭갈비 영수증이 모순을 일으키지 않을 가능성이 있는지 모르겠습니다. 각각 다른 평행 우주에 있었던 것이라고 한다면 너무 과한 걸까요? 어떻게 생각하십니까?

법정에서 받아들여지지 않은 반론들

— 사건 담당 변호사의 소회

김경수 전 지사의 변호인단이었던 이옥형 변호사는 사법연수원을 27기로 수료한 다음 1998년부터 서울중앙지방법원, 서울동부지방법원, 광주지방법원 등에서 17년 동안 판사로 근무했으며, 현재 법무법인 공감의 대표 변호사를 맡고 있습니다.

김경수 전 지사 사건 재판부는 드루킹이라 불렸던 김 씨의 댓글 작업이 민주당에 유리하게 작용했다고 봤으며, 이를 위해 김 씨가 상당한 인적, 물적 투자를 했다고 봤는데요. 혐의 사실 그 자체는 아니지만 범죄의 동기나 목적에 관한 중요한 판단으로 보이는데, 이에 대한 충분한 근거가 있었다고 보십니까?

우선 정확하게 짚어야 할 부분이 있습니다. 김 씨가 했다는 작업의 내용은 댓글 조작이 아니었습니다. 기사에 달린 특정 댓글에 추천 혹은 반대를 클릭해서 댓글 순위를 조작했던 겁니다. 댓글의 내용 자체를 만들어 낸 것은 아닙니다. 이처럼 댓글 순위를 조작하는 것이 민주당에 유리한 것이었는지 여부를 검증할 방법은 없습니다. 다만 변호인단은 댓글 순위를 조작하는 것은 정치적 영향력이 거의 미미한 것이고, 이미 인터넷 선거운동의 중심은 페이스북, 카카오톡, 트위터, 인터넷 커뮤니티 등 SNS이지 기사에 대한 댓글 순위는 아니라고 주장했습니다. 그러한 인터넷 정치 운동의 변화에 대한 학술적 성격의 자료를 제출하기도 했던 것으로 기억합니다. 지금 생각해 보더라도 특정 기사의 댓글 순위를 조작하는 것이 어떤 의미가 있는지 이해하기가 어렵습니다. 김 씨로서는 자신들이 하는 작업이 마치 엄청난 정치적 영향력이 있는 것으로 보이게 하고 싶었겠지만, 과연 그런지는 의문입니다.

김 씨가 댓글 순위 조작 프로그램인 킹크랩에 상당한 인적, 물적 투자를 했다고 전제하는 것도 냉정하게 평가하면 회의적입니다. 거의 자원봉사자 수준의 인적 자원(2인)을 투여했고, 그 사람들에게 들어간 비용도 최저 시급 수준입니다. 킹크랩 프로그램 수준도 초급자나 중급자가 개발한 수준입니다. 물적 투자라고 할 것도 거의 없었습니다. 아마존 웹 서버를 임차해 개발자에게 제공되는 프로그램을 이용한 것입니다.

아시다시피 김 씨가 민주당에 유리한 댓글 순위 조작 작업만을 한 것이 아닙니다. 상당한 비율로 민주당에 불리한 댓글에 추천을 클릭하는 등 필요에 따라 킹크랩을 이용하였습니다. 그런 점에서 김 씨와 김 전 지사 사이에 공모 관계에 있다고 보기 어렵습니다. 게다가 킹그랩은 2017년 5월 대통령 선거 이전까지는 프로그램이

안정적이지 않아 작업한 양도 매우 적었습니다

이 사건은 정치적 사건이라는 특성상 컴퓨터등장애업무방해 그 자체의 요건 사실뿐만 아니라 사건 당시의 상황, 특히 김 전 지사의 위치나 선거운동의 실질 같은 그 배경에 관한 심리가 필요하지 않았을까 싶은데요. 재판부가 그런 점을 들여다보았을까요?

공직선거법 위반이라는 정치적 범죄 역시 혐의 사실 중 하나였습니다. 대통령 선거라는 특수한 국면에서 발생한 사건이기에 질문하신 부분도 일반인 관점에서는 필요하다고 생각할 수 있습니다. 대통령 선거라는 특수한 상황에서 정치인의 행동 양식 등에 관해 재판부는 특별한 이해가 없었다고 봅니다. 예를 들어 김 전 지사는 대통령 후보자의 수행 비서 격이었는데, 그런 그에게 하루에 얼마 정도 메시지가 들어오는지, 그런 메시지를 어떻게 관리하는지에 관한 이해가 없었습니다. 이러한 상태에서 단순히 읽었다고 표시가 됐다는 이유로 김 전 지사가 김 씨의 불법행위에 가담했다고 본 부분은 아쉽습니다. 재판 과정에서 김 전 지사가 평소 얼마나 많은 메시지를 받는지 그의 스마트폰을 캡처한 자료를 제출하기도 했지요. 그러나 컴퓨터등장애업무방해를 법률 조문에 따라 검토할 때는 그런 배경이 필수적인 것은 아닙니다. 반영하지 않았다고 해서 재판부의 판단에 법적으로 문제가 있다고 지적할 수는 없습니다.

재판 과정에서 김 씨가 작성한 옥중 노트 내용이 경공모 회원들에게 전달됐고, 회원들은 김 씨의 지시에 따라 입을 맞춰 진술했던 사실이 드러났습니다. 실질적으로는 공모 과정에 대해 김 씨 한 사람의 진술밖에는 없었던 셈인데요. 그런데도 1심에서는 이를 유죄 판단의 근거로까지 삼았습니다. 이런 재판부의 판단을 어떻게 봐야할까요?

글쎄요. 재판부로서는 진술뿐만 아니라 다른 증거들을 종합해 결론을 내렸고, 김 씨와 회원들의 진술 중에서 그 결론에 부합하는 것들을 채택한 것이 아닐까요? 참고인의 진술이 유죄의 핵심적인 증거가 될 경우에는 그 진술의 맥락과 합리성뿐만 아니라 진술자의 사람됨까지도 보아야 한다는 것이 대법원의 견해입니다. 김 씨는 경공모 회원들에게 진술의 방향과 내용을 미리 알렸고, 그 내용이 모두 기획된 것임이 밝혀졌습니다. 김 씨와 그 측근들의 진술은 기본적으로 신빙성이 의심스럽다고 할 수밖에 없습니다. 김 씨는 아주 자세하고 구체적으로 현금을 전달한 과정, 사용처 등에 대한 진술을 일치시켰습니다. 물론 그런 부분은 허위임이 드러났지만 다른 사실관계에 관해서는 김 씨가 재판부에 특별한 믿음을 준 모양입니다. 다른 물리적인 증거, 대표적으로 네이버 로그 기록 같은 것들도 있으니까요.

2심 재판부는 김 전 지사와 김 씨의 공모에 관해서는 김 씨의 진술을 믿지 않았습니다. 하지만 경공모 사무실을 떠나면서 악수를 했다는 사실을 들어 김 전 지사가 김 씨에 킹크랩 개발 및 승인을 했다고 봤는데요. 정치인이 특정한 모임에 들렀다 떠나는 길에 핵심 관련자와 '악수'를 했다는 사실을 들어 공모라고까지 판단한 것은 자유심증주의의 한계를 넘어선 것이 아닐까요?

악수만으로 승인 여부를 판단했다고 보는 것은 무리겠지요. 악수를 했다는 사실 말고도 다른 여러 가지 간접사실을 종합해 판단한 다음, 다시 김 씨의 진술을 직접적인 증거로 해 승인했다고 판단했을 겁니다. 반면 악수를 했다는 것은 승인이라는 사실에 대한 직접적인 증거가 아님은 물론이거니와 간접사실로 볼 수 있는지도 의문입니다. 관련 없는 사실을 모아 열거한 후에 입증이 필요한 사실을 인정한 오류라고도 볼 수 있습니다.

김 씨가 김 전 지사에게 보냈던 이른바 온라인 정보 보고 내용 중에는 대선 과정에서 상대방 후보들의 움직임에 관한 것들이 포함돼 있습니다. 재판부는 그렇기 때문에 김 전 지사가 그 내용들을 알고 있었으리라 봤는데요. 사실관계에 대한 선후가 바뀐 것이 아닐까요? 나아가 만약 사실이라면 김 전 지사가 그 내용을 반영한 어떤 조치를 취했다는 점을 따져야 하지 않았을까요?

온라인 정보 보고의 성격을 놓고 재판 과정에서 다투었습니다. 법원은 온라인 정보 보고가 김 전 지사에 전달됐고, 김 전 지사가 그 내용에 관해서도 알고 있다는 전제에서 전체적인 판단을 했습니다. 그러나 단순히 메신저 서비스를 이용해 전송했다는 사실 말고, 실제로 그 내용이 김 전 지사에게 브리핑 됐다는 점에 대해서까지 합리적 의심의 여지가 없이 증명됐다고 보기는 어렵습니다. 나아가 상대방 후보 동향에 관한 내용도 정보로서의 가치가 얼마나 컸는지 검증된 것은 아닙니다. 그럴듯한 정보를 제공한 것처럼 포장된 것일 수 있지요. 가정이지만 온라인 정보 보고는 김 전 지사에 대한 보고 보다 경공모 회원들 내부를 향한 목적이었을 수도 있습니다. 김 씨가 경공모 회원들에게 김 전 지사와 자신이 특별한 관계에 있노라고 자신의 위상을 과시했던 것일 수도 있습니다. 김 전 지사가 온라인 정보 보고의 내용을 보고 그에 따라 취한 조치는 아무것도 없습니다. '정보 보고'라는 용어 때문에 마치 특별한 내용을 아랫사람이 정리해서 윗사람에게 올린 것처럼 들리지만, 그런 정도의 내용은 아니었습니다. 김 씨가 일방적으로 사용한 것이었을 뿐입니다.

2016년 10월부터 온라인 정보 보고가 50건가량 이뤄졌다고 하지만, 말씀하신 것처럼 김 전 지사는 이에 따른 특별한 조치를 취하지 않았습니다. 아예 거의 대꾸하지 않았지요. 그것을 킹크랩 개발 및 운영에 관한 김 전 지사의 묵인으로 보려면 김 씨와 김 전 지사가 더욱 특별한 관계라는 사실이 입증돼야 했던 것 아닐까요?

킹크랩 개발 및 운영에 관한 핵심은 시연과 시연 현장에서 고개를 끄덕였다는 것으로 봐야 할 것입니다. 그런데 이 부분에 대한 증명은 따로 없었지요. 1심에서는 김 씨의 진술 등을 근거로 인정했지만, 2심 재판부는 그 진술을 믿을 수 없다고 했습니다. 경공모 회의실 안에서 두 사람만이 있었을 때에 관해서는 직접적으로 어떤 사실도 인정된 바가 없습니다.

김 전 지사는 정치인으로서 많은 이해관계인과 접촉하고 있었습니다. 김 씨처럼 적극적으로 만나자는 요청을 하는 경우는 그중에서도 드물었다고 하는데요. 정치인, 특히 선거기간이라는 점을 고려하면 김 씨의 적극적인 요청을 정면으로 거부하기도 어렵지 않았을까요? 이를테면 내키지 않더라도 만나고, 모임을 방문해야 하지 않았을까요? 김 전 지사가 기사 목록, 온라인 정보 보고를 전달받은 사실을 들어 킹크랩 운영을 격려한 것으로 보려면 두 사람 사이가 더욱 특별한 관계라는 사실까지 입증돼야 하지 않았을까 싶어서입니다.

정치인으로서 김 전 지사의 기본적인 자세는 지지자들이 요청하면 사정이 허락하는 한 응한다는 것이었습니다. 경공모 사무실도 그런 차원에서 방문했던 것으로 알고 있습니다.

대중에게 가장 큰 관심으로 다가왔던 건 댓글 작업일 텐데요. 기사 목록 8만 건이라는 숫자뿐만이 아니라 그 내용 역시 실제로 온라인 여론에 영향을 끼칠 만한 것들이었다는 사실도 검증했어야 하는 것 아닐까요? 재판 과정에서 내용에 대한 검토는 없었나요?

그런 검토는 없었다고 봅니다. 여론에 영향을 미쳤는지를 검증하거나 확인할 방법 역시 없습니다. 앞서 말씀드렸듯이 댓글의 내용이 아니라 순위를 조작한 것이었고요. 어떻게 얼마나 선거기간에 악영향을 끼쳤는지 알 수 없습니다. 다만 이 역시 법원이 검토하지 않았다는 사실을 잘못으로 지적하기 어렵습니다. 컴퓨터등장애업무방해는 킹크랩을 사용했느냐 아니냐 그 자체를 묻는 것이고요. 실제 그로 인해 여론이 흔들렸거나 하는 것까지 범죄 여부를 판단하는 데 고려해야 할 사항은 아닙니다.

2017년 대선 당시 온라인 여론에 댓글 작업이 중요했다면, 김 씨가 했다는 댓글 작업 이외에 실제 '선플 운동'이라던가 다른 대응이 필요했을 텐데 이런 점은 재판에서 고려 사항이 될 수 없었나요?

당시 선거 과정의 중심은 댓글 작업이 아니었습니다. 다만 김 전 지사는 김 씨의 지지 활동을 '선플 운동'으로 이해했다고 합니다. 그래서 고마운 마음을 가졌다는 것이고요. 만약 킹크랩이라는 불법적인 프로그램으로 댓글 순위 조작을 한다는 사실을 알았다면 고마운 마음을 가질 수 있었을까요?

당시 문재인 후보의 경제정책 연설문에 김 씨의 의견이 반영됐다는 내용이 판결문에 적힌 것을 보고 많이 놀랐습니다. 범죄 사실과 관련한 직접적인 요건은 아니지만 그런 판단은 신중하게 검토하고 반영했어야 하지 않을까요?

이 역시 법원이 중요하다고 여기는 사실과 일반적인 관점 사이의 괴리라고 볼 수 있을 겁니다. 당시 연설문은 기존 전문가 그룹의 의견에 따라 만들어진 것이었습니다. 김 씨의 의견과는 무관했고요. 재판부가 특별히 무게를 두고 검토한 사실관계는 아니었을 겁니다. 역시 범죄 그 자체를 입증하는 것은 아니었기 때문입니다.

이 사건 전체에서 가장 중요한 사실관계는 킹크랩 시연이 있었느냐의 여부로 보입니다. 이에 관한 김 전 지사의 입장과 변호인단의 입장이 달랐던 적은 없습니까? 이를테면 재판 전략상 일정 부분 불리한 주장이라도 사실로 인정하고 대응 방안을 만들기도 하지 않나요?

시연 자체에 대해 이견은 없었습니다. 당사자인 김 전 지사가 일관되게 시연이 없었다고 명백하게 밝히고 있었으니까요. 시연에 관해 가장 중요하게 작용했던 증거인 로그 기록의 성역에 대해서는 여러 가지 해석이 있었습니다. 일부 견해는 그 자체 시연 로그가 아니고 개발 테스트를 위한 로그라는 것이고, 저는 그 견해에 동의합니다. 일부 견해는 시연을 하려고 시도는 했으나 실제 시연을 하지는 못했고, 로그 기록은 시연 전 준비단계에서 테스트해 본 흔적이라는 것이었습니다.

킹크랩 개발 과정에서 로그 기록 이외에도 수많은 디지털 증거가 나왔습니다. 그 증거들은 어떤 방법으로 검토됐고, 그 과정에서 전문가들의 의견은 어느 정도나 반영됐습니까?

전문가 의견이 따로 반영되지 않았습니다. 그 점이 매우 아쉬운 부분입니다. 변호인단에서는 검증을 요청했지만 재판부가 이를 받아들이지 않았습니다. 변호인단 자체적으로 컴퓨터 프로그래밍을 하는 전문가들에게 로그 기록을 제공하고 자문한 사실이 있기는 합니다. 전후 사정을 설명하지 않고 로그 기록 그 자체만 보고 어떤 내용인지 판단해 달라고 했는데요. 변호인단이 의뢰한 전문가들은 시연용이 아니라 개발 과정에서 있었던 테스트 로그 기록이라고 봤습니다.

로그 기록에 관해 특검과 김 전 지사 쪽의 해석이 정반대였던 셈인데요. 법정에서 다투는 과정에서 가장 대립했던 부분을 꼽는다면 어떤 것일까요?

특검이 주장한 바대로 16분 동안이나 스마트폰을 들여다보면서 시연을 했다는 것인지부터가 쟁점이었습니다. 시연이 아니면 과연 무엇을 위한 것이었겠느냐를 두고 다투었지요. 1심에서 분석하지 못했던 로그 기록의 의미에 대해서 2심에서는 많은 시간과 비용을 들여 자체적으로 분석하고 그 의미를 주장했지만 법원이 이를 받아들이지 않은 것이지요.

로그 기록 그 자체는 디지털 증거이지만 그것이 무엇을 뜻하는지에 관해서는 역시 사람의 말, 구체적으로 경공모 회원들의 진술이 중요한 역할을 했습니다. 그러나 그들의 진술은 상당 부분 신빙성이 떨어졌는데도 법원이 로그 기록에 관해서는 믿어준 것이네요?

객관적인 물적 증거라도 그 성격에 관해서는 결국 인적 증거인 경공모 회원들의 증언일 수밖에 없었습니다. 특히 개발한 사람의 말에 법원이 전적으로 신뢰를 보였습니다. 그런 상황에서 다른 증거들로는 다툴 방법이 없었습니다.

법원은 로그 기록 중 아이디 개수를 3개에서 1개로, 다시 1개에서 3개로 썼던 이유에 주목하고 있는데요. 개발 계획에는 이 부분에 대한 이유 역시 들어가 있었지요?

변호인단이 의뢰했던 프로그램 전문가들의 분석에 따르면 개발 과정에서 위와 같은 아이디 개수 변경은 매우 자연스럽다는 것입니다. 시연을 위해 특별히 따로 행해졌던 과정이 아닐 수 있다는 겁니다. 그런 분석에 따른다면 애초 개발 계획에 따른 것이지 별도로 시연을 위해 아이디 개수를 변경했던 것이 아니겠지요. 그러나 경공모에서 개발을 담당했던 사람은 원래 계획과 달리 킹크랩 시연을 위한 별도의 과정에서 이뤄졌던 일이라 주장했고, 법원은 그 말을 믿었던 겁니다.

재판부는 시연이 있었다고 한 그날 킹크랩이 갑작스레 중단됐던 로그 기록을 근거로 개발자 A씨의 활동을 추측해 냈는데요. 시연이 있던 도중 밖에서 일하다가 강의장에 들어가 시연에 쓰였던 스마트폰을 회수하는 과정에서 생긴 일이라고 말입니다. 그런데 이는 특검이 주장하지도 않았던 사실인데 재판부가 추정해 낸 것입니다. 범죄 사실에 대한 입증은 검사, 김 전 지사 사건의 경우 특검이 해야 하는 일 아닌가요?

그 자체로 입증책임을 넘어선 것이라고까지 생각하지는 않습니다. 검사가 주장하지 않았더라도 법원에 제출된 증거들을 종합해 여러 가지 간접사실을 얼마든지 찾아낼 수 있지요. 그런 간접사실을 사실판단의 논리적인 전제로 삼을 수도 있고요. 다만 피고인의 방어권 보장을 위해 법정에서 탄핵하는 과정을 거쳐야 합니다. 재판부는 그렇게 보는데 피고인은 이를 받아들일 것인지, 다툴 것인지 기회가 주어지지 않은 겁니다.

시연이었는데 16분이라는 긴 시간이 필요했다고 하는 판단 역시 의아합니다. IT 전문가도 아닌 김 전 지사가 스마트폰 화면을 16분이나 아무 설명도 듣지 않은 채 보고만 있었다는 사실은 전혀 상식에 맞지 않는 것 아닐까요?

상식에는 맞지 않습니다.

2심 재판 과정에서 화제가 됐던 것이 경공모 회원들이 닭갈비를 포장해 갔다는 닭갈비 사장님의 법정 진술이었습니다. 경공모 사무실에서 김 전 지사와 함께 식사를 했다는 뜻이고, 시연에 필요한 시간도 없었던 셈입니다. 변호인단에서도 예상하지 못했던 사실이었나요?

닭갈빗집 사장이 어떠한 증언을 할지는 전혀 알 수가 없었습니다. 사전에 접촉한 바가 전혀 없었습니다.

유력 정치인의 방문이라는 중요한 날 저녁 식사를 함께했는지와 같은 기본적인 사실조차 증언이 엇갈렸는데, 재판부는 이를 판단에 반영하지 않았습니다. 역시 모든 판단의 근거를 킹크랩 시연에 뒀기 때문이겠지요?

범죄 구성 사실 자체와 유무죄에 관한 결론에 들어맞는 증거라면

명백하게 판결문에도 이를 제시하지만, 그에 맞지 않는 증거 혹은 중요하지 않다고 본 증거라서 아예 거론하지 않은 것 아닐까요?

김 전 지사 보좌관의 휴대전화에 기록된 구글 타임라인에 비춰보면 특검도, 법원도 그날의 시간을 재구성해 내지 못했습니다. 이는 김 전 지사에게 일종의 알리바이로 유리하게 작용할 수 있었던 것 아닐까요?

변호인들은 매우 유력한 반대 증거로 이해했습니다. 이리 해도 저리 해도 해명이 안 되는 시간이니까요. 하지만 법원은 이를 고려하지 않았지요.

1심에서 징역 2년을 선고하면서 현직 도지사라는 신분임에도 법정구속했고, 2심에서는 공직선거법 위반의 점이 무죄로 바뀌었는데도 2년이라는 기간은 달라지지 않았습니다. 컴퓨터등장애업무방해의 경우 실형을 선고하는 사례가 극히 드문 것으로 알고 있는데요. 법원의 양형이 유난히 가혹했던 것 아닐까요?

유죄로 판단한다면 가능한 양형이라고 개인적으로는 생각합니다. 문제는 유죄가 합리적 의심의 여지가 없이 증명되었다고 보이지 않는다는 점입니다.

유력 정치인인 김 전 지사에 대한 재판이었던 만큼 법정 외에서는 재판부를 구성하는 판사의 정치적 성향까지 거론하는 일이 있었습니다. 혹시 변호인단이나 김 전 지사 역시 이런 부분을 의식하셨나요?

질문 자체가 생소합니다. 변호인단으로서는 재판부가 어떤 편견을 갖고 있었다는 단서가 전혀 없었습니다. 오히려 항소심 첫 기일에서 재판장이 무죄추정의 원칙을 언급했고, 얼마 지나지 않아 김 전 지사에 대한 보석 청구가 받아들여져 불구속 상태에서 재판했습니다. 재판 도중 판사가 특별히 편견을 드러낸 바가 없었습니다. 언론에서 그런 문제를 다뤘던 사실은 있다고 합니다만 누구보다 김 전 지사가 법원의 재판 과정을 두고 법적 쟁점 이외 다른 문제를 제기해서는 안 된다고 강조했습니다. 당연히 변호인단에서도 그런 얘기를 나누지 않았습니다.

V

그리고 그들은
아무 말도
하지 않았다

훌륭한 재판의 대명사로 흔히 '솔로몬의 심판'을 꼽습니다. 서로 자기 아이라면서 싸우는 두 여인이 있었다지요. 솔로몬은 아이를 반으로 잘라 나눠 주라 명령했고요. 병사가 시퍼렇게 날이 선 칼을 꺼내자 진짜 어머니는 울면서 포기했다는 겁니다. 정말 현명한 재판관이었을까요? 짧은 시간이나마 아이는 칼날 아래 학대를 당했습니다. 마지못해 칼을 뽑았을 병사는 물론 주변 사람들도 살이 떨렸을 겁니다. 그 모습을 지켜본 어머니의 정신적 충격이야 말할 것도 없고요. 아이를 되찾았지만 한동안 트라우마에 시달렸겠지요.

"진짜 어머니라면 마땅히 그러할 것이다"라는 가정도 솔로몬의 선입견이었습니다. 아동 학대의 절대다수가 친부모에 의해 이뤄진다는 현실에 비춰 보면 가능성이 그리 크지 않았던 시도였습니다. 두 여인 모두 고집을 피웠다고 가정하면? 끔찍하네요. 법과 절차를 지키지 않고 재판관의 자의적 판단에 따라 이뤄졌던 전형적인 '원님 재판'이었지요. 판결을 내리는 데 필요하다면 무엇이든 할 수 있고, 누구도 이의를 제기하지 못하는 그런 법정 말입니다. 한두 번쯤은 솔로몬식의 거짓 협박이 통했을지 모르지요. 나중에 이런저런 수단이 통하지 않아 화가 나면 "바른말을 할 때까지 매우 쳐라!"로 갈 수 있습니다.

그래서 현대 국가 대부분은 판사가 사건의 처음부터 끝까지 독주할 수 없도록 역할 분담을 했습니다. 범죄를 저질렀다고 주장하는 검사와 그렇지 않다며 다투는 피고인이 맞서는 구조입니다. 형사 절차 단계에 따라 대상인 사람의 호칭이 달라지는데요. 범죄를 저질렀다는 의심을 받는 사람이 용의자입니다. 경찰, 검찰이 정식으로 수사에 착수하면 피의자라고 부르지요. 이때까지는 수사의 대상이니만큼 수직적 관계입니다. 모니터 뒤편을 바라보면서 묻는 말에 똑바로 답해야 하는 지위지요. 물론 불리한 진술을 거부할 수 있는 권리는 있습니다.

수사를 마치고 재판에 넘겨지면 피고인으로 '신분 상승'을 합니다. 수평적 관계로 바뀌지요. 검사와 피고인은 법정에서부터는 같은 높이에서 서로 마주 보고 앉습니다. 법률 전문가가 아닌 피고인을 돕기 위해 변호인이 함께 앉기도 하고요. 판사는 다소 높은 법대에 앉아 내려다보기는 하지만 역할은 소극적입니다. 가능한 직접 끼어들지 않고 양쪽이 공정하게 다투도록 진행만 하지요. "모든 국민은 헌법과 법률이 정한 법관에 의하여 법률에 따른 재판을 받을 권리를 가진다(헌법 제17조 제1항)." 아무나 앉을 수 있는 자리가 아니고, 판사 마음대로가 아니라 법에 따라 재판을 해야 합니다. 그래서 '재판을 받을 권리'가 기본권의 하나인 것입니다. 공권력이 마음대로 할 수 없다는 뜻입니다.

혹시라도 실수로 억울한 사람을 만들까 봐 한 번에 끝내지도 않습니다. 대법원까지 1, 2, 3심으로 삼세판의 기회가 주어집니다. 다만 논란의 씨앗은 여전히 있습니다. "법관은 헌법과 법률에 의하여 그 양심에 따라 독립하여 심판한다(헌법 제103조)"고 했거든요. 양심? 양심이란 어떤 일에 관해 옳고 그름을 판단하는 저마다의 기준이라고 할 겁니다. 모두에게 똑같을 수는 없거든요. 종교적 신념, 성적 취향, 정치적 지향점에 따라 같은 사실을 다르게 평가할 수 있습니다. 자칫 이 조항이 판사의 자의를 뒷받침하는 근거로 작용할 수 있습니다. 법학 교과서에서는 여기서 양심은 개인의 주관적 양심이 아니라, 법관이라는 직업적 양심이라고 하는데요. 글쎄요. 구별이 될까요? 개인적으로는 무죄로 보지만, 직업상 유죄로 한다 이런 판결이 과연 가능할까요?

나아가 형사재판은 '자유심증주의'를 원칙으로 하고 있습니다(형사소송법 제308조). 증인의 증언이나 각종 물증, 법정에 나왔던 어떤 증거가 어떤 사실을 증명한다고 봐야 할지 전적으로 판사의 마음에 달려 있다는 것입니다. 증거들이 퍼즐 조각처럼 뿔뿔이 흩어진 상태라면 전체 그림을 보여 주기 어려울 때가 많습니다. 그럴 때 판사는 증거들을 비롯해 재판 과정에서 벌어졌던 모든 상황을 종합해 합리적으로 사건을 재구성할 수 있다는 것인데요. 양심과 자유로운 심증, 두 원칙이 잘못된 만남을 가질 때는 어떻게 해야 할까요? 하나부터 아홉까지 피고인에게 유리한 증거들이 있더라도 마지막 열에만 판사의 마음이 간다면요? 그렇게 내린 판단이 억울하더라도 피고인으로서는 다툴 방법이 딱히 없습니다. 양심, 자유 모두 판사의 머릿속에서 벌어지는 일이니까요. 흔히들 하는 말처럼 심증은 있는데 물증이 없으니까요.

'공모'에 대한
재판부의 심증 형성 과정

　　김 전 지사에 대한 재판에서 1심은 컴퓨터등장애업무방해, 공직선거법 위반 모두를 유죄로 인정했습니다. 2심은 공직선거법에 대해서는 무죄를 선고하면서도 형량은 징역 2년을 그대로 유지했고요. 컴퓨터등장애업무방해에 관해 재판부가 어떻게 심증을 형성했는지 핵심 쟁점들 위주로 간략하게 되짚어 보기로 하지요. 킹크랩이라는 매크로 프로그램을 이용해 특정 기사의 댓글에 추천 혹은 반대를 집중하는 방법으로 댓글 순위를 조작했다는 것인데요. 김 전 지사는 어떤 행위도 직접 하지 않았습니다. 경공모 모임에 참석했고, 기사 목록과 온라인 정보 보고를 드루킹이라 일컬었던 김 씨에게서 받아 보았을 뿐이지요. 그런데도 재판부는 김 전 지사와 김 씨가 함께 범죄를 모의했고, 실행에 옮겼다고 판결한 것입니다.

공모 근거에 관해 가장 먼저 살펴봤던 것이 김 씨와 경공모 회원들의 말이었습니다. 1심 판결문에 따르면 김 씨는 킹크랩 시연을 한 이후 김 전 지사에게 고개를 끄덕여서라도 킹크랩을 이용한 댓글 작업을 승인해 달라고 요청했다고 했지요. 김 전 지사는 고개를 끄덕였고, 이에 따라 김 씨는 프로그램 개발을 위해 인력을 동원했고, 휴대전화 공기계를 비롯한 장비를 마련하는 등 투자에 나섰다는 겁니다. 김 씨를 비롯해 6명에 이르는 증인들이 김 전 지사가 댓글 작업을 허락했다고 말했습니다. 사실 김 씨는 이 사건으로 경찰에 긴급체포된 직후 입을 열지 않았습니다. 공범들 역시 마찬가지였습니다. 수사 과정에서 대응 방법을 고민했던 김 씨는 옥중 노트를 작성했지요. 김 전 지사가 두 번째로 경공모 모임 장소를 방문했을 때 있었던 일들을 자세히 적었습니다. 킹크랩 관련 브리핑을 했고, 시연을 보고 있는 김 전 지사를 회원들이 목격했고, 만족한 김 전 지사가 흰 봉투에 5만 원권 20장으로 100만 원을 줬다는 등 꼼꼼한 내용이었습니다.

김 씨는 그걸 마찬가지로 구금돼 있던 경공모 회원들에게 전달했습니다. 각각의 감방에서 비슷한 내용의 노트들이 발견됐을 뿐만 아니라, 입을 다물었던 그들이 일제히 시작했던 진술 내용 역시 노트 내용 그대로였습니다. 여러 사람의 말이 있었지만 사실은 모두 김 씨 한 사람의 입에서 시작됐던 겁니다. 형사소송의 원칙에 따르면 증거로 쓰기 어렵습니다. 하지만 1심 재판부는 설명조차 어려운 법리를 동원해 그들의 진술을 근거로 김 씨와 김 전 지사의 범죄 공모를 인정했습니다. 구체적인 사실들에 관한 말들이 엇갈리고 일부 진술은 사실과 다른 것이 확인됐지만, 그렇다고 킹크랩 시연과 관련한 모든 말을 믿지 못할 바는 아니라는 취지였습니다.

2심에서는 킹크랩 시연과 관련한 김 씨를 비롯한 회원들의 진술을 믿을 수 없다고 하면서 증거로 쓰지 않겠다고 했습니다. 시연이 있었다는 강의장 안에서 무슨 일이 있었는지, 법적으로는 아무런 증거도 없는 상황이 된 겁니다. 어쩌면 시연 자체를 인정하지 않을 수도 있었을 겁니다. 재판의 결론이 달라졌을까요? 그렇지 않았습니다. 2심 재판부는 김 씨가 킹크랩 시연을 했던 것은 기정사실로 봤습니다. 김 전 지사에게 보여 줬던 이상 그걸 개발해 운영할 것인지 아닌지를 물었을 것이라고 봤습니다. 그럼 김 전 지사는 어떻게든 대답을 해야 했을 것이라고 봤습니다.

이어 재판부의 눈길은 "김 씨와 김 전 지사가 강의장에서 나온 이후 가볍게 악수를 하고 돌아갔다"고 모두 일치해 말했다는 사실에 꽂힙니다. 정치인이 모임을 주최한 사람과 헤어지는 마당에 악수를 하고 돌아간 건 당연했겠지요. 김 전 지사로서는 딱히 다툴 여지도 없었습니다. 하지만 재판부는 그걸 킹크랩 개발 및 운영에 관한 동의였다고 인정했습니다. 둘만이 있던 공간에서 은밀하게 시연을 했는데, 범죄에 대한 동의는 다들 보는 앞에서 했다는 겁니다. 공모 자체에 관한 김 씨와 경공모 회원들의 진술 중 상당 부분이 사실이 아니었다는 사실은 재판부의 자유로운 심증 형성에 어떤 영향도 끼치지 않은 것이지요.

악수가 있었느냐 마느냐는 다투기조차 민망할 사실관계라고 할 것입니다. 모임을 마치고 나오는 길에 당연히 했을 법한 악수라는 행위에 그렇게까지 큰 의미를 부여해야 했을까요? 판사는 꼼꼼하게 증거들을 검토한 끝에 치밀한 논리를 세워 결론을 이끌어 낸다고 생각하기 쉽습니다. 그 과정에 어떤 선입견이나 편견도 개입해서는 안 된다고 여겨집니다. 정말일까요? 판결문에서 킹크랩 운용을 승인했다는 부분에는 '보인다'는 단어가 유난히 눈에 띕니다. 킹크랩 시연을 했다면, 그걸 써도 좋을지 물었을 것이고, 그럼 승낙이든 거절이든 의사표시를 했을 것으로 봤다고 말입니다. 사건의 전개 과정 모두를 증거로 입증하는 일은 불가능하겠지요. 비어 있는 부분을 판사가 추론으로 메운 것이지요. 판결문에 순서대로 풀어 쓰다 보면 무언가 특별한 계기가 있어야 하는데 딱히 찾을 수가 없었던 것은 아닐까요? 논리적 전개의 연결 고리로 빈약하나마 찾을 수 있었던 것이 악수 밖에는 없었던 것이지요.

그럼 사건의 흐름을 따라가다 결론에 이르렀다고 봐야 할까요 아니면 결론을 정해 놓고 거꾸로 사건을 재구성했던 것일까요? 판결문은 오히려 후자에 가깝다고 읽힙니다. 진실은 알 수 없지요. 다만 그런 판결문을 받아 든 피고인은 억울하다고 생각할 수밖에 없을 겁니다. 판결문에 적힌 것과는 모순된 상황들이 있다면 말입니다. 김 전 지사의 경우 닭갈비 영수증, 구글 타임라인을 들어 당시 시간을 재구성하기 어렵다고 반박하지만 그런 상황들은 지엽적이라는 이유로 아예 판단 대상으로 등장하지도, 다뤄지지도 않았습니다. 시연이 사실이었으니 그런 것들을 따질 필요가 없다고 넘겨버렸지요. 하지만 그렇게 판단을 내리면 판사가 결론을 내려놓고 끼워 맞춘 것이 아니냐는 의혹을 가질 수 있을 겁니다. 국민 사이에 재판에 관한 불신이 그렇게 쌓여 가는 것이지요.

판결문에 '보인다'라는 단어를 써서인지 경공모 사무실을 방문했을 때 상황에 대해 판사의 머릿속에 어떤 그림이 그려졌을 수 있다는 생각이 듭니다. 그 그림을 만들어 나가는 데 중요한 소재로 쓰였던 것들이 김 씨를 비롯한 경공모 회원들의 진술이었고요. 문제는 그런 진술들 상당 부분이 허위로 드러났다는 것인데요. 굵고 가는 선을 긋고, 빨간색과 파란색 각종 색칠을 할 수 있었던 붓들 그 자체가 없어진 겁니다. 물론 오래전 기억들인 만큼 일부 부정확한 부분이 있을 수밖에는 없겠지요. 만들어 냈을 수도 있고, 착각했을 수도 있습니다. 하지만 분명히 의심스러운 부분이 컸습니다. 경공모 회원들이 김 씨의 옥중 노트에 따라 일제히 진술을 시작했다는 사실이 그렇습니다. 2심 재판부 역시 김 전 지사에게서 격려금을 받았다는 이야기를 믿을 수 없다고 했습니다. 그럼 그 부분뿐만이 아니라 그런 진술들, 그런 붓들에 의해 그려진 그림 전체를 지우는 게 맞을 겁니다. 범죄를 저질렀다고 주장하는 목소리는 일부에 거짓이 있더라도 믿어 주고, 저지르지 않았다는 주장에 대해서는 조금만 다른 부분이 있더라도 전체를 믿을 수 없다고 하면 무죄를 추정한 것이라기보다는 유죄를 추정한 쪽에 가깝지 않았을까 합니다.

확증 편향이라고 하지요. 자신이 옳다고 믿는 사실을 뒷받침하는 근거들에만 눈이 가는 경향입니다. 같은 종류의 물건 중 어느 한 가지를 고른 사람은 그 물건이 좋다는 리뷰만을 찾아 읽곤 한다는 거지요. 자신의 선택이 옳았다는 근거를 찾아 확신을 만들어 가는 겁니다. 검찰은 수사하는 내내 수많은 증거를 찾고 그중 유죄를 가리키는 것들 위주로 견고한 틀을 만들어 판사에게 냅니다. 물론 억울하다고 주장하는 피고인 역시 반대 입장의 확증 편향에 빠져 있을 겁니다. 다만 아무래도 상대적으로 방어하기 위해 동원할 수 있는 증거들 자체가 적을 수밖에 없습니다. 양적으로, 질적으로 불리한 구조입니다. 그 중간 어딘가에서 균형점을 찾는 일이 판사이고, 그래서 헌법, 형사소송법도 양쪽이 다 그럴듯할 때는 무죄로 봐야 한다고 하는데요. 현실 재판에서 그러기 쉽지는 않을 겁니다. 담보할 수 있는 제도적 장치를 만들 수는 없을까요?

가만히 있었던
잘못

함께 범죄를 저질렀다고 한다면 단순히 뜻을 함께했다는 공모만으로는 부족하지요. 뭔가 맡은 역할이 있어야 합니다. 그런데 김 전 지사는 그저 가만히 있었습니다. 김 씨가 1년 6개월 동안 8만 개 정도의 기사 목록을 보내고, 50차례 온라인 정보 보고를 했어도 딱히 대꾸하지 않았습니다. '선플 운동'을 해 달라며 기사 목록 7개를 보내고, 한 차례 "고맙습니다^^"라는 답변을 보낸 게 전부입니다. 하지만 재판부는 뭔가 이유가 있으니까 김 씨가 그렇게 긴 시간 수고를 아끼지 않았을 것이라고 의심을 거두지 못했습니다. 두 사람이 아주 특별한 관계였기 때문에 벌어진 일이라고 그 답을 찾았지요. 그 근거로 김 전 지사가 김 씨와 여러 차례 만나거나 연락을 주고받았고, 정치적 현안을 논의했으며, 심지어 대통령 후보의 정책에 관한 의견까지 구했다고 했습니다. 그 내용이 연설문에 반영됐다고까지 했습니다. 경제민주화와 관련해 흔히 쓰이는 단어 몇 개가 같을 뿐 구체적인 내용은 전혀 달랐는데도 말입니다.

김 전 지사는 물론 소속 정당에도 김 씨의 댓글 작업이 이익이었을 것이라고도 봤습니다. 선거에서 유리한 국면을 이끌어 냈고, 그 보답으로 일본 센다이 총영사 자리를 주려 했다고 판단했지요. 그런 심증을 형성하는 데 엄격한 증거는 필요하지 않았습니다. 범죄 그 자체에 관한 사실과 달리 주변 상황에 대한 심증은 얼마든지 자유롭게, 양심에 맞게 형성할 수 있으니까요. 다만 그런 심증이 엄격하게 따져야 할 범죄 여부마저 결정할 수 있다는 것이 문제입니다. 그렇게 각별한 사이였던지라 김 전 지사가 묵묵히 기사 목록과 정보 보고를 받아 본 것만으로도 김 씨는 힘을 내어 공모했던 범행을 계속할 수 있었다고 판단한 겁니다.

김 전 지사는 당시 현역 국회의원으로서 문재인 민주당 전 대표의 공보특보를 맡고 있었습니다. 유력 정치인이었고, 대통령 선거라는 중요한 일을 앞두고 있었지요. 이에 비해 김 씨에게는 경제민주화를 이루고 자신들의 공동체를 꾸미겠다는 별도 목적이 있었습니다. 그걸 위해 김 전 지사 이전에 다른 유력 정치인들과 접촉하기도 했습니다. 재판부 판단처럼 온라인 댓글 작업이 선거 과정에서 중요한 일이었다면, 김 전 지사로서는 그걸 오롯이 맡길 만한 인물인지 검증했을 겁니다. 김 씨에게 선거보다 다른 목적이 있다는 사실을 쉽게 알 수 있었을 겁니다. 그럼 그런 일을 맡기지 않았을 것이라고 보는 편이 더 상식적이지 않을까요? 김 씨가 보냈고, 김 전 지사가 확인했을 것이라는 정보 보고 내용도 그렇습니다. '박근혜 망명', '트럼프의 핵전쟁'처럼 김 전 지사로서는 관심을 기울이지 않을 만한 것들이 포함됐습니다. 경공모 핵심 회원조차 '증권가 지라시' 수준이라 특별한 내용으로 고려하지 않았다고 했습니다. 김 전 지사가 대꾸하지 않은 것도 그저 무관심했기 때문이라고 볼 수 있습니다.

한편 김 전 지사는 재판 내내 기사 목록들에 관해 '선플 운동'을 하는 것으로만 알았다고 주장했는데요. 실제로 김 씨는 기사 목록을 메시지로 보낼 때마다 '선플 선점, 선플 활동'이라는 표현을 썼습니다. 김 씨는 경공모 회원과 나눴던 대화에서 댓글 작업이 많이 이뤄지지 않았다는 질책을 하면서 "(김경수에게는)…… 인원이 줄어서 뒤집혔다고 하면 되지"라고 했습니다. 김 전 지사에게 2017년 6월 11일 보낸 메시지에는 "경인선은 이번 주 금요일까지 일주일간 휴가를 주었습니다"라고도 했습니다. 회원들이 댓글 작업을 할 수 없다는 뜻인데요. 이런 말들은 김 전 지사가 킹크랩이 아닌 회원들의 수작업에 의한 '선플 운동'이 이뤄지고 있는 것으로 상황을 파악하고 있었던 증거가 될 수도 있습니다. 김 씨가 킹크랩을 동원해 불법 댓글 작업을 했는데도 불구하고, 김 전 지사는 그렇게 여기지 않았을 가능성도 열려 있었던 겁니다. 이런 사정들은 역시, 재판부의 심증 형성에 아무런 영향을 주지 않았고요.

IT 전문가를 자처했던
재판부

악수로 범죄를 승인했고, 가만히 있었기 때문에 범죄를 실행했다는 재판부의 추론을 이끌어 냈던 것은 결국 킹크랩 시연이었습니다. 김 씨에게서 '한나라당 댓글 기계'에 관해 알게 된 김 전 지사는 매크로 프로그램인 킹크랩이 실제로 작동하는 것을 보고 댓글 작업을 함께하기로 했다는 것이지요. 시연을 보고 난 이후이기 때문에 동의나 거절을 했을 것이고, 동의한 이후이기 때문에 김 씨가 보내오는 기사 목록, 온라인 정보 보고에 대해 아무 말을 하지 않은 건 범행을 계속하도록 한 것이라는 논리였습니다. 재판부가 컴퓨터등장애업무방해 유죄를 선고하는 결정적인 이유였습니다. 김 씨는 2016년 11월 9일 둘만이 있던 자리에서 시연했다고 주장했고, 김 전 지사는 그런 사실이 없다고 맞섰습니다. 두 사람이 함께 있는 모습이 찍힌 CCTV 같은 직접적인 증거는 없었고요. 목격했다는 경공모 회원들의 진술은 사실이 아니었지요.

그럼에도 재판부가 그런 사실이 있었다고 인정했던 결정적인 증거는 포털 사이트 네이버에 남은 로그 기록이었습니다. 킹크랩 프로그램으로 네이버에 접속해 작동했던 흔적인데요. 하필 김 전 지사가 방문했던 그날 오후 8시 7분경부터 16분가량의 기록이 있었던 겁니다. 법정에서는 그 16분 동안 어떤 일이 있었는지를 두고 특검과 김 전 지사 쪽이 다투었고요. 재판부는 킹크랩 개발 전후의 사정, 대표적으로 네이버 ID를 1개만 사용하다가 김 전 지사의 방문에 맞춰 3개를 사용하는 쪽으로 바뀌었다는 점에 주목했습니다. 한꺼번에 수백 개의 ID를 써서 댓글 순위를 바꿀 수 있는 기능을 김 전 지사에게 보여 주기 위한 것이었다고 법원은 판단했습니다. 시연을 하기 위한 것이 아니었다면 16분씩이나 작동시켰을 이유가 없다는 개발자 A의 진술도 이를 뒷받침한다고 봤고요.

거듭 밝히듯이 A 역시 김 씨의 옥중 노트에 따라 그날 일에 관해 진술했습니다. 이는 상당 부분 사실이 아니었던 것으로 밝혀졌지만 재판부는 킹크랩 개발 과정에 관해서는 여전히 그의 말을 신뢰했습니다. 김 씨의 옥중 노트에서도 시연에 관한 부분은 진실이라고 봤습니다. ID 개수가 달라졌던 이유에 대해 김 전 지사 쪽이 다른 가능성을 제시했지만 받아들이지 않았지요. A와 다른 개발자가 기록으로 남겨 놓은 개발 일정에 김 전 지사의 방문, 시연은 존재하지 않았지만 그 역시 눈길을 주지 않았습니다.

재판부의 판단이 옳았을 수도 있지요. 하지만 프로그램 개발 과정에서 있었던 일에 관한 문제인 만큼 전문가로 하여금 검토할 수 있게 해 달라는 요청을 재판부는 거부했습니다. 법률 전문인 재판부가 IT 전문가는 아니지만 그렇게 강한 심증을 가지는 것 역시 자유였던 겁니다. 재판이 후반부에 달할 무렵에야 새로운 증거들이 나오기 시작했지만, 이미 유죄로 만들어진 심증을 흔들기에는 늦었을 수도 있습니다. 굳이 따져보지 않아도 된다고 말입니다. 재판을 진행하는 입장에서 언제까지나 끌 수 없다는 현실적인 제약도 있었을 테고요. 하지만 그 때문에 억울한 일이 생길 수도 있는 겁니다.

설명할 수 없었던
시간의 흐름

이 사건에서는 수많은 디지털 증거가 다뤄졌는데요. 김 전 지사 입장에서 크게 유리했던 증거 중 하나가 구글 타임 라인이었습니다. 김 전 지사를 수행했던 비서의 휴대전화가 시간과 공간의 흐름을 정확하게 기록했거든요. 김 전 지사는 2016년 11월 9일 오후 6시 50분경에 경공모 사무실에 도착했고, 오후 9시 15분경 떠났습니다. 2시간 25분가량의 시간은 흔들리지 않는 사실이고 그 안에서 사건은 재구성돼야 했습니다. 앞서 살펴본 16분의 로그 기록이 핵심이겠지요. 그때 김 씨는 킹크랩이 작동하는 휴대전화를 김 전 지사에게 보여 주고 있었어야 합니다. 특검은 김 씨와 경공모 회원들의 진술 등을 근거로 김 전 지사가 도착한 이후 한 시간가량 2층 강의장에서 김 전 지사와 회원들을 상대로 김 씨가 브리핑을 했다고 봤습니다. 그럼 오후 8시 가까이 되겠지요. 그 이후 30분가량 시연을 했다면 오후 8시 7분 시작으로 기록된 로그 기록과 맞아 떨어집니다.

그런데 그 무렵은 저녁 식사 시간이었지요. 2심 재판 과정에서 갑작스레 닭갈비가 쟁점으로 떠올랐습니다. 김 전 지사가 경공모 사무실에서 회원들과 함께 식사를 했다면, 아무리 후다닥 먹어 치웠더라도 시연이 있었다는 시간과 맞추기 어렵습니다. 닭갈비를 먹고, 한 시간 브리핑을 하는 동안 오후 8시 7분을 넘었을 가능성이 큽니다. 그걸 밝히기 위해 경공모 회원들의 단골집이었던 닭갈비 식당에서 그들끼리 따로 식사를 하고 나서 김 전 지사와 만났던 것인지, 포장해 와서 김 전 지사와 함께 먹었던 것인지를 다투었지요.

닭갈비 사장은 정확한 기억과 영수증을 근거로 포장해 갔다는 사실을 명확하게 증언했습니다. 경공모 회원들이 그들끼리 식사를 하고 돌아갔다는 특검의 수사보고서와는 정반대로 진술했습니다. 특검의 주장이 맞으려면 귀한 손님인 김 전 지사는 저녁을 굶었어야 했습니다. 김 전 지사 입장에서는 알리바이가 증명된 일이나 마찬가지였습니다. 물론 여전히 다른 가능성은 있을 수 있습니다. 식사 시간이 생각보다 짧았거나, 식사와 브리핑이 동시에 이뤄졌거나 할 수도 있지요. 하지만 그건 범죄를 저질렀다고 주장하는 특검이 입증해야 할 사실이라고 봐야 합니다. 범죄에 대한 입증책임은 특검에 있으니까요. 하지만 법원은 그렇게 여기지 않았습니다. 킹크랩 시연이 있었던 것을 사실로 확정한 이상 더 따질 필요가 없다는 것이었지요. 시연을 볼 시간이 없었다고 하는데, 시연이 있었던 이상 시간을 따질 필요가 없다고 못 박은 겁니다.

사실 시연에 필요했다는 16분이라는 시간은 그 자체로 의아합니다. 김 씨가 주장하고 재판부가 인정한 사실에 따르면 그 내용은 휴대전화 화면에 포털 사이트가 띠오르고, 로그인하고, 기사로 옮겨가, 댓글에 공감을 클릭하는 과정의 반복이었습니다. 한 번에 대충 1분가량 걸렸다고 했는데 그걸 16분씩이나 지켜보도록 했다는 것입니다. 게다가 그 과정에서 김 씨도 개발자인 A도 아무런 설명을 덧붙이지 않았다고 합니다. 어떻게 IT 전문가도 아닌 김 전 지사가 휴대전화가 켜졌다, 꺼졌다 하는 걸 16분 동안 아무 설명도 없이 봤다고 판단한 것인지 의아합니다. 그걸 보고 나서 킹크랩을 써야겠다는 결심을 했고, 악수로 동의를 했고, 김 씨가 보내오는 기사 목록과 온라인 정보 보고에 대꾸하지 않아 범행을 계속하도록 했다는 판결이었습니다.

무제한일 수 없는
자유심증주의

재판부가 형성했던 심증에 의문이 있다고 해서 유죄 판단의 증거가 아예 없었다는 주장은 결코 아닙니다. 다만 무죄일 가능성 역시 충분히 있었다는 것입니다. 유죄, 무죄가 혼란스러우면 무죄로 봐야 한다는 형사소송법의 원칙에 비춰 볼 때, 유죄라는 확신이 들지 않을 수도 있었다는 것입니다. 재판부가 양심에 따라 자유롭게 형성한 심증이 과연 충분히 많은 사람이 고개를 끄덕이도록 할 수 있을지 모르겠다는 것입니다. 어떤 재판을 두고 사회적 논란이 일어나면 요즘 흔히 하는 얘기가 있습니다. 차라리 인공지능에게 판사를 맡기는 게 낫겠다는 것입니다. 사람인 이상 완전히 믿지 못하겠다는 것이지요. 편견이나 선입견, 무지에 따른 잘못된 판단을 내릴 수 있다는 겁니다.

사실 판사에 대한 불신은 오랜 역사를 가졌습니다. 그래서 과거에는 법정증거주의를 채택하기도 했습니다. 이를테면 a라는 증거가 있으면 반드시 A라는 사실이 있었다고 보라는 식으로 딱 정해놓았던 겁니다. 거꾸로 b라는 증거가 나타나면 절대로 B라는 사실을 인정해서는 안 된다고도 정했습니다. 판사에게 자유를 너무 많이 허용하면 오히려 올바른 재판을 받을 수 없을 것이란 생각이었지요. 그런 목소리가 지금도 종종 터져 나오는 겁니다. 자유심증주의 원칙을 밝히고 있는 형사소송법 제308조가 헌법에 위반된다며 헌법소원을 제기하기도 했습니다. 아래는 그에 대한 헌법재판소의 답입니다.

자유심증주의는 법관으로 하여금 증명력 판단에 있어서 법률의 구속을 받지 않고 논리 법칙과 경험 법칙에 따라 합리적인 사실인정을 가능하게 함으로써 과거의 법정증거주의의 획일성을 극복하고 사실인정의 구체적 타당성을 도모할 수 있게 하며 형사소송이 지향하는 이념인 실체적 진실 발견에 가장 적합한 방책이 되는 것이다. 또한 자유심증주의를 통하여 합리적인 사실인정을 담보할 수 있도록 증거능력의 제한, 증거 조사 과정의 합리화를 위한 당사자의 참여, 유죄판결의 증거 설시 등 여러 가지 제도적 보완 장치가 마련되어 있다. 따라서 자유심증주의는 법정증거주의의 불합리성을 극복하기 위하여 수립된 형사증거법의 기본 원리로서 실체적 진실을 발견하기에 적합한 제도라고 할 것이므로, 형사피고인의 공정한 재판을 받을 권리를 침해하는 것이라고 볼 수 없다(헌법재판소 2009.11.26. 결정 2008헌바25).

법정증거주의가 쓰였던 과거에는 사회 자체가 비교적 단순했지요. 사건 역시 마찬가지여서 사건별로 꼭 필요한 증거를 정해 놓는 일이 가능했습니다. 지금은 그렇지 않다는 것이 헌법재판소의 결정 취지입니다. 획일적인 재판으로는 오늘날의 복잡한 현실에서 사건의 실체를 밝히기 어렵다는 것입니다. 판사가 법률에 얽매이지 않고 논리와 경험에 의한 합리적인 판단을 할 수 있게 해줘야 한다는 것입니다. 판사가 잘못된 길을 가지 않도록 제도적 장치도 마련돼 있다는 것입니다.

글쎄요. 헌법재판소의 논리를 조금 더 연장해 보면 이런 반론도 가능할 것입니다. 오늘날의 현실은 때론 판사라는 일을 맡은 특정한 사람의 논리와 경험칙을 넘어서기도 한다고요. 법과 제도 역시 현실에 뒤처져 충분한 안전장치가 되지 못할 수 있다고요. 단순했던 사회가 다양하고 복잡해지면서 자유심증주의가 필요해졌지만,

너무 복잡해진 것 아니냐는 겁니다. 법정증거주의로 돌아가자는 것이거나 인공지능을 주장하는 것이 아니라, 현재의 사법제도 전반을 점검해 볼 필요가 있지 않느냐는 것입니다.

한편 자유심증주의라 할지라도 판사는 어떤 선입견이나 편견 없이 법정에 제출된 증거들을 통해서만 심증을 형성해야 하는데요. 현실적으로 쉽지가 않습니다. 언론을 통해 널리 알려진 사건을 맡는다면 이미 언론의 시각을 따르고 있을 수 있지요. 옳고 그름이 아니라 증거에 의해 유죄, 무죄를 나눠야 하는데 판사도 인간인지라 구별이 어렵습니다. 명백한 증거가 있을 때는 괜찮지요. 그렇지 않을 때는 판사의 개인적인 주관이 사건을 좌우할 수 있습니다. 김 전 지사 사건에 대한 2심 재판부 역시 피고인에 대해 좋지 않은 심증을 가지고 있다는 사실을 드러내기도 했습니다. 2심 판결을 선고하는 재판장은 설령 김 전 지사가 킹크랩 프로그램에 관해 몰랐더라도 댓글 작업을 알았다면 정치인으로 해야 할 도리에 어긋난다는 취지를 밝혔거든요.

판사 개인의 입장이라면 그렇게 생각할 수 있지요. 그러나 정치인으로서의 옳고 그름에 관한 판단은 형사재판에서의 유죄, 무죄에 영향을 끼쳐서는 안 됩니다. 김 전 지사가 받은 혐의는 컴퓨터등장애업무방해였습니다. 컴퓨터와 같은 전산 장비를 물리적으로 손상시키거나 정보처리에 장애를 발생시켜 업무를 방해했느냐를 따지는 일입니다. 댓글에 찬성이나 반대를 집중시켜 순위 조작을 했느냐 안 했느냐를 따지는 겁니다. 정치적인 옳고 그름이 개입할 여지가 없습니다. 2심 재판장은 설령 손으로 했더라도 사람을 동원해 여론에 영향을 끼친 것은 여전히 옳지 않다는 개인적 판단을 한 것입니다. 김 전 지사를 '나쁜 사람'으로 봤기 때문에 결국 법적으로 유죄에 이르는 판단을 한 것 아니냐는 물음표를 떠올리게 만든 것입니다.

설명이 부족했던
역작업의 의미

이 사건에서 고개를 갸웃거리게 만드는 판단은 증거에 관한 것만이 아닙니다. 김 전 지사는 컴퓨터등장애업무방해로 유죄판결을 받았습니다. 김 씨와 함께 킹크랩이라는 매크로 프로그램을 동원해 네이버를 비롯한 각종 포털의 댓글 순위를 조작했다는 것이고요. 그 목적은 대통령 선거 전후로 민주당을 지지하는 댓글을 눈에 띄게 만들기 위해서였다는 것이지요. 이 부분에 관한 판결문을 고스란히 옮겨 보겠습니다.

이 부분 공소사실은, 김 씨 등이 민주당의 정권 창출 및 유지에 기여함으로써 경공모가 추구하는 재벌 해체 등의 목적을 달성하고자 피고인과 공모하여 문재인 또는 민주당에 우호적인 댓글을 선순위에 배치하는 등 킹크랩을 이용한 댓글 순위 조작 행위를 하였음을 전제하고 있다.

댓글 작업은 작업을 맡은 사람이 포털 사이트를 보고 작업 대상인 뉴스, 댓글을 고른 다음 그 기사의 인터넷 주소, 추천 혹은 반대를 할 것인지 아닌지, 동원할 휴대전화 대수, 동원할 ID의 개수 따위를 킹크랩 프로그램에 입력해서 이뤄졌던 겁니다. 이를 김 씨가 총괄하면서 기사와 관련한 정치적인 상황, 댓글 내용, 댓글을 둘러싼 공방을 고려해 대상을 고르는 것이 핵심이었지요. 그런데 댓글 순위 작업 중에는 민주당에 우호적인 여론을 조성한다는 목적과 관련이 없거나 오히려 불리한 영향을 미쳤을 것으로 보이는 것들이 상당수 포함돼 있었습니다. 2심 재판부는 이를 '역작업'이라고 이름 붙였는데요. 판결문에 인용된 내용은 이렇습니다.

2017년 1월 10일 자 "안철수 '문재인 이길 이유 100가지 넘는다'"는 제목의 기사에 달린 "백 가지가 아니라 천 가지도 넘는다~비교 불가! 안철수 파이팅~!"이라는 댓글에 9회 '공감' 클릭을 한 것입니다. 제19대 대통령 선거 당시 문재인 후보를 비판하거나 더 나아가 경쟁 상대였던 자유한국당 홍준표 후보, 국민의당 안철수 후보, 바른정당 유승민 후보, 정의당 심상정 후보를 지지하는 댓글에 공감 클릭을 한 경우들입니다. 순위를 높이려 한 것이지요. 2017년 3월 12일 자 "문, 한국형 뉴딜 제안…… 재원 조달 자신있다"는 제목의 기사에 달린 "인수위 없이 바로 시작해야 하는 다음 정부의 어려움을 알고 철저히 준비하는 문재인, 입으로만 떠들어 대는 정치 자영업자들과는 비교 불가"라는 댓글에는 8회 '비공감' 클릭을 했습니다. 2017년 5월

25일 자 "문 대통령, '일자리 추경 6월 국회 처리 최선'······ 첫 수석보좌관회의"라는 제목의 기사에 달린 "경찰, 소방, 복지 공무원은 늘려도 된다는 분이 많군요. 지금 그쪽 공무원은 부족하다는 얘기인가요? 금시초문입니다. 근거가 있으시다면, 다른 나라 사례로 예를 들어 주세요"라는 글에 42회 '공감' 클릭을 했습니다.

문재인 대통령 당선 전후 정부와 민주당을 비판하거나 다른 정치 세력을 지지하는 댓글을 눈에 띄도록 한 것이지요. 일부러 찾은 것들이 아니라 판결문에 고스란히 적혀 있습니다. 물론 이런 역작업은 김 씨가 원했던 오사카 총영사 자리를 얻는 것이 어려워지자 특히 집중되기는 했습니다. 김 전 지사와 관계가 좋지 않았을 때이니까 그럴 수도 있습니다. 하지만 비단 그런 시기뿐만 아니라 앞서 판결문에 인용한 것들처럼 대통령 선거 전후에 이뤄졌던 일은 이해하기가 어렵다는 겁니다. 과연 김 씨와 김 전 지사가 '한배'를 탔던 것으로 봐야 할지 의심할 수도 있는 부분 아닐까요?

재판부는 그렇게 보지 않았습니다. 역작업 부분을 뺀 나머지를 공모한 것이라고 판단했습니다. 시기도 뒤섞여 있고 양적으로도 결코 적지 않은데, 역작업 부분은 공모에 따른 범죄로 볼 수 없으니 빼겠다면서 그 나머지를 김 전 지사에게 유죄로 선고했습니다. 단순히 양적으로만 분류해서 가려내기만 하면 끝으로 봐야 할지, 질적으로 다른 의미는 없는 것인지 따져볼 수도 있는 문제 아니었을까요?

엿장수
마음대로

　　형사사건을 상담하러 온 의뢰인이 가장 많이 하는 질문
은 아무래도 얼마나 벌을 받을 것이냐 하는 것입니다. 재판을 받는
피고인이 판사 앞에서 고개를 떨굴 수밖에 없는 이유이지요. 밉보
였다 조금이라도 더 무겁게 처벌받을까 봐 대개는 조심하기 마련
입니다. 어느 법원의 누구는 유난히 벌을 세게 준다는 소문이 돌기
도 합니다. 판사와 가까운, 이를테면 사법연수원 동기 변호사를 찾
거나, 검찰이나 법원을 막 떠난 이른바 '전관'을 찾는 가장 큰 이유
도 어쩌면 그래서일 겁니다. 법전을 보면 판사에게 굉장히 커다란
자유가 주어져 있거든요. 컴퓨터등장애업무방해죄는 형법 제314조
에 따라 5년 이하의 징역이라고 정해 놓았는데요. 그 말은 1개월부
터 5년 사이에서 판사가 정할 수 있다는 겁니다. 같은 범죄를 저질
렀더라도 속사정은 천차만별이기 때문인데요. 절도를 예로 들면 훔
친 물건이 빵 한 조각일 수도, 억대를 훌쩍 넘는 귀금속일 수도 있
으니까요. 똑같은 절도라고 똑같이 처벌할 수는 없습니다.

　그렇다고 판사가 '엿장수 마음대로' 정하지는 않습니다. 우선 법
에 따라 더하거나 빼는데요. 교도소를 나온 지 채 3년도 되지 않아
또 범죄를 저지르면 일단 길게는 2배까지 범위를 늘린다는 식입니
다. 컴퓨터등장애업무방해라면 1개월부터 10년까지로 계산을 시
작합니다. 같은 죄를 여러 번 지으면 2분의 1을 올립니다. 역시 기

본이 5년인 컴퓨터등장애업무방해라면 1개월부터 7년 6개월이 되는 겁니다. 법으로 따질 만큼 따진 다음에도 어느 정도 통일성을 지키기 위해 '양형 기준'이 만들어져 있습니다. 대법원에서 만들어 전국 법원의 판사들이 따르도록 하는 것인데요. 특별히 깎거나 무겁게 할 사정이 있는지 살펴 범위를 조금 더 좁히는 거지요. 김 전 지사에 대한 1심 재판부는 그렇게 해서 컴퓨터등장애업무방해에 대해 특별가중을 해야 한다며 1년~5년 3개월, 공직선거법 위반에 대해서는 기본으로 6개월~1년 4개월의 양형 기준을 고른 다음 구체적인 형량을 정했습니다.

1심 재판부가 컴퓨터등장애업무방해에 대해 특별히 무겁게 본 이유는 이렇습니다. 단순히 포털 사이트 회사들의 업무를 방해하는 데 그쳤던 것이 아니라 온라인 여론 형성의 기능을 심각하게 훼손한 것이라는 판단입니다. 정보통신기술이 발달한 현대사회에서 온라인 여론이 사회 전체의 여론 형성에 막대한 영향을 끼친다는 것이지요. 게다가 2017년 대선과 2018년 지방선거 국면에서 특정 정당이나 후보자에게 유리한 여론을 유도하려 했기에 더욱 무거운 범죄로 봐야 한다는 것이었습니다. 물론 댓글 순위를 조작하는 것이 어떻게 영향을 줄 수 있다는 것인지에 관한 구체적인 검토는 없었습니다. 범죄 사실 자체는 아니기에 굳이 증명이 필요하지 않다는 것도 법적으로는 맞습니다. 그러나 받아들여야 하는 피고인의 입장에서도 그럴까요? 그러면서 2개의 혐의를 모두 유죄로 인정해 컴퓨터등장애업무방해에 대해서는 징역 2년을, 공직선거법 위반에 대해서는 집행유예 2년을 선고했습니다. 항소심에서는 컴퓨터등장애업무방해 하나만 유죄로 줄어들었습니다. 여전히 특별가중을 해야 한다며 1년~5년 3개월 사이에서 정하겠노라고 했지요. 그이유도 거의 똑같습니다. 정보통신기술의 발달, 온라인 여론이 사회 전체의 여론 형성에 미치는 영향, 선거 국면에서 벌어진 일……새로운 부분이 추가되기는 했습니다. 김 씨와 공모했다고 볼 수 없는 상당한 양의 역작업이 있었다는 사실을 반영하겠다고 합니다. 1심까지는 드러나지 않았던 사정이니까요. 공직선거법은 무죄로 바뀌었고, 컴퓨터등장애업무방해에서도 무죄로 봐야 할 부분이 생긴 것이지요.

처벌이 줄었냐고요? 아닙니다. 1심과 똑같이 징역 2년을 선고했습니다. '엿장수 마음대로'가 맞았던 걸까요? 이 역시 2심 재판부가 법적으로 잘못했다고 할 수는 없습니다. 법정형을 산정하는 방법이나 대법원의 양형기준에 어긋나지 않으니까요. 게다가 1심 역시 공직선거법에 대해서는 분리해서 집행유예를 선고했습니다. 하지만 역시 피고인으로서는, 그리고 바라보는 일반적인 국민으로서는 의아할 수 있습니다. 그렇다고 이 부분을 이유로 대법원에 상고할 수도 없습니다. 형량이 지나치다는 주장은 징역 10년 이상으로 무겁게 처벌받았을 때만 할 수 있으니까요.

법정까지 불어닥친
정치 논쟁

유력 정치인의 행위, 게다가 대통령 선거와 관련한 사건이었던 만큼 정치적 해석은 불가피했습니다. 김 전 지사에 대해 의심하고 바라보는 쪽에서는 선거에서 한 표라도 더 얻기 위해 어두운 거래를 했다고 봤습니다. 지지하는 쪽에서는 당시 선거 구도상 그렇게 무리한 일을 할 이유가 없다고 봤습니다. 그런 갈등의 불씨에 기름을 붓는 일까지 벌어졌습니다. 이른바 '사법농단'이 터진 것이었는데요. 대법원이 일선 법원 판사들의 재판에 개입했다는 의혹이었습니다. 검찰이 법원을 강제수사 하는 일이 벌어졌고, 2019년 1월에는 헌정 사상 최초로 대법원장이 구속까지 됐습니다.

대통령 선거 과정에서 있었던 일로 현직 도지사에 대한 재판이 벌어졌는데, 재판을 해야 하는 법원 역시 재판의 대상이 된 셈이지요. 폭풍에 폭풍이 겹친 겁니다. 의혹을 품고 보자면 피해자가 가해자를 재판한다고 여길 수 있는 상황이었던 겁니다. 당시 정권의 검찰에 의해 법원이 강제수사라는 '수모'를 겪고 있는데, 그 법원이 정권의 핵심 인사를 심판하는 것이었으니까요. 실제 김 전 지사 사건을 담당했던 판사 중에서도 사법농단 관련 사건으로 재판을 받은 사람이 있었습니다. 그런 구도가 김 전 지사에게 불리한 결과를 낳은 것 아니냐는 논란이 불거졌습니다. 반대로 사법농단의 피해자 격인 판사도 재판부에 포함되면서 내부 갈등에 관한 추측까지 제기됐습니다. 판사 개개인의 정치적 성향을 비롯한 신상까지 논쟁 소재가 됐고, 재판 이후에도 논란으로 남았습니다.

재판부의 정치적 성향이 정말 재판에 영향을 끼쳤는지 알 수 있는 길은 없습니다. 김 전 지사의 변호인단이 재판 과정에서 공식적으로 그런 문제를 제기하지도 않았습니다. 김 전 지사는 오히려 "모든 것은 법정에서 다툰다"는 원칙을 고수하면서 그런 얘기를 꺼내는 것조차 허용하지 않았다고 합니다. 그러나 이 사건뿐만 아니라 정치적 사건이 법정에 오르면 크고 작은 비슷한 논쟁은 늘 따릅니다. 그런 상황에서 판결은 사회적 갈등을 해소하기보다 오히려 부추기는 쪽으로 작용하기도 하지요. 법원에 대한 불신을 키우기도 하고요. 이런 문제에 대한 해결책은 없는 건지, 이 역시 김 전 지사 사건이 주는 숙제 아닐까요?

끝까지 알 수 없는
그 이유

김 전 지사에 대한 1심과 2심 재판부가 유죄의 결정적인 근거로 삼았던 것은 킹크랩 시연이었습니다. 김 씨와 경공모 회원들의 진술 상당수를 쓸 수 없다고 하면서도, 악수 이외에는 딱히 공모했다는 증거를 찾을 수 없었으면서도, 김 씨가 보냈던 수많은 메시지에 대꾸조차 하지 않았어도, 시연이 있었다는 그날의 시간을 설명할 수 없어도, 로그 기록의 의미에 대해 다른 해석 가능성이 있어도, IT 전문가의 의견을 들어 보지 않았어도, 김 전 지사와 반대 입장인 역작업이 일부 드러났어도, 어쨌든 시연을 봤으니 그 모든 것을 따질 필요가 없다는 것이었지요.

김 전 지사 측은 자유심증주의의 한계를 넘은 것이고, 증거를 채택한 것도 잘못이며, 법리도 오해한 것이라는 이유를 들어 대법원에 다시 한번 사건을 살펴봐 달라며 상고했습니다. 받아들여지지 않았지요. 상고를 기각한다면서 대법원은 아래와 같이 짤막하게 덧붙였습니다.

> 원심 판결 이유를 적법하게 채택된 증거에 비추어 살펴보면, 원심 판단에 상고이유 주장과 같이 필요한 심리를 다하지 아니한 채 논리와 경험의 법칙을 위반하여 자유심증주의의 한계를 벗어나거나, 디지털 증거의 증명력의 한계와 판단 방법, 헌법상 무죄추정의 원칙에 위배되는 헌법 해석 및 적용, 증명 책임 및 증명의 정도, 공모공동정범의 성립, 포괄일죄에서 공소사실 특정의 정도 등에 관한 법리 오해, 이유 모순, 이유 불비 또는 판단 누락 등의 잘못이 없다.

그걸로 끝이었습니다. 한마디로 2심 재판부는 잘못한 것이 없다는 겁니다. 왜 그렇게 판단한다는 것인지, 김 전 지사가 하나하나 짚어가며 다시 살펴 달라고 펼친 주장들을 왜 받아들이지 않는다는 것인지 그 이유에 대한 추가적인 설명은 없습니다. 대법원은 이른바 '법률심'을 원칙으로 하고 있기 때문인데요. 그 전에 3심제에 관해 흔히 하는 오해부터 짚고 가야겠습니다. 공정한 재판을 보장하기 위해 무조건 3번의 재판을 받을 수 있다고 알고 있기 쉬운데요. 그렇지 않습니다. 헌법 제101조 제2항은 "법원은 최고법원인 대법원과 각급 법원으로 조직된다"고만 밝히고 있습니다. 다만 이를 근거로 법을 만들 때 민사, 형사와 같은 보편적인 재판에서 3심제를 택한 것뿐이지요. 실례로 특허 소송이나 시군구의회 선거소송은 2심제로, 대통령, 국회의원의 선거소송은 단심제로 끝냅니다.

재판은 크게 두 단계로 나눠 볼 수 있는데요. 먼저 어떤 일이 벌어졌는지를 따지는 사실관계에 관한 파악을 하고요. 다음으로 그 사실이 법적으로 어떤 의미가 있는지 유죄, 무죄를 따져 형량을 정하는 가치판단을 합니다. A가 오른손 주먹으로 B의 복부를 강하게 한 번 때렸다면, 폭행이라는 범죄에 해당하므로 2년 이하의 징역이나 500만 원 이하의 벌금에 처하는데요. A가 실제로 때렸는지 살피는 일이 사실심입니다. 대법원은 2년 이하의 징역을 선고한다는 뒷부분의 적용이 잘못됐는지를 따지는 법률심이라는 겁니다. 예외가 있기는 한데요. 사형, 무기 또는 10년 이상의 징역이나 금고가 선고된 사건에 대해 중대한 사실의 오인이 있고, 그 때문에 판결에 영향을 끼쳤을 때입니다. 김 전 지사는 징역 2년을 선고받았지요. "킹크랩 시연을 봤다"고 사실로 인정한 1, 2심의 판단이 잘못인지는 원칙적으로 대법원 재판의 대상조차 아닌 것입니다.

예외적으로 자유심증주의의 한계를 벗어났다면 다시 사실관계부터 돌아보도록 할 수 있습니다. 하지만 법률 전문가인 판사가 양심에 따라 자유롭게 판단한 것이 잘못이라고 인정하는 일은 아무리 상급심인 대법원이라고 해도 함부로 할 수 없겠지요. 자유심증주의란 '논리 법칙과 경험 법칙에 따라' 사실을 인정하는 것이라고 했습니다. 뒤집어 말하면 아예 논리적으로도 앞뒤가 맞지 않거나, 현실에서 도저히 있을 수 없는 일이 아닌 한 잘못이 아니라는 겁니다. 판결문을 그렇게 작성할 가능성은 거의 없지요. 김 전 지사에 관한 1심, 2심 판결 역시 그렇습니다. 법원이 인정한 사실관계를 아예 부인하자는 것이 아닙니다. 양립할 다른 가능성도 충분히 있을 수 있다는 겁니다. 그런데 그 정도로는 자유심증주의 위반이라고 대법원에서 따지기 어려워지는 겁니다.

현실적인 문제점 하나도 짚어 볼 필요가 있습니다. 김 전 지사 사건의 경우 정치적으로 큰 논란을 불러일으켰지요. 특검이 출발할 때부터 재판하는 내내 여론의 주목을 받았습니다. 그런 상황에서는 판사 역시 여론의 영향으로부터 자유롭기 쉽지 않습니다. 언론이 부정적인 측면을 강조해 보도하고, 그걸 받아 검찰이 기소하면 쉽게 무죄를 선고하기 어렵습니다. 분명히 뭔가 나쁜 짓을 저질렀다고 하는 여론 재판의 결론이 이미 내려져 있기 때문입니다. 물론 반대 여론도 있겠지요. 어느 쪽으로 심증이 기울더라도 부담스러운 상황입니다. 그나마 공식적인 절차, 대개는 검찰이 보고 있는 관점을 따르는 편이 조금이라도 편하게 여겨질 수 있습니다. 검찰에 의해 한 번은 법적 판단을 받은 셈이니까요. 의심스러울 때는 피고인의 이익으로 봐야 하는데, 그러기에 쉽지 않은 구조라는 겁니다.

그렇게 1심 재판이 유죄로 나오면 2심부터는 더욱 그런 경향이 강해집니다. 누가 봐도 명백하게 무죄라는 증거라도 나오지 않는 한 앞서 내려진 결론을 뒤바꾸는 일은 갈수록 부담스러울 겁니다. 실제로도 어지간해서는 새로운 증거 없이 1심의 결론을 바꾸지 말도록 운영하고 있기도 합니다. 대법원은 더욱더 그렇지요. 법률심이라는 방패막이 있기 때문에 2심 재판에 특별한 문제가 없었다고만 하면 부담에서 벗어날 수 있거든요. 마음도 편하고, 업무도 덜어지는 겁니다. 물론 억울한 피고인이 구제받을 길은 그만큼 멀어지겠지만 말입니다.

대법원이 법률심만을 원칙으로 하는 이유는 뭘까요? 대법원의 기능 자체가 전국에 있는 법원들이 재판하는 데 필요한 법적 기준을 만드는 데 있다는 것이 첫 번째 이유입니다. 더욱 현실적인 이유로는 재판이 너무 많다는 것입니다. 대법관 한 사람이 1년에 처리하는 사건이 3,000건가량에 이른다고 합니다. 그 모두를 꼼꼼히 들여다보는 일은 불가능하겠지요. 사실상 3심 재판을 제대로 받는 사건은 극히 드물다는 뜻입니다. 재판을 받는 국민의 입장에서는 '최후의 희망'이 헛된 희망일 가능성이 높은 겁니다. 한편 3심 재판이 그렇게 많다는 것은 1, 2심 재판 역시 많다는 뜻일 텐데요. 2000년대 중반을 기준으로 1년에 180만 건가량의 사건이 법정에 오른다고 합니다. 대법원 법원행정처에 따르면 2019년 기준 우리나라 법관 수는 2,966명으로 독일(2만 3,835명), 프랑스(7,427명), 일본(3,881명)보다 현저하게 적습니다. 인구수를 고려한 2019년 법관 1인당 사건 수는 464.07건으로 독일(89.63건)의 약 5.17배, 일본(151.79건)의 약 3.05배에 이릅니다.

판사들은 과도한 업무에 시달리고, 국민으로서는 꼼꼼하고 성의 있는 재판을 기대하기 어려운 겁니다. 김 전 지사 사건처럼 국민적 관심사가 높고, 중대한 정치적 의미를 가진 사건조차 그랬던 겁니다. 어떤 방법이 있을까요? 판사의 숫자를 늘려야 한다거나, 대법원 이외에 상고법원을 하나 더 만들어 보자는 등 법조계에도 여러 가지 의견들이 있지만 답을 찾지 못하고 있습니다. 21세기 대한민국 사법부는 구조적으로도 신뢰받기 어려울 수 있는 겁니다. 어떻게 생각하십니까?

법원은 정의를 세우는 곳이어야 할까?

― 사법제도 개선에 관한 제언

김경수 전 지사에 대한 판결문에서 보여 준 법원의 판단 가운데 선뜻 받아들이기 어려웠던 쟁점들과 함께 그 원인에 관한 의견을 변호인단 중 이옥형 변호사에게 물었습니다. 사법부에 구조적인 문제는 없는지 짚어 본 것인데요. 이 변호사는 "보기에 따라 이렇게 보이고, 저렇게도 보이는데, 재판부는 이렇게만 본 것이지요"라는 한마디로 판결을 요약했습니다.

김 전 지사 사건에서 특검이 내놓은 주장과 증거들에 대해 변호인단은 그 신빙성을 흔들 수 있는 여러 가지 다른 가능성을 제시했는데요. 그중 드루킹이라 불렸던 김 씨를 비롯한 경공모 회원들의 일부 진술은 사실이 아닌 것으로 드러나기도 했습니다. 그런데도 재판부는 유죄를 선고했고요. 의심스러울 때면 피고인의 이익으로 하라는 무죄추정의 원칙을 적용하기에는 여전히 부족했던 것일까요?

대학에서 형사법을 공부할 때 무죄추정의 원칙을 금과옥조처럼 여겼습니다. 문명화된 현대사회에서 너무나 당연한 것이어서 별다른 의문이 없습니다. 그런데 막상 실무의 세계에 들어오면 무죄추정의 원칙이 현실 재판에서 관철되기란 생각보다 어렵다는 것을 알게 됩니다. 많은 사건에서 수사기관이 이미 충분한 시간과 인력을 투입해 유죄 증거들을 충분히 확보하고, 더욱이 피고인의 자백을 받아 내기 때문에 기소된 많은 사건이 결론이 유죄에 이르는 것은 어떻게 보면 당연하다고도 하겠습니다.

그러나 증거가 명백하지 않고 피고인이 일관되게 무죄를 주장하는 사건에서는 조금 더 신중한 접근이 필요하다고 할 것입니다. 그러한 사건에서는 합리적 의심의 여지가 없는 확신이 들 정도의 증명이 되어야 하고 무죄추정의 원칙이 강하게 작동되어야 합니다. 하지만 그런 사건에서도 무죄추청의 원칙은 잘 작동하지 않습니다. 그러한 민감한 사건들을 경험한 변호사들은 오히려 유죄추정의 원칙, 의심스러울 때는 피고인의 이익의 아니라 검사 이익의 원칙이 작동된다고 자조하기도 합니다.

실제로 무슨 일이 있었는지 완전히 알기 어려운 사건들이 있습니다. 객관적인 증거들은 몇 조각에 불과하고 증거들로 사건의 전말을 맞추기에는 어려운 사건들이죠. 때로는 기소한 검사마저도 유죄라는 확신을 갖지 못한 상태에서 기소하기도 합니다. "했을 것으로 보이는 사건들"에서도 유죄가 나오는 경우가 많거든요. 저의 주관적인 견해입니다만, 피고인이 부인하고, 증거가 명백하지 않은 사건 중 상당수는 무죄로 볼 수 있는데도 유죄로 종결된 사건들이 있다고 생각합니다. 보통은 그렇지 않지만, 아주 민감한 사건들의 경우 유죄에 대한 확신을 흔들만한 합리적 의심을 충분히 제기했는데도 결국 유죄로 나오는 경우가 있습니다. 그럴 때면 판사가 아주 강력한 유죄추정의 생각을 하고 있었다는 걸 느끼게 됩니다.

　김 지사 사건의 경우 제가 변호인으로 참여했기에 완전히 객관적인 입장에 있다고 말씀드리기는 어렵습니다만, 특검의 논리나 증거에는 부족한 부분들이 많았고, 피고인의 변소에 합리성이 있었으므로 무죄추정의 원칙이 정상적으로 작동되었다면 결론이 달라질 수도 있었다고 생각합니다.

법원에서 판사로 오랫동안 일하셨지요. 왜 그런 일이 벌어진다고 생각하십니까?

굉장히 어려운 문제인데요. 매우 복합적인 요소들이 반영된 결과일 것입니다. 다만 여러 가지 요소 중에서 보통은 잘 지적되지 않는 것에 대해 말씀드리고 싶습니다. 우리나라에서 법률가들이 교육받고 훈련하는 과정에서 정의에 대한 갈망, 진실에 대한 갈망이 매우 큽니다. 사법시험을 보았든, 법학전문대학원을 나왔든 많은 법률가의 출발점에는 정의와 진실에 대한 갈망이 있다고 생각합니다. 변호사는 조금 다른 길을 가기는 합니다만, 판사나 검사는 '진실을 추구해야 한다', '정의를 세워야 한다'는 생각이 강합니다. 저는 그런 생각을 하는 법률가의 존재가 매우 중요하다고 생각합니다만, 때때로

그것이 과잉되었을 경우 부작용도 있습니다. 진실과 정의를 추구하되, 그것은 어디까지나 헌법과 실체법, 절차법의 틀 내에서입니다.

판사에게는 보편적으로 진실 추구 의무가 있습니다. 그러나 거기에는 변론주의의 한계, 증거재판의 한계, 검사의 증명 책임의 한계, 무죄추정의 원칙 등이 작용합니다. 이러한 원칙들을 어기면서까지 절대적으로 진실을 추구할 의무를 부여하고 있지는 않습니다. 헌법과 법률은 판사에게 일정한 판단 법칙을 제시하고 있습니다. 판사는 심판자 역할에 충실해야 합니다. 그렇지 않고 판사가 진실을 추구하고 정의를 세우려는 의욕이 과하면 공정한 심판자로서의 모습을 잃고 맙니다. 종종 재판 현장에서 판사가 검사 역할을 하는 경우를 목도합니다. 검사가 공소를 제기하고 증명을 해야 하는데 검사는 구경꾼이 되고 판사가 열심히 수사하는 때도 있거든요.

재판을 받는 피고인, 돕는 변호인 입장에서는 곤란한 상황이겠군요?

피고인한테 증명하라고 하면서, 왜 대답을 못 하느냐며 다그치는 경우가 있어요. 저는 이게 판사가 할 일은 아니라고 생각합니다. 법정에 있으니까 궁금한 점이 있을 때 석명권釋明權*을 행사해 대답을 들을 수는 있지요. 그렇다고 피고인에게 증명하라든지 수사를 하라

* 법원이 사건의 진상을 명확히 하기 위해 당사자에게 사실상 및 법률상의 사항에 관해 질문을 하고, 입증을 촉구하는 권한.

고 해서는 안 되는 거예요. 더 심해지면 약간의 의심이 들더라도 현실에서 정의를 구현한다는 생각으로 유죄추정의 원칙으로 이어지는 것 아닌가 싶습니다. 형사소송법은 그 반대로 규정을 하고 있는데도 말입니다. 형사소송법에는 무죄추정의 원칙이 있어요. 합리적 의심의 여지가 없이 유죄 확신이 있을 때만 유죄로 선고하는 것입니다. 무언가 부족하더라도 판사가 나서 진실을 밝히라고는 하지 않습니다. 부족한 것은 검사가 채워 넣어야 할 부분이지 판사가 채울 부분은 아닙니다. 판사는 중립적이고 공정하게 재판을 해야 합니다. 유죄에 대한 60퍼센트의 확신이 있더라도 다른 가능성이 40퍼센트 정도 있으면 무죄판결을 선고해야 합니다.

일반적으로는 법원이 중립적 위치에서 검사와 피고인의 공격과 방어를 지켜보고 누구 손을 들어줄 지 판정하는 걸로 알고 있을 겁니다. 법률 전문가가 아닌 피고인을 위해 변호인의 도움을 받고, 확실한 결론이 나올 때까지는 무죄로 추정하고요. 변호사님 말씀은 그와 정반대로 들리는데요. 어쩌다 그런 상황이 됐을까요?

역사 문제, 사법 시스템 문제 등 여러 가지 관점에서 접근할 수 있을 것입니다. 그중 하나는 저를 포함한 법조인들이 교과서를 공부하면서 실체적 진실 발견의 책무 같은 것들을 많이 접했다는 겁니다.

과거 형사소송법 교과서를 썼던 분들이 대개 검사 출신 학자나 변호사였어요. 그래서 정의를 세우고, 실체적 진실을 발견해야 한다는 의식이 강했던 것으로 보입니다. 그런 것이 검사한테는 맞아요. 검사에게는 100퍼센트 맞는 교과서인데요. 판사한테 맞는 책들은 아닌 겁니다.

문득 저 역시 공부하던 시절을 돌아보니까 형사소송법 교과서인데도 막상 소송 절차보다는 수사 절차를 더 많이 다뤘던 기억이 납니다. 그게 당연한 거로만 생각을 해왔는데요. 수사와 재판은 별개여야 하는 것이 맞겠지요?

그렇습니다. 사건의 수사부터 시작이니까 교과서는 그런 순서로 이뤄졌는데, 그러다 보니 수사 절차와 재판 절차가 마치 하나인 것처럼 통용되는 문제가 있다고 봅니다. 법을 배울 때부터 수사 절차와 소송절차를 완전히 다른 것으로 나누어 인식해야 한다고 봅니다. 엄격하게 다른 원리로 작동해야 하는 절차들이니까요. 범죄를 저질렀다고 의심하면서 재판에 넘기는 절차와 그 사건을 중립적으로 바라보면서 판단해야 하는 절차는 달라야 하는데, 함께 할 수 없는 둘을 묶은 겁니다.

그런가 하면 국민도 대개 법원이 정의를 구현하는 곳으로 알고 있는데요. 법을 상징하는 정의의 여신을 떠올리기도 하고요. 그런데 그 때문에 억울한 사람을 만들 수도 있다니까 조금 혼란스럽기도 합니다.

재판은 원래 본질적으로 한계가 있는 겁니다. 사회에 갈등이 생겼을 때는 그걸 둘러싸고 여러 가지 측면을 봐야 합니다. 그중 법적으로 판단할 수 있는 건 극히 일부에 그치는 겁니다. 형사재판에서 유무죄를 따지는 일은 검사가 형법을 적용해 재판에 넘긴 혐의 사실만을 놓고 보는 거예요. 많은 국민은 재판 절차를 통해 진실이 밝혀지기를 원하지만 그것은 지극히 어려운 일입니다. 진실은 재판 절차에서 드러나는 것보다 훨씬 넓고 깊은 곳에 있는 경우가 많습니다.

요즘에는 거꾸로 여의도 정치권에서 갈등이 생기면 서초동 법조계로 끌고 오는 추세가 아닌가요?

사법은 만능이 아닙니다. 거칠게 말하면 40점짜리예요. 한계가 분명합니다. 모든 진실을 밝히는 것이 아닌, 증거라는 유리창이나 거름종이를 거쳐 나온 것들로만 제한적인 사실을 보는 것입니다. 현실 그 자체가 아니기 때문에 사법은 굉장히 제한적인 진실을 찾을 수밖에 없어요. 사법에서 100퍼센트 진실을 추구하면 안 된다고 생각해요. 사법은 순수한 진실을 밝힌다기보다 사회의 안정과 지속을 위해 법적인 분쟁을 종결하는 거죠. 분쟁 상태가 계속되면 혼란스럽기 때문에 일단락을 짓는 것입니다.

정치권의 갈등이 자꾸만 법조계로 넘어오는 건 우리나라 정치 영역이 취약해서 그런 거예요. 정치가 너 죽고 나 살자는 이전투구의 현장이기 때문에, 자신들이 해결해야 할 문제를 계속 사법 영역에 던지는 거죠. 저는 그렇게 생각합니다. 우리 정치 영역이 스스로 문제를 해결할 능력이 없어서 정치가 해결해야 할 것들을 다른 영역으로 가져와 버리는 건데, 그러면 정치도 망하고 사법도 망하는 겁니다. 정치가 취약하면 국민만 힘듭니다.

지금 상황에서 현실적으로 법원이 바뀌어야 할 부분들, 특히 변호사님 말씀에 따르자면 60퍼센트의 유죄 심증으로 처벌하는 문제를 개선하기 위해 할 수 있는 일은 없을까요?

다른 얘기일 수도 있지만 판사가 일이 많은 것도 꼼꼼한 재판을 하는데 큰 장애가 됩니다. 무죄를 쓰기가 굉장히 어렵죠. 주어진 업무시간 이내에 검사가 주장하는 것과 다른 가능성을 찾아보려면 시간에 쫓기거든요. 그래서 유죄를 쓰는 경향이 좀 더 있습니다. 정확히는 모르겠지만 "이거 나쁜 놈 같네"라는 생각이 들면 유죄를 선고할 수 있는 겁니다. 그러니까 이런 거예요. "이번에 뇌물을 주고받았는지는 분명하지 않은 것 같은데 이번은 아니더라도 평소 뇌물을 많이 받은 건 틀림없어 보여"라는 생각이 드는 사건들이 있어요. 그럴 때 특히 검사의 주장에 쉽게 손을 들게 됩니다. 그래서 굳이 해결책이라고 한다면 1심 형사재판의 업무를 조금 줄여줄 필요가 있습니다. 결국 판사를 증원해야겠죠. 업무에 쫓겨 정신이 없으면 궁리를 하는 일 자체가 어려워요. 심심해야지 열심히 사건에 대해 이런저런 궁리를 해보는 거예요. 그런 만큼 업무량을 줄여주는 것이 필요합니다.

다른 문제는 법원 개혁이나 사법 신뢰와도 관련이 됩니다. 재판은 판결 선고라는 결론이 있지만, 결론은 사실 아무도 모르는 것입니다. 중요한 것은 절차입니다. 절차 안에서 충분히 자기주장을 하고, 신청하고 싶은 증거를 다 신청해서 절차가 만족스러웠다면, 재판에서 져도 괜찮아요. 그런데 말도 다 못 해 보고, 증언도 다 못 들어 보고 지면 그때는 한이 남죠. 저는 결론은 판사 마음이더라도 절차만큼은 굉장히 잘 지켜줘야겠다, 그래야지 사법 신뢰가 확보되겠다는 생각을 해 왔어요. 절차적인 권리를 보장해 주는 것이 저는 굉장히 중요하다고 봐요. 절차적 권리를 확보해 주려면 결국 판사가 늘어나야 합니다. 판사들한테 당신들의 인식을 바꿔라, 그것만으로는 안 되는 거예요. 방법도, 수단도 없어요. 아마 우리나라 판사 수가 OECD 국가 중에서 인구 대비 가장 적을걸요.

대법원 법원행정처에 따르면 2019년 기준 우리나라 법관 수는 2,966명으로 독일(2만 3,835명), 프랑스(7,427명), 일본(3,881명)보다 현저하게 적습니다. 인구수를 고려한 2019년 법관 1인당 사건 수는 464.07건으로 독일(89.63건)의 약 5.17배, 일본(151.79건)의 약 3.05배에 이릅니다.

무죄를 쓰려면 판사가 이런저런 궁리를 많이 해야 한다고 하셨는데요. 검사가 정리해 놓은 주장과 증거를 안 믿고 거꾸로 무죄로 판단하는 일은 판사 입장에서 부담스러운 것일까요?

아주 중요한 지적 사항입니다. 어찌 보면 재밌는 상황인데요. 국가의 녹을 먹는 공무원인 검사가 허위 진술을 할 이유는 없다고 보기 쉽잖아요. 그러니 허위 증거를 낼 이유도 없다고 볼 수 있고요. 반면에 자영업으로 돈을 버는 변호사는 피고인의 이익을 위해 얼마든지 허위를 진술할 가능성이 크다고 볼 수 있지요. 만약 어떤 판사가 재판받는 양쪽에 대해 이렇게 다른 시각을 갖고 있다고 가정하면 그 결과의 차이는 매우 큰 겁니다. 한쪽은 거짓말을 할 동기가 없고, 다른 한쪽은 허위를 말할 동기가 많은 사람인 거죠.

그럴 수도 있는데요, 사실은 반대인 경우도 있거든요. 검사가 선입견이나 편견을 가지고 어떤 사람을 처벌해야 한다는 목적이 뚜렷해지면 질수록 객관적이기 쉽지 않겠지요. 유리한 증거는 무시한 채 재판에 넘기는 겁니다. 개인적인 감정이 있거나 이익을 노리지 않더라도 말입니다. 거꾸로 변호사 중에는 아주 적은 금액을 받고도 억울한 피고인을 돕고 싶어 열심히 하는 경우도 얼마든지 있거든요. 이런 사건도 있고, 저런 사건도 있는데 "검사는 허위를 저지를 이유가 없어"라는 식으로 일반화하는 판사들도 있는 겁니다. 검사는 기본적으로 자기가 수사하고 있는 사건의 실체를 밝혀서 유죄로 만들고 싶은 마음이 있어요. 특히 검사가 처음부터 직접 수사하는 사건이 그렇죠. 검사가 수사의 당사자가 되어 버리기 때문에 사건을 객관적으로 보기 어려워요. 검사의 업무 특성상 그럴 수밖에 없는데도 판사가 검사는 공정할 것이라는 선입견을 품고 있으면 피고인이 억울해질 가능성이 커지는 겁니다.

앞에서 얘기했던 것으로 다시 돌아가 보면 우리 법률에는 검사는 진실을, 변호인이나 피고인은 거짓을 말할 가능성이 더 크다는 판단 법칙은 없습니다. 무죄추정의 원칙은 쉽게 풀어쓰면, 피고인은 진실을 말하는 것으로 추정되니 검사가 피고인이 거짓말을 한다는 것을 증명하라는 원칙이라고 할 수 있습니다.

검사에게 잘못 보이면 빠져나가기 쉽지 않다는 말이 나오는 이유가 될 수도 있겠네요. 검사가 악의를 품어서가 아니라 검사도 사람이니까 잘못 볼 수도 있는데, 판사마저 그걸 걸러 내는 역할을 못 해주니까요?

검사 중에도 굉장히 균형 감각이 있고 치우치지 않는 사람들이 대부분이에요. 제가 보기에는 90퍼센트 이상 검사들은 그런 것 같습니다. 객관적인 위치에서 사건을 바라보는 거죠. 그런데 일부 검사들이 직접 수사하는 사건들, 특히 성과를 내야 하는 사건들에 대해서 객관성을 잃은 일들이 벌어지는 겁니다. 특별검사처럼 국민적 관심이 집중된 사건에서는 어떻게든 성과를 내야 하는 부담이 따르는데, 그 부담이 이상한 결론으로 이어질 수 있는 겁니다.

그분들 입장에서는 그것이 정의라고 생각할 수도 있지만, 그게 억울한 피고인을 만들 수 있다는 거지요?

그런 거예요. 가장 흔한 경우가 일단 나쁜 놈이라고 생각하는 거예요. 나쁜 놈이기 때문에 이 나쁜 놈을 어떻게든 잡아야 하니까 탈탈 털어 뭐라도 하나 끌어내려고 하는 거죠. 그런 것들이 결국 검경 수사권 조정이 필요한 이유죠. 우리나라 검사들은 선택해야 해요. 자신들이 법률가로 남을지 수사관으로 남을지를. 여태까지는 법률가라고 했지만 사실은 수사관 역할을 했어요. 이중의 지위를 가지고 있었던 겁니다. 법률가 역할을 하고 싶다면 수사는 경찰한테 맡기고 법률가로서 역할을 해야 하는 거예요.

김 전 지사 사건 역시 유죄 인정을 쉽게 했다고 볼 수 있을까요?

김 전 지사 사건은 복잡한 간접사실이 엄청나게 많이 동원되었습니다. 간접사실들에 대한 공방이 매우 많았습니다. 직접증거가 없는 상황에서는 그럴 수밖에 없었습니다. 그런데 저는 간단하다고 봐요. 킹크랩 프로토타입 시연이 있었는지 없었는지. 그것이 저는 가장 중요한 문제고, 그게 킹크랩을 동원한 불법행위를 김 전 지사가 알고 있었는지 하는 얘기거든요. 공범 관계가 성립하려면 시연을 보고 승인을 했는지, 김 씨에게 "열심히 해 주세요"라고 했는지가 관건이라고 저는 보거든요. 시연을 했다는 증거로는 로그 기록이 제시되었습니다. 하지만 로그 기록 그 자체는 중립적이라고 봐요. 사건에 부합하는 증거이기는 하지만 그 자체만 가지고 시연을 했다는 사실을 증명할 수 없어요. 거기에 다른 사람들의 진술들이

김경수, 댓글 조작, 뒤집힌 진실

덧붙여져야 김 지사가 봤다는 사실을 증명하는 것이거든요. 피고인이 시연을 본 적이 없다고 얘기를 하는 만큼 결국 누구 말을 믿을 것이냐로 귀결된다고 봐요. 법원은 김 전 지사의 말은 듣기 싫었지만, 특검의 주장은 믿고 싶었던 것 같습니다. 결론적으로 수많은 허위 진술이 드러났지만 그건 허위더라도 다른 건 진실이라고 했거든요.

이런 상황은 변호인이나 피고인에게 정말 어려운 겁니다. 예를 들어 관련자가 했던 진술이 10개가 있어요. 그런데 공소사실과 직접 관련되는 진술은 딱 하나입니다. 이 사람이 했던 나머지 9개의 진술을 검증해 봤는데 모두 거짓말로 드러났어요. 그러고 나서 피고인이 "이 사람 진술은 이런 거, 저런 거 다 허위인데 지금 이 하나가 진실이라는 것을 어떻게 믿을 수 있겠습니까?"라고 얘기하는 겁니다. 그런데 판사는 "그래 맞습니다. 10개 중 9개는 보니까 거짓말이네요. 하지만 이 한 개는 일관되고, 처음부터 끝까지 이렇게 얘기하고 있는 거 보니까 이건 진실로 믿을 겁니다"라고 하면 모두 허사인 겁니다. 판사가 믿겠다는데 그럼 더 이상 방법이 없는 거예요.

그 한 개마저 거짓말이라는 사실을 밝히지 못한다면 더 이상 다툴 방법이 없다는 것이군요?

방법이 없습니다. 어떤 사건은 보고 싶은 대로 보이거든요. 피고인은 이렇게 보고 있고, 변호인도 이렇게 보고 싶으니까 각종 증거를 특정한 방향으로 해석합니다. 검사한테는 다르게 보여요. 각자 입장에서 사건을 바라보는 거죠. 결국 법원이 바라보고 싶은 관점 중 하나를 선택하는 겁니다. 피고인의 복 중 가장 큰 게 재판장 복이에요. 같은 사건이라도 어떤 재판장을 만나면 이거 억울하지 않고 괜찮게 끝날 수 있겠다, 잘 해결해 주겠다 싶고요. 다른 재판장을 만나면 이건 방법이 없다고 예상합니다. 재판부별로 성향이 있거든요. 유죄추정의 원칙이 강하게 작동하는 재판부, 무죄추정이 강하게 작동하는 재판부가 다릅니다. 현실은 존재하니까요. 그건 어쩔 수 없어요.

양립 가능한, 합리적으로 바라봐도 다른 가능성이 있다면 무죄로 판단해야 할 텐데 현실은 그렇지 않다는 말씀인데요. 유죄일 수도, 무죄일 수도 있다면 오히려 무죄가 나와야 하는 게 법적 이론에도 맞는 게 아닐까요?

"검사의 주장도 합리적이고 피고인의 주장도 합리적이면 결국은 합리적 의심을 배제할 수 없어서 무죄다"는 취지의 대법원 판례도 있습니다. 피고인 주장이 합리적이면 무죄추정의 원칙이 작동돼야 하는 거예요. 김 전 지사 사건 역시 이렇게 볼 수도 있고 저렇게 볼 수도 있습니다. 양쪽 다 전혀 터무니없는 소리가 아닙니다. 특검 말이 맞을 수 있고, 피고인 말도 맞을 수 있어요. 다 그럴듯해요.

그렇다면 결국 일반적으로 다른 사건, 다른 국민 사이에서도 억울한 사람이 나올 수가 있는 거겠지요?

지금도 많을 겁니다. 제가 변호했던 사건 중 언론에서도 다뤘던 사건인데, 살인으로 1심에서 유죄가 나왔어요. 무기징역을 선고받았죠. 제가 피고인을 만나 보았더니 공소사실 내용이 매우 의심스러웠습니다. 이건 너무 부족하다. 진실은 살인일 수도 있겠지만 이것만으로는 판결 이유가 너무 약하다는 판단이 들었죠. 그런데도 1심에서 무기징역을 선고했어요. 마찬가지로 보기에 따라 '모 아니면 도'인 사건이었던 거예요. 다행히 항소심에서 무죄가 나왔는데요. 그래서 판사들이 생각을 잘해야 하는 겁니다. 자기가 억울한 사람, 무죄인 사람을 살인자로 만들 수 있는 거잖아요. 억울한 사람들이 많습니다. 그런데요. "억울한 사람 법원에서 누명 벗기 어렵다"는 법언이 있어요. 우리끼리 만들어 낸 법언이에요. 그냥 변호사 업계에서 만들어 낸 말이긴 하지만 왜 그렇겠어요? 법원이 사실상 유죄추정의 원칙을 적용하기 때문이죠.

이런 문제의식은 변호사 업무를 하면서 갖게 되신 걸까요 아니면 법원에 근무할 때부터 생각하셨던 걸까요?

법원에 있을 때부터 했습니다. 판사가 언론이나 국민으로부터 많은 비판을 받기 때문에 무엇이 문제인지 항상 관심을 갖고 있었습니다. 어떻게 하면 국민으로부터 신뢰받는 재판을 할 수 있을지 고민하는 판사들도 많아요. 다만 판사일 때의 관점과 변호사일 때의 관점이 많이 달라지는 점도 있습니다. 판사들은 자기가 어떻게 재판하는지 잘 모르고 어떠한 평가를 받는지도 잘 모릅니다. 그리고 다른 판사들이 어떻게 재판하는지도 잘 몰라요. 판사들은 각자 독립된 법정에서 재판을 하잖아요. 저도 판사 생활을 17년 했는데, 재판장을 맡기 전까지 배석판사로 네 분의 부장님을 모셨습니다. 그건 네 명의 판사에게서 재판하는 모습을 보고 배웠다는 겁니다. 그게 제가 본 재판 스타일의 전부였습니다. 그러고 나서 재판장이 된 거예요. 다른 사람이 재판을 어떻게 하는지, 잘하는지 못하는지 알 수가 없는 겁니다.

요즘 판사들은 자기 재판 모습을 동영상으로 많이 찍어 봅니다. 저도 한 서너 번 찍어봤어요. 제가 재판하는 모습을 캠코더로 찍어서 봤는데 부끄럽기 이루 말할 수가 없더군요. 아마 판사들 대부분이 그럴 거예요. 어쩌다 자기 목소리를 들으면 굉장히 낯설고 별로구나 하는 생각을 하잖아요. 판사들도 재판을 어떻게 잘할 수 있을지, 어떻게 하면 국민의 신뢰를 받을 수 있을지 고민이 많습니다. 나름대로 자기들 내부에서 노력을 많이 하긴 하는데, 여전히 외부에서 보는 것과는 많이 다를 수밖에 없는 겁니다.

앞에서 말씀드린 바와 같이 저는 판사의 진실 추구에 대해 다소 회의적인 생각을 하고 있었습니다. "판사가 왜 진실을 추구하고 정의를 세우냐. 판사가 그런 직업은 아니다. 판사는 제3자 입장에서 공정하게 중립적인 입장에서 재판하는 일이다. 검사가 유죄의 증명을 못 하면 무죄다. 설령 이 사람이 유죄라고 하더라도 증명을 못하면 무죄라고 하는 심판자, 판단자의 위치다. 판사는 수사관이 아니다." 저는 법원에 근무할 때도 이런 취지의 얘기를 많이 해왔는데요. 이런 생각에 반대하는 분들도 많습니다. "아니, 어떻게 그럴 수가 있냐. 판사가 실체적 진실을 발견하고 정의를 세워야 하는 거고 나쁜 놈이 있으면 응징을 해서 다시는 이런 일 없도록 해야지." 이렇게 말하는 분들이 실제로 더 많아요. 그렇지만 억울한 피고인을 만들지 않기 위해 판사도, 국민도 한번쯤 생각해 주셨으면 합니다.

판사가 업무에만 쫓기지 않고 진지하게 고민하기 위해서라도 숫자를 늘리는 일이 필요하겠지요?

그렇습니다. 법원이 변해야 한다면서 일종의 정신교육만 하는 것으로는 한계가 있어요. 계획을 세워 숫자를 늘려 가야 할 겁니다. 그건 법원의 엘리트주의를 깨는 데도 필요한 일입니다.

사법 개혁과 관련해 개인적으로 좀 더 쉬운 방법을 생각해 보았습니다. 현 단계에서 할 수 있는 일로 저는 재판 공개가 제일 중요하다고 봅니다. 지금도 누구든지 법정에 가볼 수 있게 공개는 돼 있는데요. 재판 공개라는 것은, 그 취지를 제대로 살리기 위해 IT 기술을 도입해 누구나 클릭 한 번으로 재판하는 모습을 지켜볼 수 있도록 하자는 겁니다. 중계 시스템을 갖춰 이를테면 서울중앙지방법원 형사 1단독을 누르면 원격으로 볼 수 있도록 하는 겁니다. 저는 이것만큼 사법 개혁에 강력하고 효과적인 방법은 없다고 생각합니다.

그런 일이야 지금의 IT 기술로 충분히 가능하기는 하겠지만 판사들이 엄청나게 싫어하지 않을까요?

당연히 싫어하죠. 왜 싫어하겠어요? 본인의 재판이 공개된다는 것이 부담스럽기 때문이죠. 제가 그랬거든요. 하지만 이건 우리나라만 시도하는 일이 아닙니다. 이미 그렇게 하는 나라가 많아요. 재판일정이 모두 공개되고, 그 재판을 클릭하면 재판하는 모습을 스마트 기기로 볼 수 있는 겁니다. 우리나라 판사들이 그렇게 멋지게 재판을 하는데 공개하지 않을 이유가 없어요. 피고인이나 당사자는 기술적으로 보호해 줄 수 있는 장치를 하면 됩니다. 저는 몇 년 전부터 기회가 있을 때마다 이런 얘기를 꺼내고 있는데요. 특히 판사들한테요. 재판 공개만 되면 재판 절차가 아주 국민 친화적으로 바뀔 겁니다. 판사들도 신중하게 재판을 할 수밖에 없는 만큼 억울한 피고인을 줄이는 데도 기여할 수 있습니다.

김종복 변호사 인터뷰

법정에서 만나기 어려운 '무죄추정의 원칙'

— 사법제도 개선에 관한 제언

김경수 전 경남도지사에 대한 1심, 2심 판결문을 읽는 동안 고개를 갸웃하게 만드는 부분들이 적지 않았습니다. 특검이 내세웠던 주장과 이를 입증하기 위한 증거들에 대해 얼마든지 다른 가능성이 있지 않겠느냐는 것이었는데요. 그런데도 법원은 흔들림 없이 특검 측의 손을 들어주었습니다. 의심스러울 때는 피고인의 이익으로 한다는 법언이 과연 지켜졌는지 의심스러웠습니다. 이 사건을 떠나 혹시 우리 법원이 형사재판을 하는 과정 자체에 개선해야 할 점은 없을지 김 전 지사의 변호인단 김종복 변호사의 의견을 들어 봤습니다. 사법연수원 31기인 김 변호사는 2002년 서울중앙지방법원을 시작으로 서울동부·광주·수원지방법원을 거쳐 대법원 법원행정처 사법정책심의관으로 근무하다가 부장판사를 마치고 퇴직한 변호사입니다. 현재는 법무법인 엘케이비앤파트너스의 대표 변호사를 맡고 있으며, 김 전 지사에 대한 2심 재판부터 변호인단에 합류했습니다.

김 전 지사 사건에는 여러 가지 증거들이 나왔습니다. 드루킹이라 불렀던 김 씨를 비롯한 경공모 회원들의 진술이 있었고요. 김 씨가 보냈던 기사 목록이 있고, 이른바 온라인 정보 보고도 있습니다. 재판부 입장에서 유죄를 인정하는 데 가장 결정적으로 작용한 것으로 보이는 네이버 로그 기록도 있지요. 다만 그런 증거들이 무엇을 뜻하느냐에 대해서는 김 전 지사 측이 하나하나 다른 가능성을 제시하기도 했는데요. 결과적으로 받아들여지지 않았습니다. 김 전 지사 입장에서는 재판부가 특검의 주장에만 귀를 기울인 것으로 보일 수 있는데요. 진실이 무엇인지 알 수는 없습니다만 재판부가 김 전 지사의 반론을 받아들이지 않은 까닭은 무엇일까요?

그에 대한 직접적인 답을 드릴 수는 없을 것 같습니다만, 아쉬운 점은 무죄추정의 원칙입니다. 이 사건에만 국한된 문제는 아닌데, 무엇보다 무죄추정의 원칙에 대한 판사들의 인식이 제고될 필요성이 있습니다. "무죄추정의 원칙이 최상위법인 헌법에 규정된 이유가 그만큼 잘 지켜지지 않기 때문이다"라고 농담처럼 말씀하셨던 선배 판사의 말씀이 항상 생각납니다. 검사는 강제수사를 통해 각종 증거를 수집하고, 그렇게 수집된 증거들을 기초로 공소장을 작성합니다. 법률 전문가인 검사가 작성한 공소장은 판사가 보기에도 아주 그럴듯해 보일 수밖에 없습니다. 일부 증거의 공백이 있더라도 단순히 가능성이 있는 정도에 불과한 간접증거나 사회 통념, 경험칙을 동원해서 추정으로 메워집니다. 예를 들어 은행에서 현금을 찾은 다음 바로 누군가를 만났다면, 그 사람에게 돈을 전달했을 것으로 본다는 식이지요. 그렇게 빈틈을 메우는 최종적인 권한은 물론 판사에게 맡겨져 있는데요. 그렇더라도 검사가 먼저 중요한 부분에 관한 증거들로 구성해 놓은 전체적인 이야기가 그럴듯해 보이면 판사도 그렇게 공백을 메우기 쉽다는 거지요. 간혹 무리한 추정이 들어가 있더라도 기본적으로는 수사기관을 신뢰하고 있어서 판사 역시 쉽게 유죄로 판단해 버릴 수 있다는 것입니다. 판사들이 그런 추정을 쉽게 해서는 안 된다는 것이 헌법 정신인데, 아쉬울 때가 있습니다. 즉 검사의 공소사실을 무죄로 추정하는 것이 아니라 전체적으로 그럴듯하면 유죄로 추정해 버리는 우를 범하고 있다는 것입니다.

일단 유죄추정의 시각으로 보기 시작하면 그걸 깨는 데는 검사의 주장이나 증거에 흠결이 있다는 정도로는 부족합니다. 피고인이 적극적으로 자기 주장이 맞다는 증명을 해내야 합니다. 검사가 증거를 가지고 재구성한 사건의 흐름을 스토리라고 생각할 수 있습니다. 그런데 그 이야기의 어디 어디가 이상하다는 정도로는 법정에서 뒤집기 어렵다는 겁니다. 일상생활에서 있을 수 없는, 황당무계한 줄거리를 검사가 적었을 리는 없기 때문입니다. 굳이 그게 아니라고 뒤집으려면 어떻게 해야 할까요? 피고인으로서는 검사의 스토리에 허점이 있다는 정도가 아니라, 다른 이야기를 다른 증거로 재구성할 정도가 되어야 한다는 겁니다. 즉 현장에 범인이 있었다는 것을 검사가 입증하는 것이 아니라 피고인이 현장에 없었다는 적극적인 알리바이까지 입증해야 판사를 설득할 수 있을 정도입니다. 판사는 적극적으로 증거를 찾거나 사실관계를 구성하는 역할을 하는 것이 아니니까요. 피고인에게 상대적으로 대단히 불리한 구조인데요. 어떤 일을 했다는 증거를 찾는 일에 비해, 하지 않았다는 증거를 찾기란 대단히 어렵습니다.

예를 들어 이런 겁니다. A라는 건설업자가 B라는 유력 정치인과 4시에 어느 건물 지하 1층에 있는 카페에서 만나기로 한 겁니다. 그 건물 1층에 은행이 있는데 A가 3시 59분에 현금 인출기에서 돈을 찾은 거지요. 어떤 이유에서인지는 알 수가 없는데요. 그리고 A는 B에게 전화를 걸어 약속 장소에 도착했다는 사실을 확인한 다음 실제로 단둘이 만납니다. 그런데 이게 갑자기 A가 B에게 뇌물을 주었다는 뇌물 사건으로 둔갑이 되면 어떻게 될까요? 현금 인출기에서 돈을 찾은 기록이 있고, 통화 내역이 나오고요, CCTV에는 A가 은행에 들렀던 사실, 아니 나아가 카페에 들어가는 모습까지 찍혀 있겠지요. 게다가 A는 그날 B에게 뭔가를 부탁하기 위해 만난 것이라고 말합니다. 그걸 검사가 정리해서 기소하면 판사가 무죄를 쓸 수 있을까요? 여전히 돈을 줬다는 직접 증거가 없다고 해서 끝이 아닙니다.

검찰이 공소장으로 쓴 이야기가 언론을 통해 국민에게 알려졌다고 생각해 보세요. 대다수가 당연히 돈을 받았다고 여기겠지요. 그 상황에서 그냥 무죄를 쓰면 난리가 날 수도 있을 겁니다. 그럼 그날 A는 왜 하필 그 시각에 돈을 찾았으며, B를 만나서는 무슨 얘기를 했으며, 그날 만남을 마치고 나올 때 B는 빈손이었다는 사실까지 증거를 들어 재구성하지 않으면 무죄로 쓰기 어려운 상황이 될 수 있습니다. 판사가 그렇게 무죄판결을 할 수 있도록 피고인이 주장과 증거를 제시해야 합니다. 그 와중에 피고인의 진술이 사실과 다르다고 비춰지는 작은 사정이라도 나오면 판사의 판단은 쉽게 유죄로 기울어지지요. 흔히 생각하기 쉬운 일반적인 이야기가 아니라 예외적인 상황이 실제 있었더라도 통하기 어렵다는 겁니다.

김 전 지사 사건에는 이해관계인들이 많습니다. 재판받는 피고인, 공범으로 넘겨졌지만 서로 다른 주장을 하는 사람들, 사건을 둘러싼 이런저런 사정들을 알고 있는 증인들…… 이들이 수사받을 때부터 쏟아 낸 말들이 법정에 쌓였는데요. 공범으로 기소된 드루킹 김 씨와 경공모 회원들은 김 전 지사에게 불리한 말들을 많이 했습니다. 그중 일부는 허위로 드러났는데도 재판부는 여전히 그들의 진술에 신뢰를 부여했는데요. 이처럼 진술에 의존하는 구조 역시 판사의 판단에 영향을 끼쳤을까요?

정확하게는 법정에서 하는 진술이 아니라 검사가 기소하면서 넘긴 조서에 적힌 말들이 많았던 거지요. 이 사건뿐만 아니라 모든 형사재판에서 판사는 경찰, 검찰에서 제출한 서류를 검토하게 됩니다. 진술한 그대로를 옮긴 것이 아니라 법률 전문가인 검사가 검토해서 잘 정리한 글이지요. 판사도 사람인 이상 그런 서류들을 먼저 읽으면 선입견을 가질 수도 있지요. 게다가 검사가 딱히 개인적인 이해관계를 담아서 작성했을 까닭은 없잖아요. 굳이 의심하는 눈으로 읽지 않는 한 고개를 끄덕이기 쉽습니다. 반대로 법정에서 재판받는 사람은 만약 그런 서류들에 자신의 입장과 다른 내용이 쓰였다면 왜 그렇게 잘못 기재가 되어 있는지, 뉘앙스가 왜 다른지, 그때는 왜 그렇게 진술했는지 등등을 설명해야 합니다. 구조적으로 피고인에게 불리할 수밖에 없습니다. 게다가 그런 서류들은 말하는 사람의 얘기를 있는 그대로 받아 적은 게 아닙니다. 수사기관에서 필요에 따라 순서를 정해 일종의 '편집'을 해 놓은 것이지요. 그렇게 정돈된 진술이 있고, 그걸 뒷받침하는 물리적 증거가 있으면 판사는 검사의 주장을 고스란히 믿기 쉽지요.

그렇게 판사에게 형성된 심증을 뒤집으려면 그런 말들을 어느 정도 흔드는 걸로는 부족해집니다. 다른 사실을 새롭게 주장하고 증명해 내야 하는데요. 쉽지 않지요. 근본적으로 진술 증거에 대한 가치를 낮추는 일도 필요합니다. 인간의 기억은 한계가 뚜렷합니다. 같은 일을 두고도 사람마다 다르게 인식하고 기억하는 것은 일상생활에서도 흔하지 않습니까? 법정에서 서로 다른 소리를 하는 것은 어쩌면 당연할 수도 있습니다. 그걸 두고 누구의 말이 진실이고, 누구는 거짓이라고 판사에게 판단하게끔 하는 것 자체가 상당히 어려운 일일 수 있습니다.

각종 '조서'들을 증거로 재판하는 문제를 지적하신 건데요. 모든 사건 관계자가 법정에 나와 설명하는 것부터 시작하면 재판이 너무

길어지고 효율적이지 않을 텐데요? 법률 전문가인 검사가 작성한 서류가 필요한 이유 아닐까요?

꼭 그렇지는 않습니다. 설령 수사기관에서 자백을 했더라도 그걸 보강하는 다른 증거는 필요합니다. 그리고 작성된 내용을 피고인이 받아들일 수 없다고 하면 어차피 말한 사람을 법정에 불러야 합니다. 판사가 당사자나 증인들 얘기부터 먼저 들을 수 있게 하자는 것이고, 피고인이 그 조서를 증거로 사용할 수 없도록 해 달라고 하면 아예 그 조서는 판사에게 제출될 수 없도록 하면 됩니다. 피고인이 증거로 써도 좋다고 하면 그 조서를 판사가 볼 수 있게 하고요.

피고인이 억울함을 호소하는 사건에서는 피고인의 동의 없는 조서 제출을 아예 막고, 피고인이 자백하고 증거를 동의하는 사건에서는 조서만으로 재판하면 효율성이 크게 떨어지지는 않을 겁니다. 조서 작성을 아예 막자는 것이 아니라, 조서를 증거로 사용함에 동의할 때만 법정에 제출하게 하자는 겁니다.

그런데도 수사기관은 수사기관의 조서 작성 권한을 뺏는다고 합니다. 하지만 이는 잘못된 주장입니다. 더구나 조서가 제출되지 않으면 법원 업무가 과중해진다고 주장하지만, 어차피 조서의 증거 사용에 동의하지 않으면 진술자가 법정에 출석해야 하고, 법원은 증언을 들어야 합니다. 그런데 법원으로서는 증언도 듣고, 증인 녹취록도 보고, 또 조서도 봐야 합니다. 오히려 동의하지 않은 조서를 제출하게 하는 것이 법원 업무를 과중하게 하는 겁니다. 법원은 증거 사용에 동의한 조서만 보고 신속한 재판을 할 수 있는 겁니다.

김 전 지사 사건을 보면 드루킹 김 씨를 비롯한 경공모 회원들이 수사 초기 입을 맞춰 허위 주장을 하기도 했습니다. 수사 과정에서 진술을 검증하는 과정이 없으면 그런 일이 더욱 쉽게 벌어질 수 있을 겁니다. 증인들이 법정에서 꼭 있는 그대로 말하리라는 보장이 없잖아요. 진실을 발견하기 어려워지지 않을까요?

수사하는 과정을 생략한 채 법정으로 부르자는 것은 아닙니다. 피고인이 억울함을 호소하는 사건에서는, 법정에서 직접 얘기를 듣는 것부터 시작해야 한다는 것입니다. 조서는 수사기관의 필요에 따라, 묻고 싶은 것을 묻고 그에 따른 답을 편집해 정리한 것입니다. 판사에게 선입견을 주기 쉽습니다. 진실을 발견하기 어려울 수 있다고 하는데, 오히려 반대가 아닐까요? 이는 수사기관에서 정리해 놓은 서류가 진실일 가능성이 크다는 가정 아래에서 하는 생각입니다. 게다가 정작 법정에 나와서는 그런 취지가 아니었다고 진술을 바꾸는 경우도 많습니다. 그럼 증인신문 다시 하고, 수사기관에서 정리한 서류와 다시 대조해야 하는데, 그렇게 되면 법원의 업무만 늘어나지요. 수사기관은 법정에서, 수사받을 때는 다르게 진술해 놓고, 왜 이제 와서 진술을 바꾸냐는 것만 묻게 되고, 그 질문에 증인들은 매우 위축되거나 그런 취지가 아니었다고 강변하게 되는 등 진실과는 무관한 논쟁만을 하게 됩니다.

억울한 사람이 나오기 쉬운 구조라는 건 어느 정도 이해가 가는데요. 다만 형사재판을 까다롭게 하다 보면 범죄를 저지른 자들이 빠져나가기만 쉽게 만드는 것 아니냐는 반론도 있을 겁니다. 가뜩이나 '유전무죄 무전유죄'라는 생각을 하는 사람들도 많을 텐데요?

차원이 다른 문제입니다. 그런 생각의 바탕에는 형사재판을 일종의 보복으로 바라보는 감정이 깔려 있을 겁니다. 잘못한 사람에게 책임을 묻는 국가 형벌권은 보복과는 달라야 합니다. 그런 부분이 아예 없는 것은 아니지만 국가 형벌권은 법이 정해 놓은 기준에 맞게 최소한에 그쳐야 합니다. 이를 위해 절차 역시 엄격하게 지켜져야 하고요. 그게 아니라 '나쁜 놈'이니까 어떻게든 벌을 줘야 한다는 감정이 앞서면 위험해집니다. 일단 나쁜 놈으로 찍히면 벗어나기가 힘들어지지요. 진짜 나쁜지 아닌지 제대로 따지기 전에 처벌이 앞섭니다. 무리한 수사와 이를 눈감는 재판이 이어질 수 있지요. 정치처럼 법 이외의 이유로 그런 상황이 만들어질 수도 있습니다. 국민이 법에 관한 인식을 바꿨으면 좋겠습니다. 세간의 관심을 끄는 중요한 사건에 한정한 일이 아닙니다. 정치인, 재벌뿐만 아니라 평범한 사람 누구나 당사자가 될 수 있는 것이 재판입니다. 유죄 판단을 하기 쉬운 절차 때문에 본인이, 가까운 사람이 억울함을 겪을 수도 있습니다.

정치적으로 민감한 사건이다 보니 김 전 지사에 대한 판결에 대해 비판적인 목소리도 높았습니다. 특히 2심 재판에 대해서는 판결문 자체의 논리적 모순을 지적하면서 지지자들이 판결문 읽기 운동을 벌이기도 했는데요. 법원의 판결문을 국민이 직접 읽고 비판하기도 하는 일을 어떻게 보세요?

이 사건을 떠나 적극적으로 찬성합니다. 사법부가 달라지기 위한 여러 가지 대안이 있겠지만 가장 단순한 일로 우선 판결문을 공개해야 합니다. 대법원에서 확정되기 전이라 할지라도 민사, 형사, 행정을 가리지 않고 모든 사건의 판결문을 전면적으로 공개해야 합니다. 지금은 재판을 받는 당사자, 변호인 정도만 판결의 구체적인 내용을 알 수 있지요. 만약 판결문이 전면적으로 공개되고 모든 사람이 읽을 수 있다면, 판결의 옳고 그름을 누구나 지적할 수 있고, 그렇다면 법원은 훨씬 더 논리적이고 설득력 있는 판결을 하려고 노력할 것입니다.

지금은 어떻습니까? 중요한 사건이라도 언론이 필요한 특정 부분만 옮기기 쉽습니다. 언론이 어떤 의도를 가지고 특정 부분을 강조하면 여론은 그 방향대로 움직이겠지요. 다른 생각을 하는 사람들은 구체적인 판결 내용을 모른 채 사법에 관한 불신을 가집니다. 국민은 정치권, 언론의 시각이 담긴 내용을 보고 재판을 평가하게 되니까요. 개인정보를 보호하는 한도 내에서 무제한으로 정보를 제공해야 국민은 법원 판결을 제대로 알 수 있어 더욱 신뢰할 수 있고, 법원도 함부로 재판하지 않게 될 것입니다.

같은 이유에서 재판을 받는 당사자, 변호인 그리고 검사에게서 재판 진행과 관련한 외부 평가를 받는 일도 역시 필요할 수 있습니다. 개인의 민감한 사생활이 담겼다면 그런 부분을 보호하기 위한, 이를테면 실명 공개를 막는 식으로 제도를 운용할 수 있습니다. 국민이 보고 있고, 관계자들의 직접적인 평가까지 받으면 판사가 자신의 인성과 실력을 키우는 데 게으를 수 없겠지요. 사법부 독립의 의미가 법원이 누구의 눈치도 보지 않는다는 것은 아닐 겁니다. 법관이 내부 평가에만 신경을 쓴다면 법원의 관료화가 심화할 수 있습니다. 외부 평가 자료가 엄격한 재임용 자료로만 쓰인다면 부작용을 막을 수 있을 겁니다.

김 전 지사 사건의 경우 유력 정치인을 둘러싼 의혹인지라 사건 초기부터 언론 보도가 집중됐습니다. 정치권에서도 공방이 이어졌고요. 그런 사건인 만큼 결론인 판결문을 누구나 볼 수 있어야 한다는 점에서도 판결문 공개는 필요해 보입니다. 그런데 경찰, 검찰의 경우 수사 과정에서 알게 된 사실을 오히려 공개하지 않도록 하고 있는데요. 판결문을 공개하자는 것과는 반대 방향 아닌가요?

판결문은 공정한 재판이 이뤄진다는 전제 아래 양쪽 주장을 모두 반영해 작성하는 겁니다. 재판 역시 공개된 법정에서 이뤄지기 때문에 한쪽에 치우치기 쉽지 않지요. 이에 반해 수사 과정은 한쪽으로 편향될 우려가 있을 수 있는 절차입니다. 재판에 들어가는 판사가 선입견을 갖지 말아야 하는 것처럼 국민에게도 선입견을 주지 말아야 합니다. 정치권, 언론의 일방적인 시각이 담긴 '사실 아닌 사실'로 여론이 형성되면 곤란합니다. 재판을 시작하기도 전에 이미 나쁜 놈으로 찍혀 버리지요. 판사는 여론의 눈치를 보느라 공정한 재판을 하기 어려워질 수도 있고요. 국민의 알 권리는 정확한 사실을 전달하는 데 필요한 것이지, 왜곡시키기 위해 쓰여서는 안 됩니다.

사건 초기 구속된 드루킹 김 씨가 옥중 노트를 작성했고, 이에 따라 경공모 회원들이 말을 맞췄다는 사실도 김 전 지사 측에서는 재판 진행 도중 알게 됐다고 들었습니다. 특검에서 수사 과정에서 확보했거나 작성한 모든 자료를 처음부터 피고인에게 제공하지는 않았기 때문이지요. 특검만 그랬던 게 아니지요. 검사 입장에서 사건을 입증하는 데 유리하다고 판단되는 것들만 골라서 증거로 제출하는 것이 일반적입니다. 모든 자료를 공개하지 않지요. 피고인이 요청할 때만 법원을 통해 제공하고 있습니다. 이 사건만 봐도 그렇습니다. 김 전 지사가 경공모 사무실을 두 번째 방문했을 때 회원들과 함께 저녁 식사를 했는지 다투는 과정에서 특검의 수사보고서가 허위로 작성됐다는 의혹이 제기되기도 했고요. 불법에까지 미치지 않더라도 수사 과정이 투명하지 않고, 수사기관의 입장을 뒷받침하는 증거들만 강조되면 재판에도 영향을 끼칠 수밖에 없겠지요?

김경수, 댓글 조작, 뒤집힌 진실

물론입니다. 일차적으로 검사가 법적 요건에 맞춰 정리해 놓은 서류에 이를 뒷받침하는 증거까지 있으면 판사도 다른 생각을 하기 어렵지요. 설령 문제가 있어도 법원에서 이를 발견하지 못하고 유죄의 심증을 형성할 수 있지요. 지금처럼 수사 과정에 대한 막연한 신뢰에 맡길 것이 아니라, 믿을 수 있는 법적, 제도적 장치를 만들어야 합니다. 지금은 수사와 재판 과정 전반에 대한 형사소송법이 있지만, 수사 절차에 관한 세부적인 법률은 없습니다. 모두 법무부 훈령, 대검 예규 등으로 정해 놓고 있지요. 통제 기관인 국회가 만든 것이 아니라 수사기관이 스스로 정한 규칙인 겁니다. 강제력이 없으니 지키지 않아도 큰 문제가 없습니다. 자율적인 규제는 최소한으로 하고, 수사 절차에 관한 정밀한 법을 만들 필요가 있습니다. 이를 지키지 않으면 그 자체로 위법한 수사가 되게 해야 합니다. 그것이 수사에 대한 문민통제입니다.

몇 가지 예를 들어 보겠습니다. 압수수색을 하더라도 당사자의 정당한 이의 제기가 있으면 즉각 정지하고 결론이 나올 때까지 기다려야 합니다. 일단 압수수색이 이뤄지고 난 다음에는 설령 불법적으로 얻은 자료라 할지라도 그걸 근거로 별건 수사를 할 수 있습니다. 피해야 할 부작용이지요. 또한 적법하게 얻은 자료라 할지라도 수사, 재판에 필요한 것이 아니라면 수사기관이 임의로 보관, 이용할 것이 아니라 엄격하게 폐기할 수 있도록 해야 합니다. 전자정보, 금융 정보, 통신 자료 같은 것들은 엉뚱하게 쓰일 수 있으니까요. 나아가 수사를 마치고 재판으로 절차가 옮겨지면 증거로 제출된 기록은 더 이상 수사기관에서 보관해서는 안 됩니다. 법원에서 보관하고 필요할 때마다 법원의 허락을 받도록 해야 나중에 별건 수사로 이어지는 등 대상자의 인권 침해 소지가 없어집니다. 특히 재판에 넘길 때는 수사 과정에서 얻은 증거 전체의 목록을 반드시 내도록 해야 합니다. 지금은 그중에서 수사기관에 유리한 것들만 골라서 증거로 제출하거든요. 수사기관이 수사 과정에 얻는 증거나 자료 중 어떤 것을 증거로 내고, 어떤 것을 추가로 더 가지고 있는지 알 수가 없습니다. 제출하지 않은 것 중에 피고인에게 유리한 증거가 있을 수도 있습니다. 검사에게 객관 의무가 있다고는 하지만 제3자인 법원이 관리하는 것이 당연히 더 객관적일 수 있겠지요.

앞서 검사의 객관 의무를 언급하셨는데요. 유죄를 이끄는 것이 아니라 편견 없이 사건에 관한 진실을 밝히기 위해 노력해야 한다는 겁니다. 법에 따르면 검사는 국민 전체에 대한 봉사자로서 국민의 인권을 보호하는 역할입니다(검찰청법 제4조). 그런데 법조인이 아닌 분들에게 이런 얘기를 하면 대개 고개를 갸우뚱하더라고요. 사실 법조인들 역시 마찬가지이기는 합니다. 현실이 그렇지 않으니까요. 어떻게든 나쁜 놈을 벌줘서 정의를 세우는 것이 검사의 일로 여겨지고 있으니까요. 그러다 보니 엉뚱하게도 무죄가 나오면 변호인은 물론 선고한 판사에게 비난 여론이 쏟아지는 일도 벌어지곤 합니다.

검사 제도가 왜 만들어졌는지 그 존재 의의를 생각해 봐야 합니다. 현대 형사 제도가 만들어지기 이전에는 사건을 수사한 사람이 형벌까지 내렸지요. 그런 권한을 가진 사람이 의심을 품고 누군가를 바라보기 시작하면 억울함이 있더라도 빠져나가기 어려웠습니다. 소위 원님 재판이죠. 사람인 이상 잘못 보거나 선입견을 가지고 볼 수 있고, 그럼 억울한 일이 생겼겠지요. 그걸 막기 위해 근대 사법 제도는 수사기관, 검사, 판사로 역할을 나누고 피고인은 변호인의 도움을 받을 수 있도록 한 겁니다.

그런데 지금 대한민국의 형사재판은 그런 취지가 얼마나 잘 지켜지고 있는지 의문입니다. 흔히 검사를 칼잡이라고 하는데요. 어떤 분은 "검사는 문관이어야지, 칼을 휘두르는 무관이어서는 안 된다"고 하시더군요. 범인을 체포해 범죄를 밝혀내는 수사는 수사를 전담하는 기관에 맡기고, 수사기관의 수사를 들여다보고 잘못한 일은 없는지 살펴보고 판단하는 일은 준사법기관의 지위를 갖는 검사가 해야 합니다. 억울하게 죄를 뒤집어쓰거나 수사 과정에서 부당한 처우나 인권침해가 없도록 말입니다. 그렇게 해서 재판에 넘겨지면 법원 판사가 다시 검사의 공소 제기 판단에 잘못이 없는지 들여다보도록 해야 합니다. 그래야 글자 그대로 '무죄추정의 원칙'이 지켜질 수 있지요.

지금은 거꾸로 '유죄추정의 원칙'으로 재판이 이뤄지고 있다는 비판이 자주 제기되고 있습니다. 경찰과 검찰이 협력해서 수사를 하고, 때에 따라서는 수사 방향에 어긋날 수도 있는 자료나 정황은 묵과한 채, 잘 정리된 서류와 증거를 재판에 넘기지요. 자칫 언론을 통해 사건 내용이 검사 쪽이 바라보는 시각으로 알려지기라도 하면 여론이 먼저 유죄를 선고해 놓기도 합니다. 판사가 무죄를 선고하는 것 자체에 용기가 필요해지는 상황이 연출될 수 있습니다.

수사 단계에서부터 달라져야 할 텐데요. 경찰, 검찰, 공수처가 서로 경쟁하고 견제하도록 해야 합니다. 검사가 기소권을 독점하고 있으니, 우선 모든 1차 수사 권한은 기소 권한이 없는 경찰이나 별도의 수사기관이 맡아야 합니다. 법률 전문가인 검사가 법정에 피고인을 세우는 순간부터 피고인은 처벌받을 가능성이 이미 커진 겁니다. 그런 막강한 권한을 가진 준사법기관의 지위에 있는 검사가 직접 수사까지 하는 건 애초에 수사와 재판을 분리해 놓은 취지와 맞지 않습니다. 기소권으로 경찰이 제대로 수사를 하는지 따지면서, 국민이 억울한 일로 고통받지 않게끔 기소한 사건의 재판에서 공소 유지를 맡아야 합니다.

검찰이 재벌이나 정치인의 부패를 찾아내서 강력하게 처벌하는 것이 무조건 정의로운 일로 여겨집니다. 그러다 보니 검찰의 권한은 언론과 결합해 막강해졌습니다. 잘못된 수사와 판단으로 억울한 사람이 있어도 억울하다는 말도 마음껏 하지 못합니다. 물론 범죄를 저지른 사람을 강력하게 처벌하는 것은 당연합니다. 하지만 그 이전에 억울함이 없도록 범죄 유무를 가리는 것이야말로 수사와 재판의 본래 목적이라는 사실을 놓쳐서는 안 됩니다. 처벌의 필요성이라는 명분으로 별건 수사나 피의 사실 공표로 인한 인권침

해적 명예훼손이 관행처럼 벌어져도 통제할 수 없는 것이 현실입니다. 수사권은 자칫 남용될 소지가 있는 막강한 권한입니다. 이러한 권한을 가진 경찰 등 수사기관의 권력이 올바르게 행사될 수 있도록 잘 통제하는 것이 검사의 고유업무로 인식돼야 합니다. 수사권과 기소권을 분리하면 현재 검찰의 인원으로 수사 지휘, 기소 여부에 대한 판단, 공판 업무를 수행하는 데 충분합니다. 검찰은 수사 지휘 과정에서 법령을 해석하고 수사 방향을 제시할 수 있습니다. 무리한 수사를 통제하는 것만이 아니라 유죄로 인정받기 위한 요건을 보강하는 일도 이뤄지는 겁니다. 그럼 경찰도 경각심을 가지고 수사에 임하겠지요. 검찰과 경쟁하면서 자존심을 걸고서라도 부패범죄 등 사회악을 척결하는 수사를 제대로 완수해 낼 수 있을 겁니다. 공수처 검사 역시 그 역할은 검찰청 검사와 같아야 합니다. 그렇지 않으면 기존 특수부 검사실을 별도로 만든 것에 불과하니까요. 공수처는 수사 지휘와 기소 대상이 일반 검찰청 검사와 다를 뿐, 검사로서의 기본 역할은 같아야 합니다.

지난 2021년 이후 검경수사권 조정이 이뤄져 왔습니다. 검찰은 상당히 강한 반대를 했지요. 부패에 대한 대응 역량이 떨어질 수밖에 없다고 주장했습니다. 국민 중에서도 이에 공감하는 분들이 있을 텐데요?

이런 주장은 두 가지 측면에서 프레임 선점입니다. 첫째, 검찰은 수사를 잘하지만, 경찰의 수사는 대응 역량이 떨어진다는 프레임입니다. 물론 우리나라 검사들의 수사 역량이 매우 우수하다는 것은 부인할 수 없는 사실이지만, 그 수사 역량이 수사권, 영장 청구권, 기소권을 모두 가지고 있기 때문인 측면 역시 부인할 수 없습니다. 그러니 수사와 공소 제기에 거칠 것이 없지요. 아무런 견제를 받지 않습니다. 그러니 무제한 수사가 가능하고(영장이 일부라도 기각되면 언론을 통해 법원을 비난하기까지 합니다), 당연히 수사 성과가 나옵니다. 어쩌면 성과가 나올 때까지 수사를 할 수 있는 권한이 있는 것일지도 모릅니다. 현재 경찰은 수사시 검찰의 통제를 받는 실질적인 수사 보조기관의 지위에 있습니다. 스스로 수사를 종결하지 못하고 검찰에 잠정적인 수사 결과를 송치하는 역할에 그치고 있습니다. 때문에 현재 시점을 기준으로 검찰의 수사 대응 능력과 경찰의 수사 대응 능력을 비교하는 것은 무리라고 생각합니다. 즉 누가 수사 대응 능력이 뛰어난지를 평가해 판단할 문제가 아니라, 수사에 관한 권한을 배분하는 문제로 보아야 합니다.[*]

둘째, 형사 사법제도의 운영을 나쁜 사람을 처벌하는 결과에만 집착하도록 하는 프레임입니다. 지금 형사 사법제도는 유죄를 효율적으로 판결할 수 있는 구조입니다. "열 명의 도둑을 놓치더라도 한 명의 억울한 사람을 만들어서는 안 된다"라는 격언이 있지요. 조금 과장해서 말씀드리자면, 어쩌면 지금 제도는 한 사람을 놓치지 않

---

[*] 검찰의 수사권을 축소한 법률들이 만들어지기 전에 이뤄진 인터뷰다.

기 위해 열 명의 억울한 사람을 감수할 수도 있다는 식입니다. 검찰은 준사법기관으로서, 일선에서 수사하는 경찰 등 수사기관을 견제하는 역할을 해야 합니다. 법원도 마찬가지입니다. 검사가 경찰 등 수사기관의 수사 결과를 유죄로 1차 판단해 공소를 제기해서 법정에 올라 온 사건에 대해, 법원은 다시 한번 잘못과 오류가 없는지를 살피는 기관이어야 합니다. 유죄로 벌을 주는 기관이 아니라, 억울한 사람이 생기지 않도록 무죄를 발견하기 위해 애쓰는 기관이어야 합니다. 법학 교과서에는 이렇게 나옵니다. 법관의 가장 중요한 역할은 소수자 보호라고요. 모두가 죄를 지은 사람이라고 손가락질할 때도 무죄라고 판단할 수 있어야 한다고요. 판사는 사회 정의를 실현하는 사람의 역할보다는, 수사기관을 견제하고 통제하는 기관으로서의 역할을 더욱 중요시하는 기관으로 자리 잡아야 합니다. 무죄를 많이 찾아낼수록 유능한 판사라는 식으로 운영되어야 합니다.

결국 견제와 통제 없는 무제한의 수사로 유죄일 가능성이 조금이라도 있는 사람을 놓치지 않고 처벌하느냐, 아니면 절차와 각 사법 기관 상호 간의 통제를 엄격히 해 수사할 것이냐의 문제이지, 어느 기관이 더 능력이 있느냐의 문제가 아닙니다. 수사 역량이 탁월하고 수사를 원하는 검사는 기소권이 없는 수사를 담당하는 기관에서 수사하도록 제도를 설정하면 될 일입니다.

지금 일반적인 재판부에서는 단순하게 검사가 제시한 주장을 흔드는 정도로는 유죄 심증을 깨뜨리기 어려워 보입니다. 앞서 지금 형사재판은 사실상 유죄추정으로 이뤄지고 있다고 지적하신 것처럼 아무래도 검사의 주장과 그에 따른 선입견을 피하기 어려울 테니까요. 피고인이 직접 명백하게 다른 사실을 입증하는 정도에까지 이르지 않으면 유죄를 피하기 어렵다는 것이지요. 변호사님께서도 오랫동안 법원에서 재직하셨는데요. 지적하신 점들에 관한 문제의식을 다른 판사들도 가지고 있지 않겠습니까? 법원이 먼저 달라질 수는 없을까요?

법원은 법원대로 문제를 가지고 있지요. 종전에는 법원의 관료화 문제를 지적하곤 했습니다. 경직된 사고라든가 윗사람에게 잘 보여 출세하려는 경향 같은 것들만 부각됐지요. 그러다 보니 기존 판례와는 다른 과감한 판결이 나올 수 없다는 비판을 받았습니다. 물론 그런 지적도 있을 수 있겠지만, 경험상 판사들은 그런 부분을 크게 신경 쓰면서 재판하지는 않는 것 같습니다.

저는 오히려 판사들이 직장으로서 법원을 어떻게 여기고 있는지를 짚어 보고 싶습니다. 요즘은 사회적 지위가 높고, 안정적인 직업을 가진 직장인으로서 자신의 역할을 받아들이는 판사들이 없는지 오히려 경계해야 합니다. 사건의 이면, 애써 살펴보아야 하는 배경, 수사기관의 과도한 추론이 개입된 것은 아닌지 같은 것들에 대해 고민하기보다는, 이른바 웰빙할 수 있는 직장에 근무하는 직장인으로 치우칠 수도 있는 경향을 말씀드리는 것인데요. 만약 이런 사고를 하는 판사가 있다면 그는 딱히 출세할 생각도 없을 것입니다.

그러니 기존의 비판처럼 서열대로 줄을 세우는 것이 문제라거나, 관료화가 문제라는 접근 방식으로는 법원의 문제를 해결할 수 없습니다.

어쨌든 그런 사고방식을 가진 판사와, 그런 경향으로 흘러가는 법원에서 형사재판을 받는다고 가정해 봅시다. 앞서 말씀드렸지만 공소장은 수사기관이 유죄의 증거로 수집한 자료들에 기초해 구성되어 있어서 공소장과 증거 기록이 잘 대응되므로, 일견 모든 사건이 유죄처럼 보일 수밖에 없습니다. 따라서 판사가 편한 마음으로 사건을 들여다보면 경찰, 검찰이 잘 수사해서 정리해 놓은 주장에 고개를 끄덕이기 쉬울 겁니다. 딱히 자세히 살펴볼 의지가 없으면 재판하는 데 시간도 오래 걸리지 않을 것이고, 경찰이나 검찰과 갈등 관계에 놓이지도 않을 것입니다. 그냥 일하기 쉬운 겁니다. 물론 그 바람에 억울한 사람이 나올 가능성은 커질 수 있겠지요. 현재 판사들은 이러한 문제 제기에 전혀 동의할 수 없을 것입니다. 저도 그랬고 판사 대부분이 지금도 밤을 새워가면서 열심히 일하고 있으니까요. 하지만 돌이켜 생각해 보면 판사들은 밤새워 일하는데, 국민이 그 재판을 신뢰하지 않아 억울하다고 합니다. 판사들이 생각하는 '열심'과 국민이 생각하는 '잘하는 재판'이라는 것 사이에는 간극이 존재한다는 것을 인정해야 합니다. 판사들은 그 간극을 밤새워 일하는 것으로 메울 수 있다고 생각했겠지만, 국민은 "밤새워 일하면 뭐 하나, 내 얘기에 대한 고민과 검토의 흔적은 없는데……"라고 생각하는 겁니다.

과연 판사들은 밤새워가며 무엇을 고민한 것일까요? 피고인의 공소장에 적힌 내용을 판례에 끼워 맞추고, 두꺼운 기록에서 유죄로 쓸 증거를 찾아 판결문에 '증거순번 ○○번 ○○조서 ○○면'이라는 것을 쓰려고 밤새웠을 수 있습니다. 피고인이 "당시 저는 이러저러한 생각으로 이러저러한 행동을 한 것이고, 이는 지극히 상식적"이라는 변명에 대해 피고인의 입장에서 보다 진지하게 고민하고, 이에 대한 의문을 갖고 검사에게 입증을 촉구하는데 얼마나 많은 시간을 썼는지 되물어야 합니다. 그런 피고인의 변명이 판사 자신의 부모나 가족이 한 것이라고 생각해 보십시오. 그 가족들에게 "나는 밤새워 유죄판결을 꼼꼼하게 작성했으니 믿어라"라고 할 수 있겠는지.

현재 법원 판사가 이렇게 업무를 처리하고 있으니 판사가 개인적으로 각성해야 한다는 이야기가 아닙니다. 이런 경향으로 흘러가서는 절대 안 된다는 것이고, 결국엔 법원의 진정한 역할이 무엇인지, 무죄추정의 원칙이 어떤 의미가 있는지 국민과 입법기관, 법원 판사가 더욱 진지하게 고민해야 한다는 겁니다. 그런 고민과 문제해결을 판사 개인의 각성과 책임감에만 맡겨서는 안 되고, 그런 문제의식이 제도적으로 구현될 수 있도록 향후 사법제도를 설계해 나가야 한다는 뜻입니다.

전혀 생각지도 못한, 충격적이기까지 한 말씀이네요. 국민들이 판사에게 가지고 있는 기대와는 거리가 멀어도 한참 멀어 보입니다.

해결책은 있을까요?

법조인 숫자가 늘면서 상대적으로 눈에 띄게 소위 출세라는 것을 할 수 있는 가능성은 크게 줄어들었지요. 같은 이유에서 법원을 그만두고 변호사로 진출하는 것도 큰 용기가 필요한 상황입니다. 변호사 시장도 경쟁이 치열하니까요. 그럴 바에는 법원에 남아 안정적으로 지내자고 생각할 여건이 조성된 겁니다. 큰돈 벌 욕심을 갖지 않거나, 이미 어느 정도 경제적 여유가 있으면 더더욱 그렇겠지요. 튀는 행동을 하지 않고 재임용만 되면 평생 편하게 지낼 수도 있게 된 것이 현실이거든요. 법원이 달라지길 바라는 국민의 기대와는 다른 방향으로 움직일 수도 있다는 겁니다. 아예 눈에 띄지 않고 움직이지 않으면서 조용히만 있으려 하는 거지요. 재판의 독립이라는 담장 너머에서 눈과 귀를 닫는 거지요. 이를 바꾸려면 사법제도 전반에 대한 재설계가 필요합니다. 판사에 대한 국민의 평가도 재임용 여부를 결정할 수 있을 정도로 힘을 가져야 합니다. 그래야 국민이 원하는 충실한 재판을 할 수 있을 것입니다.

다만 그 자체가 가지는 여러 부작용이 많으므로 전문가와 국민 모두가 공감할 수 있는 중, 장기적인 검토와 입법 논의가 필요합니다. 누가 어떻게 평가하느냐 하는 방법이 쉬운 일은 아닐 것이지만, 어쨌든 법원이나 판사들 스스로가 스스로의 미래를 결정하는 방식으로는 극복하기가 쉽지 않을 것으로 생각됩니다.

법조인 숫자가 늘어나 업계 경쟁이 치열해졌다고는 하지만 여전히 판사 수는 부족하다는 지적도 있습니다. 2000년대 중반 기준으로 법원이 처리해야 하는 사건 숫자가 180만 건 가까이, 판사 한 사람 기준으로 연간 500건 가까이 처리해야 한다고 하네요. 고소, 고발을 줄여 법원으로 몰려드는 사건 수를 줄이는 일도 필요하지만 동시에 판사도 늘려야 하지 않을까요? 그래야 국민 입장에서는 충실한 재판을 받을 수 있고요. 자연스레 판사 간 경쟁도 생기다 보면 법원을 편한 직장 정도로 여기는 일도 줄어들 테고요.

법관 숫자를 늘리는 일이 필요한 것도 사실입니다. 하지만 다른 면에서 사건 자체를 줄이는 방법도 생각해 보아야 합니다.

우선 우리 국민은 민사사건을 형사사건화 하는 경향이 있습니다. 예를 들어 A가 B한테 뺨을 맞았다고 위자료와 치료비 청구를 민사소송으로 제기하는 경우, 대개 민사 법원에서는 다른 증인이 없는 이상, A를 당사자본인신문을 하더라도 A의 청구에 대해 증거 부족을 이유로 패소 판결할 가능성이 큽니다. 그런데 A가 B를 형사 고소하면, 피해자인 A는 수사기관에서 피해자로 적극적으로 진술할 것이고, 형사법원에서는 B를 폭행죄로 처벌할 가능성이 크지요. 그게 지금의 재판 관행입니다. 이걸 부정할 법조인은 많지 않을 겁니다. 그렇다면 A는 우선 B를 형사 고소하는 것이 자기에게 유리하지요. 그러니 민사사건에도 수사기관이 사실상 관여하는 셈입니다. 형사판결과 민사판결의 결론이 다를 수 있다는 판례가 있기는 하지만 실무에서는 전혀 통하지 않지요.

또 행정형벌*이 지나치게 많습니다. 행정 법규에 위반되는 경우 원칙적으로 과태료 등 행정벌에 그쳐야 함에도, 형사벌까지 부과하는 형벌 과잉은 없는지, 그 형벌을 피하고자 민사, 행정, 형사 사건이 계속 생기는 것은 아닌지 살펴보아야 합니다.

그와 동시에 현재 추진하고 있는 법조일원화도 다시 생각해 봤으면 좋겠습니다. 찬반이 엇갈리는 문제인 만큼 개인적인 입장이라는 점을 다시 한번 밝히고요. 법조일원화는 과거 사법시험을 치러 선발된 인원 중에서도 성적에 따른 소수 인원을 판사로 임명하는 방식을 버리자는 것이지요. 전문 법관을 뽑는 과거 방식으로는 관료화, 엘리트주의와 같은 부작용이 있다는 겁니다. 검사는 물론 변호사도 어느 정도 경력을 쌓으면 판사로 임용하는 겁니다. 일견 취지는 그럴듯해 보입니다. 다양한 사회 경험을 쌓고 현실을 보다 잘 이해하는 판사가 재판할 수 있도록 한다는 것이지요. 법률 지식뿐만 아니라 지혜를 갖춘 법관을 뽑자는 것인데요. 몇 년이면 그게 가능할까요? 연차가 중요하거나 다양한 경험이라는 것이 도대체 무엇일까요? 국민이 바라는 것이 다양한 경험과 가치관을 가진 판사들인지, 정확한 법률 지식을 가지고 자신의 문제를 고민해 줄 사명감 투철한 판사들인지 다시 한번 고민해봐야 하지 않을까요?

---

* 행정벌 가운데 형법에 형의 이름이 정해져 있는 형벌. 사형, 징역, 금고, 벌금, 구류, 과료, 몰수 따위가 있다.

법조일원화 이야기가 나온 김에 한마디 더 드리겠습니다.

사건의 효율적 처리와 법조일원화 취지에 따라 1심을 원칙적으로 단독화해야 한다는 주장이 있습니다. 법조일원화 자체가 어느 정도 경력을 가진 사람을 판사로 임용하는 것이니, 이미 판사로서의 기본적인 경력과 인품을 갖추었다고 보고 배석판사[*] 등을 거치지 않거나, 그 기간을 줄여 단독재판을 맡겨야 한다는 것입니다. 그것이 법조일원화의 취지에도 맞고 사건도 효율적으로 처리할 수 있다는 논리입니다. 기본적으로는 동의합니다. 하지만 지금 법원을 통해 나오는 1심 단독화는 기본적으로 인사 문제이기 때문에 그 진정성을 의심받을 수 있습니다.

즉 우리 재판은 사건의 무게에 따라 상대적으로 가벼운 사건은 혼자 재판하는 단독 사건, 무거운 사건은 세 사람 이상의 법관이 재판하는 합의부 사건으로 나뉩니다. 그런데 어느 국민이 자기 재판을 가벼운 사건이라고 생각해서 단독재판을 받고 싶어 할까요? 또 단독재판을 받더라도 경력이 많은 판사에게 재판을 받고 싶어 하는 게 인지상정 아닐까요? 지금 논의되는 1심 단독화는 경력이 상대적으로 짧은 분들을 빨리 단독 재판부에 배치하자는 측면도 강한데, 국민을 위한 단독화인지, 판사를 위한 단독화인지 법원은 스스로 물어봐야 합니다. 오히려 1심 단독화를 서두르려고 한다면,

---

[*] 재판에서 합의부 구성원 가운데 재판장 이외의 판사. 소송 지휘권은 없으나 재판장에게 알리고 당사자, 증인, 감정인 들을 심문할 수 있다.

부장급들을 1심에 집중 배치해야 합니다.

　법원에서는 매년 인사 때마다 보도자료를 통해 부장판사들을 일선 단독재판부에 배치하는 인사를 해서 재판 신뢰를 높이려 한다고 홍보하던 시절도 있었습니다. 실제 국민은 합의부가 아니라 단독재판을 받더라도 가급적 경력이 많은 부장들한테 재판받기를 원하는 비율이 높다는 조사 결과도 있었습니다. 그런데 지금 단독재판부에 상대적으로 경력이 짧은 분들을 배치하기 위해서 부장들을 대등재판부*에 배치하는 경향이 있기까지 합니다. 그런데 대등재판부에 대해, 항간에서는 "비슷한 경력의 부장들이 서로 얼굴 붉혀가며 합의하기 싫으니, 실제 합의 없이 주심 또는 재판장을 맡은 부장이 단독심처럼 운영하는 경향이 있다"고 말합니다. 확인할 수 없는 일이지만 만약 이런 현상이 사실이라면 심각한 문제가 아닐 수 없기 때문에 법원은 지금이라도 대등재판부의 운영에 대해 심각하게 들여다봐야 합니다.

　어쨌든 최근 법원의 이 같은 경향이 사실이라면, 법원 전체 사건의 80퍼센트를 차지하는 단독 사건은 젊은 판사가, 합의부 재판은 부장이 단독심처럼 혼자 알아서 처리하게 됩니다. 그러다 보면 젊은 판사들이 상대적으로 합의부 배석을 하면서 재판을 배울 기회가 적어지게 될 수도 있습니다.

* 경력 15년 이상의 부장판사 3명이 재판부를 구성해 심리를 진행하는 재판부.

더구나 지금은 법조일원화와 고등법원 이원화로 과거 부장이 되기 위해 거쳐야 했던 고등법원 배석판사, 재판연구관 같은 자리의 숫자를 줄이면서 1심 재판만 경험한 채 부장이 되는 경우가 많아지고 있습니다. 2심과 대법원에서 어떻게 재판하는지 배우지 못한 채 중책을 맡는 것도 문제입니다.

결론적으로 제가 생각하는 대안은, 로스쿨을 마치고 변호사 또는 재판연구원 등으로 5년 정도의 경력을 가진 분들에게 판사를 지원할 자격을 부여하되, 재판연구원들은 모두 지방법원에서 근무하게 해야 합니다. 재판은 1심이 가장 기본이기 때문입니다.

판사로 임용할 수 있는 숫자는 늘리되, 예비판사 제도를 부활해서 고등법원 재판연구원으로 3년가량 근무하게 하고, 정식 판사로 임용한 다음 지방법원 배석판사로 2년 정도는 경험을 쌓게 해야 합니다. 그래야 대법원 재판은 몰라도 1심, 2심, 변호사로서의 경험, 배석, 단독 경력의 조화를 이룬 후에 부장판사가 되게 할 수 있을 것입니다.

김경수 전 지사 사건의 경우 드루킹 김 씨와 경공모 회원들 일부는 경찰 조사 과정에서부터 구속돼 있었는데요. 과거보다는 줄었다고 하지만 이처럼 수사 과정에서 구속하는 일이 여전히 종종 벌어집니다. 이 역시 사건 초기부터 유죄를 단정하는 문제를 낳는 것이 아닐까요? 당사자들은 제대로 방어를 할 수 없으니 무죄추정의 원칙에도 반하고요.

타당한 측면이 있습니다. 지금은 법원에서 발부하는 구속영장이 중간 판결처럼 작용하고 있지요. 특히 대형 인지 사건의 경우에 이러한 경향이 강합니다. 사실 대형 인지 사건은 대개 수사를 거의 마친 후에 영장이 청구되는데요. 뒤집어 보면 이미 구속 요건인 증거인멸, 도주 우려는 없어진 상황입니다. 그런데도 무거운 처벌이 예상된다는 이유로 수사기관은 수사를 사실상 마친 이후에 신병을 확보하려 하고, 이는 중간판결로서 수사의 성패를 좌우하는 기준으로 작용하고 있지요. 대형 인지 사건일수록 신중하게 법원 판단을 거쳐야 하는데, 재판에 넘겨져 유죄판결을 받기도 전에 수사에 대한 평가처럼 받아들여지는 겁니다. 국민도 그게 당연한 것으로 인식하고 있어서 뭔가 문제만 생기면 구속하라는 여론이 들끓는 것이고, 그럼 또 영장을 발부하는 판사는 압박을 느끼는 겁니다. 영장을 내주면서 악순환이 이어지고요. 어느 한쪽의 일방적인 주장에 의해 만들어진 여론이라면 어떨까요? 억울한 일을 겪게 만드는 겁니다.

또 다른 강제수사인 압수수색도 마찬가지입니다. 여론을 등에 업고 광범위하게 탈탈 터는 겁니다. 뭐든 나오면 별건 수사를 할 수 있고요. 설령 처음에 제기됐던 의혹이 사실이 아니더라도, 별건 수사로 받은 유죄로 그 결과를 정당화할 수 있습니다. 지금도 당사자의 참여권을 보장하고 있다고는 하지만 그 과정에서 수사기관이 강압적인 태도를 보이기라도 하면 일반인이 저항하기란 어렵지요. 절차상 이의 제기, 집행정지, 증거보전 절차를 마련해서 수사를 위축시키지 않으면서도 공정한 강제수사가 이뤄질 수 있도록 해야 합니다. 그래야 위법한 절차로 얻은 증거는 쓸 수 없다는 법 이론이 실효적으로 지켜질 수 있고, 국민의 인권을 보장할 수 있습니다.

김 전 지사 사건에서 진술 외에 가장 결정적인 증거로 작용한 것은 아무래도 로그 기록일 겁니다. 김 전 지사가 두 번째로 경공모 사무실을 방문했을 때 킹크랩이 작동했던 흔적인데요. 그게 김 전 지사에 대한 시연을 뜻하는 것이냐, 그들끼리의 개발 과정에서 있었던 일이냐가 치열하게 다투어졌습니다. 최종적으로 법원은 특검의 손을 들어 시연을 인정한 셈인데요. 이 과정에서 제3의 기관으로부터 감정을 받아 보자는 김 전 지사의 요청이 받아들여지지 않은 아쉬움이 있습니다. 사회가 발전하면서 범죄의 양태도 다양해졌습니다. 법률 전문가인 판사로서는 알기 어려운 영역에서 나오는 증거들도 있을 텐데요. 그런 경우 검사가 제출한 증거라고 마냥 신뢰할 수도 없는 것 아닐까요?

타당한 지적입니다. 지금은 증거에 대한 감정 기관이 수사기관에만 집중돼 있지요. 디지털 증거에 대한 포렌식, 문서에 대한 전문적인 감정, 현장에서 채취한 증거들에 대한 분석이 필요한데, 국립과학수사원을 비롯한 감정 기관들이 모두 수사기관과 수사 과정에만 집중돼 있습니다. 물론 범인을 찾는 과정에서 필요한 부분은 있습니다. 하지만 일단 재판이 시작된 다음은 달라져야 하는데 그렇지 못하지요. 재판에서 전문가의 감정이 계속 중요해질 텐데 형사는 물론, 민사, 특허 등 여러 분야에서 객관적이고 독립적인 감정기관을 법원에 두는 것도 생각해 볼 때가 되었다고 봅니다.

특히 여기서 짚고 넘어가야 할 부분이 있습니다. 압수수색 과정에서 수집된 통신, 금융 및 전자정보는 법에 정해진 대로 보관하고, 반드시 적절하게 폐기되어야 합니다. 현재는 그 과정을 수사기관이 알아서 처리하고 있습니다. 이를 외부 독립기관이 검증할 필요가 있습니다. 아예 수사기관이 보관하지 못하도록 한다는 측면에서도 법원에 소속된 국가감정센터가 반드시 필요하다고 생각합니다. 즉 국가감정센터가 전자, 통신, 금융 정보 등을 보관, 분석하고, 이를 수사기관에 제공은 하되 보관은 못 하게 하는 것이지요.

현직 경남도지사라는 업무의 중요성과 국민적 관심에 비춰 볼 때 김 전 지사 사건은 대법원이 "자유심증주의 위반이 없다"는 간단한 이유만 밝히고 2심 재판을 그대로 인정했다는 점이 아쉽습니다. 원칙적으로 대법원은 2심 판단에 법적인 문제는 없는지만을 살피기 때문이겠지만, 근본적으로 형사사건 자체가 너무 많기 때문일 겁니다. 대법관 한 사람이 3,000건 가까운 사건을 감당해야 한다니까요. 이 점에 대해서는 어떤 해결책이 있을까요?

대법원 재판이 너무 많다는 점은 법조계에서도 해묵은 문제이지요. 상고심 사건을 줄이기 위해 상고심사제, 상고허가제가 논의되고 있는데요. 국민들 입장에서는 3심 판단을 받을 수 없는 것으로 비칠 수 있기 때문에 쉽게 결정하기 어렵습니다. 삼심제도를 유지하면서 대법원이 아닌 별도의 상고법원 제도를 운용하는 것도 대안이 될 수는 있습니다. 국민적 요구와 현실에 부합하는 측면도 있고, 실제 여론조사에서도 찬성하는 국민이 많은 것으로 나타나기도 했지요. 혹은 대법원에 대법관이 아닌 법관을 둘 수 있다고 규정한 헌법의 취지를 살리는 방법도 있습니다. 대법관 한 사람 밑에 세 사람의 법관을 두고, 그 부서에서 사건을 처리한 다음 대법관 명의로 판결을 선고하는 것이지요. 무조건 어떤 제도는 된다, 안 된다 하기보다는 현실을 냉정하게 봐야 하지 않을까 싶습니다.

그러나 보다 근본적으로는 1심과 2심에 대해 승복할 수 있도록 충실하게 재판하도록 해야겠지요. 어쩌면 닭이 먼저냐, 달걀이 먼저냐 같은 문제일 텐데요. 1심, 2심에 대해 수긍할 수 있으면 3심인 대법원까지 올라가는 숫자가 줄어들 테니까요. 이에 대한 논의 없이 대법원 재판만 논의해서는 안 됩니다. 오히려 법원에 대한 불만만 높아질 겁니다.

닭이 먼저냐, 달걀이 먼저냐. 그 전에 달걀은 왜 그렇게 많은지부터 살펴봐야 할 듯합니다. 애초에 1심으로 오는 사건의 숫자가 적으면 당연히 3심인 대법원까지 가는 숫자는 줄어들 테니까요. 언제부터인지 사회에서 생기는 이런저런 갈등이 걸핏하면 형사 법정으로 가고 있거든요. 심지어 여의도 정치권에서조차 정치로 해결하지 못한 채 고소장, 고발장을 들고 검찰, 법원이 있는 서초동으로

향하는 모습을 심심치 않게 봅니다. 어쩌다 우리 사법제도가 이런 상황을 낳고 있을까요?

여러 가지 이유가 있겠지만 형사재판에 초점을 맞춘다면 판사들이 구성요건 해당성*을 따지는 데 집중하고 있기 때문입니다. 구성요건에 해당하는 사실은 맞더라도 속사정을 들여다보면 정당방위처럼 위법하지 않다고 볼 수 있거나, 그 사람에게 책임을 묻기 어려울 수 있습니다. 그걸 알려면 사건이 일어나게 된 경위, 동기 같은 것들에 대해 진지하게 찾아봐야 하는데 그런 노력이 부족한 겁니다. 이는 그동안 쌓인 형사 판례들을 비교해 보면 쉽게 알 수 있는데요. 예를 들어 법전에는 폭행할 때 '위험한 물건'을 사용하면 특수폭행으로 무겁게 처벌하라고 쓰여 있지요. 어떤 물건을 위험하다고 봐야 할지에 관한 것처럼 구성요건을 연구한 판례는 많습니다. 구성요건에 해당하더라도 그럴만한 피치 못할 사정은 없었는지를 따지는 경우는 상대적으로 드물지요.

이처럼 법원의 판단이 구성요건에 집중하다 보니 유죄로 인정되기가 쉽습니다. 걸면 다 걸리는 구조가 만들어져 있으니까요(일단 폭행이 성립한 이상 친구라거나, 장난이었다는 '변명'으로 빠져나가기 어렵다는 겁니다). 자연스레 고소, 고발이 넘치는 부작용이 나타났는데요. 구성요건에 집중하다 보니 수사기관이나 법원에서 업무를

* 벌어진 일이 법전에 적힌 범죄의 외형을 띄고 있는지를 판단하는 일. 친구의 어깨를 장난 삼아 주먹으로 가볍게 쳤더라도 법대로라면 폭행이다.

처리하기에는 상대적으로 편하지요. 국민 사이에 다툼이 생기면 일단 수사기관으로 가게 되니까, 권한도 강해질 수 있고요. 결과적으로 최종적인 판단을 해야 하는 법원에 일이 몰립니다. 그러다 보니 더욱더 쉽게 유죄판결을 하는 겁니다. 앞서 말씀드린 것처럼 판사들은 날마다 밤새워 일하는데, 국민은 억울함을 몰라준다고 하소연하면서 사법부를 신뢰하지 않는 겁니다. 그 간격이 왜 존재하는지 수사기관과 판사들이 곰곰이 생각해 보아야 합니다.

김경수, 댓글 조작, 뒤집힌 진실

불합리한 사법제도는 어떻게 김경수에게
유죄판결을 내렸나

양지열 지음

초판 1쇄 2022년 5월 30일 발행
초판 3쇄 2022년 6월 20일 발행

ISBN 979-11-5706-260-7 (03360)

책임편집	황정원
디자인	조주희
마케팅	김성현, 김예린
인쇄	아트인

펴낸이	김현종
펴낸곳	(주)메디치미디어
경영지원	전선정, 김유라
등록일	2008년 8월 20일
	제300-2008-76호
주소	서울특별시 중구 중림로7길 4, 3층
전화	02-735-3308
팩스	02-735-3309
이메일	editor@medicimedia.co.kr
페이스북	facebook.com/medicimedia
인스타그램	@medicimedia
홈페이지	www.medicimedia.co.kr

이 책을 읽는 당신이 궁금합니다.

 카메라를 켜고 QR코드를 스캔해 주세요.
담해주시는 분들 중 추첨을 통해
소정의 선물을 드립니다.